U0740066

【西晋】陈寿◎著
东篱子◎解译

中国纺织出版社

内 容 提 要

《三国志》是一部记载了魏、蜀、吴三国历史的纪传体国别史，同时也是二十四史中评价最高的“前四史”之一。全书共六十五卷，其中《魏书》三十卷，《蜀书》十五卷，《吴书》二十卷。作者陈寿以严谨的态度选取史料的精华，如实地向后人呈现了这一历史时期的真实面目。本书对《三国志》中的各色人物作了生动的解析，并辅以大量精美插图，以帮助读者更加全面地了解三国这段历史并从中得到有益的启示。

图书在版编目（CIP）数据

三国志全鉴：珍藏版 /（西晋）陈寿著；东篱子解译．—北京：中国纺织出版社，2017.7（2018.7 重印）

ISBN 978－7－5180－3643－1

Ⅰ．①三…　Ⅱ．①陈…　②东…　Ⅲ．①中国历史—三国时代—纪传体②《三国志》—注释③《三国志》—译文　Ⅳ．①K236.042

中国版本图书馆 CIP 数据核字（2017）第 119216 号

策划编辑：于磊岚　　　　责任印制：储志伟

中国纺织出版社出版发行

地址：北京市朝阳区百子湾东里 A407 号楼　邮政编码：100124

销售电话：010—67004422　传真：010—87155801

http：//www.c－textilep.com

E-mail：faxing@c－textilep.com

中国纺织出版社天猫旗舰店

官方微博 http：//weibo.com/2119887771

北京佳信达欣艺术印刷有限公司印刷　各地新华书店经销

2017 年 7 月第 1 版　2018 年 7 月第 2 次印刷

开本：710×1000　1/16　印张：20

字数：267 千字　定价：68.00 元

前言

三国（公元220～280年）是指中国东汉与西晋之间的一段历史时期，主要有曹魏、蜀汉、东吴三个政权。这一时代是一个“卷起千层浪，淘尽万世良”的英雄四起的时代，是一个群雄逐鹿、波澜壮阔的时代。在这段错综复杂的历史中，杰出人物风起云涌、事件众多，因《三国演义》的广泛影响，许多三国故事早已家喻户晓。《三国演义》虽以历史为题材，但它毕竟是一本文学作品而非史书，很多故事与正史有不符之处。《三国志》则不同，是作者陈寿尊重史实而编写的一部史学巨著。作者用简练、优美的语言为我们描绘出一幅幅三国人物肖像图，人物刻画得有血有肉、栩栩如生。《三国志》与《史记》（司马迁）、《汉书》（班固）、《后汉书》（范晔、司马彪）并称前四史。

《三国志》最早以《魏志》、《蜀志》、《吴志》三书单独流传，直到北宋咸平六年（公元1003年）三书已合为一书。这是一部记载魏、蜀、吴三国鼎立的纪传体史书，详细记载了从魏文帝黄初元年（公元220年）到晋武帝太康元年（公元280年）这六十年间的历史。《三国志》全书六十五卷，其中《魏书》三十卷，《蜀书》十五卷，《吴书》二十卷。陈寿是晋朝臣，晋承魏而得天下，所以《三国志》尊魏为正统。《三国志》为曹操写了本纪，而《蜀书》和《吴书》则记刘备为《先主传》，记孙权称《吴主传》，均只有传，没有纪。陈寿虽然在名义上是尊魏为正统，实际上却是以魏、蜀、吴三国各自成书，如实地记录了三国鼎立的局势，表明了它们各自为政，互不统属，地位是相同的。就记事的方法来说，《先主传》和《吴主传》，也都是年经事纬，与本纪完全相同，只是不称纪而已。陈寿这样处理，是符合当时的实际情况的，这足见他的卓识和创见，也体现了《三国志》的特点。

《三国志》不仅是一部史学巨著，更是一部文学巨著。由于善于叙事、文笔简洁、剪裁得当，所以在当时就受到了很大的赞许。与陈寿同时代的夏侯湛写作《魏书》，当看到《三国志》时，认为已没有另写新史的必要，就毁弃了自己本来的著作。后人更是推崇备至，认为在记载三国历史的一些史书中，独有陈寿的《三国志》可以同《史记》、《汉书》等相媲美。因此，其他各家的三国史相继泯灭无闻，只有《三国志》还一直流传到今天。由此，足见该书的巨大价值。

鉴于《三国志》涉及人物众多，在此，我们限于篇幅，很难在一本书中收录《三国志》的所有文字，也很难事无巨细，面面俱到。为此，我们浓缩了其精华内容，分别对每卷中的主要人物作了生动的解析，使读者能“览古今于须臾，抚四海于一瞬”。本书各卷由原典、释译、人物解读、世人对其评价四部分组成，愿读者在了解历史的同时更好地享受文学带来的美感与启示。

本书平装本自出版以来，广受读者欢迎和喜爱。为满足大家的收藏、馈赠需要，现特以精装形式推出，敬请品鉴。

解译者

2017 年 2 月

目录

魏书

蜀书

吴书

魏书

东汉末年，地方豪强势力迅速增强，各地豪强纷纷起兵割据自立，一时间全国再次陷入内战混乱之中。曹操初据有兖州，复收编了青州黄巾军三十万，势力渐强。他又将洛阳的献帝迎至许昌，挟天子以令诸侯，在政治上取得了优势。建安五年（公元 200 年），袁绍与曹操在官渡展开决战，曹操大败袁绍，成为北方最强的军事集团。建安十三年（公元 208 年），曹操又率军南下，占荆州，与在长江中下游的孙权对垒。曹操封魏公，迁都邺，后又进封魏王。建安二十五年（公元 220 年）曹操死，其子曹丕取代汉献帝，建国号魏。刘备也起兵欲兴汉室，率荆州的残余势力与江东的孙权结合。孙、曹大军在赤壁会战。曹操大败，退回北方，刘备得以占据荆州，后入成都。从此，曹、孙、刘三大势力成鼎足之势。

卷一　武帝纪第一·曹操

曹操

【原典】

太祖武皇帝，沛国谯人也，姓曹，讳操，字孟德，汉相国参之后。桓帝世，曹腾为中常侍大长秋，封费亭侯。养子嵩嗣，官至太尉，莫能审其生出本末。嵩生太祖。

太祖少机警，有权数，而任侠放荡，不治行业，故世人未之奇也；惟梁国桥玄、南阳何颙（yóng）异焉。玄谓太祖曰："天下将乱，非命世之才不能济也，能安之者，其在君乎！"年二十，举孝廉为郎，除洛阳北部尉，迁顿丘令，征拜议郎。

光和末，黄巾起。拜骑都尉，讨颍川贼。迁为济南相，国有十余县，长吏多阿附贵戚，赃污狼藉，于是奏免其八；禁断淫祀，奸宄（guǐ）逃窜，郡界肃然。久之，征还为东郡太守；不就，称疾归乡里。顷之，冀州刺史王芬、南阳许攸、沛国周旌等连结豪杰，谋废灵帝，立合肥侯，以告太祖，太祖拒之。芬等遂败。

金城边章、韩遂杀刺史郡守以叛，众十余万，天下骚动。征太祖为典军校尉。会灵帝崩，太子即位，太后临朝。大将军何进与袁绍谋诛宦官，太后不听。进乃召董卓，欲以胁太后，卓未至而进见杀。卓到，废帝为弘农王而立献帝，京都大乱。卓表太祖为骁骑校尉，欲与计事。太祖乃变易姓名，间行东归。出关，过中牟，为亭长所疑，执诣县，邑中或窃识之，为请，得解。卓遂杀太后及弘农王。太祖至陈留，散家财，合义兵，将以诛卓。冬十二月，始起兵于己吾，是岁中平六年也。

初平元年春正月，后将军袁术、冀州牧韩馥、豫州刺史孔伷（zhòu）、兖州刺史刘岱、河内太守王匡、勃海太守袁绍、陈留太守张邈、东郡太守桥瑁、山阳太守袁遗、济北相鲍信同时俱起兵，众各数万，推绍为盟主。太祖行奋武将军。

【释译】

太祖武皇帝，是沛国谯县人，姓曹，名操，字孟德，是汉代相国曹参的后代。东汉桓帝的时候，曹腾担任中常侍大长秋一职，爵封费亭侯。曹腾死后，其养子曹嵩承袭爵位，官做到太尉，但没有人知道曹嵩过继前的身世底细。曹嵩是太祖曹操的生父。

太祖从小机警而聪明，且非常有谋略，又善于随机应变，喜结交和帮助朋友，不受拘束，不喜修养操行从事学业，所以当时几乎所有的人都不认为他有什么奇特的地方；只有梁国人桥玄、南阳人何颙认为他不一般。桥玄对太祖曹操说："天下就要大乱，没有治国安邦才能的人是不能力挽狂澜的，能拯救乱世力挽狂澜的人，大概就是您了！"太祖二十岁的时候，因举孝廉任郎官，并被任命为洛阳北部都尉，又升迁为顿丘县令，后被召入朝中任议郎。

灵帝光和末年，黄巾军起义爆发。太祖曹操被任为骑都尉，负责征讨颍川黄巾军；后被升迁为济南国相。济南国有十多个县，各县的长官大多都讨好依附权贵，贪赃受贿，名声不好，于是，太祖上奏朝廷罢免了八个县的长官；又在国内禁止不合规定的祭祀活动，使得违法乱纪的人纷纷逃窜，国内的秩序得到安定。过了一段时间，太祖被征召为东郡太守；他没有接受任命，以养病为由回乡闲居静养。不久，冀州刺史王芬、南阳人许攸、沛国人周旌等人联络各方豪杰，图谋废掉灵帝，另立合肥侯为新帝，并且把这个计划告诉了太祖曹操，曹操拒绝了。王芬等人终以失败告终。

金城郡人边章、韩遂杀害刺史和太守，起兵叛乱，聚集了十多万人，天下动荡不安，朝廷征召太祖曹操为典军校尉。恰逢这时灵帝去世，太子即位，何太后临朝主政。大将军何进与袁绍谋划诛杀宦官，何太后不同意。何进便征召董卓进京，想以此来胁迫何太后同意，达到诛杀宦官的目的。但董卓还没到，何进已被杀害了。董卓一到京城，废少帝，并封其为弘农王而另立献帝，京城大乱。董卓上表推荐太祖曹操为骁骑校尉，想和他共同商议大事。太祖便改名换姓，从小路向东逃回家乡。出了虎牢关，路过中牟县的时候，被亭长所怀疑，将他捉送到县里，县中有人暗中认出了他，为其求情将他释放。就在这时，董卓杀掉何太后和弘农王。太祖曹操到了陈留郡，分散家财，聚集义兵，准备以此诛讨董卓。冬季十二月，开始在己吾县起兵。这一年是汉灵帝中平六年（公元 189 年）。

献帝初平元年正月，后将军袁术、冀州牧韩馥、豫州刺史孔伷、兖州刺史刘岱、河内郡太守王匡、勃海郡太守袁绍、陈留郡太守张邈、东郡太守桥瑁、山阳郡太守袁遗、济北国相鲍信纷纷起兵，他们各自领兵数万，推举袁绍为盟主。太祖曹操以代理奋武将军的身份而入盟。

【人物解读】

曹操（公元 155 ~220 年），东汉末年杰出的政治家、军事家、文学家和诗人。在政治军事方面，曹操消灭了众多割据势力，统一了中国北方大部分区域，并实行一系列政策恢复经济生产和社会秩序，奠定了曹魏立国的基础。文学方面，在曹操父子的推动下形成了以“三曹”（曹操、曹丕、曹植）为代表的建安文学，史称“建安风骨”，在文学史上留下了光辉的一笔，著作有

《魏武帝集》。此外，他的《蒿里行》、《观沧海》等诗篇，抒发自己的政治抱负，并反映汉末人民的苦难生活，气魄雄伟，慷慨悲凉。散文亦整洁。他还精通兵法，著有《孙子略解》、《兵书接要》、《孟德新书》等书。曹操在北方，兴修水利，解决了军粮缺乏的问题，对农业生产的恢复有一定作用；用人唯才，抑制豪强，加强集权，所统治的地区社会经济得到恢复和发展。

曹操在乱世中积极追求个人抱负的实现和自我的不断超越，以最终获得完全的“优越感”。由此，曹操一生以“安民定天下”为己任，以齐桓公、晋文公为榜样，追逐“老骥伏枥，志在千里；烈士暮年，壮心不已”的境界。曹操去世后被葬于高陵（据说为今河南省安阳县安丰乡西高穴村南）。曹魏建立后，曹操被追尊为“武皇帝”，庙号“太祖”，史称魏武帝。

【世人对其评价】

陈寿《三国志》：“汉末，天下大乱，雄豪并起，而袁绍虎视四州，强盛莫敌。太祖运筹演谋，鞭挞宇内，揽申、商之法术，该韩、白之奇策，官方授材，各因其器，矫情任算，不念旧恶，终能总御皇机，克成洪业者，惟其明略最优也。抑可谓非常之人，超世之杰矣。”

王沈：“太祖御军三十余年，手不舍书。昼则讲武策，夜则思经传。登高必赋，及造新诗，被之管弦，皆成乐章。”

孙盛：“子治世之能臣，乱世之奸雄也。”

唐太宗：“临危制变，料敌设奇，一将之智有余，万乘之才不足。”

钟嵘：“曹公古直，甚有悲凉之句。”

王安石：“青山如浪入漳州，铜雀台西八九丘。蝼蚁往还空垄亩，麒麟埋没几春秋。功名盖世知谁是，气力回天到此休。何必地中馀故物，魏公诸子分衣裘。”

刘知几：“罪百田常，祸于王莽。”

鲁迅：“曹操至少是一个英雄。”

毛泽东：“往事越千年，魏武挥鞭，东临碣石有遗篇。”

卷二　文帝纪第二·曹丕

曹丕

【原典】

文皇帝讳丕，字子桓，武帝太子也。中平四年冬，生于谯。建安十六年，为五官中郎将、副丞相。二十二年，立为魏太子。太祖崩，嗣位为丞相、魏王。尊王后曰王太后。改建安二十五年为延康元年。

元年二月壬戌，以大中大夫贾诩为太尉，御史大夫华歆为相国，大理王朗为御史大夫。置散骑常侍、侍郎各四人，其宦人为官者不得过诸署令；为金策著令，藏之石室。

初，汉熹平五年，黄龙见谯，光禄大夫桥玄问太史令单飏："此何祥也？"飏曰："其国后当有王者兴，不及五十年，亦当复见。天事恒象，此其应也。"内黄殷登默而记之。至四十五年，登尚在。三月，黄龙见谯，登闻之曰："单飏之言，其验兹乎！"

己卯，以前将军夏侯惇为大将军。涉貊（huì mò）、扶余单于、焉耆、于阗王皆各遣使奉献。

夏四月丁巳，饶安县言白雉见。庚午，大将军夏侯惇薨。

五月戊寅，天子命王追尊皇祖太尉曰太王，夫人丁氏曰太王后，封王子叡为武德侯。是月，冯翊山贼郑甘、王照率众降，皆封列侯。酒泉黄华、张掖张进等各执太守以叛。金城太守苏则讨进，斩之。华降。

六月辛亥，治兵于东郊，庚午，遂南征。

秋七月庚辰，令曰："轩辕有明台之议，放勋有衢室之问，皆所以广询于下也。百官有司，其务以职尽规谏，将率陈军法，朝士明制度，牧守申政事，缙绅考六艺，吾将兼览焉。”

孙权遣使奉献。蜀将孟达率众降。武都氐王杨仆率种人内附，居汉阳郡。

甲午，军次于谯，大飨六军及谯父老百姓于邑东。八月，石邑县言凤凰集。

冬十月癸卯，令曰：“诸将征伐，士卒死亡者或未收敛，吾甚哀之；其告郡国给槥（huì）椟殡敛，送致其家，官为设祭。”丙午，行至曲蠡。

汉帝以众望在魏，乃召群公卿士，告祠高庙。使兼御史大夫张音持节奉玺绶禅位，册曰：“咨尔魏王：昔者帝尧禅位于虞舜，舜亦以命禹，天命不于常，惟归有德。汉道陵迟，世失其序，降及朕躬，大乱兹昏，群凶肆逆，宇内颠覆。赖武王神武，拯兹难于四方，惟清区夏，以保绥我宗庙，岂予一人获乂，俾九服实受其赐。今王钦承前绪，光于乃德，恢文武之大业，昭尔考之弘烈。皇灵降瑞，人神告征，诞惟亮采，师锡朕命，佥曰尔度克协于虞舜，用率我唐典，敬逊尔位。於戏！天之历数在尔躬，允执其中，天禄永终；君其祗顺大礼，飨兹万国，以肃承天命。”乃为坛于繁阳。庚午，王升坛即阼，百官陪位。事讫，降坛，视燎成礼而反。改延康为黄初，大赦。

【释译】

文帝曹丕，字子桓，是武帝曹操的太子。东汉灵帝中平四年冬出生在谯县。建安十六年，任五官中郎将、副丞相。二十二年，立为魏国太子。太祖去世后，继位为丞相、魏王，尊奉王后卞氏为王太后，改汉献帝建安二十五年为延康元年。

延康元年二月十六日，任命大中大夫贾诩为太尉，御史大夫华歆为相国，大理王朗为御史大夫。设置散骑常侍、侍郎各四人；规定宦官的官位最高不能超过少府下属各署令官职。把诏书制成金册，收藏在石室中。

当初，东汉熹平五年，有黄龙出现在谯县。光禄大夫桥玄问太史令单飏：“这是什么征兆？”单飏说：“那个地方以后会有帝王兴起，不到五十年，黄龙还会再度出现。上天所安排的事总会有具体的现象在人间预示，这就是一个证明。”当时内黄县人殷登暗自把这件事记录下来。四十五年以后，殷登还健在。这年三月，黄龙又出现在谯县，殷登听说后说："单飏的话，要在这时应验了吧！"

三月初三日，魏王任命前将军夏侯惇为大将军。涉貊、扶余单于、焉耆、于阗国王都各自派遣使节朝贡奉献。

夏季四月十二日，饶安县报告说有白雉出现。二十五日，大将军夏侯惇去世。

五月初三日，天子献帝诏命魏王追尊祖父太尉曹嵩曰太王，曹嵩的夫人丁氏曰王太后，封王子曹叡为武德侯。当月，冯翊山区的叛乱者郑甘、王照率领部众投降，都被封为列侯。酒泉郡黄华、张掖郡张进等人各自拘捕了本郡的太守造反，金城郡太守苏则讨伐张进，将他斩首。黄华投降。

六月初七日，曹丕在邺城东郊训练军队。二十六日庚午，率大兵南征。

秋七月初六日，曹丕下令说："轩辕黄帝曾设有议政的明台，唐尧也曾设有问政的衢室，这都是用来广泛征求下面的意见。各级官员，一定要根据本职情况尽量给我提出规劝；将领要陈说军队法规，朝廷大臣要阐明政治制度，州牧和郡太守要报告行政事务，讨论政事的人要从儒家的六经中考求治国之道，我将广为阅览。"

孙权派遣使者前来进贡。刘备的部将孟达率人马投降。武都郡的氐族首领杨仆率领本部落的人进入内地归附朝廷，被安置在汉阳郡。

七月二十日，曹丕统帅大军抵达故乡谯县，在东郊为随行军队及谯县的父老乡亲举行盛宴。八月，石邑县上书报告，说有凤凰聚集。

冬，十月初一日，曹丕下令说："诸位将领在进行征伐时，战死的士兵有的还没有被埋葬，对此我非常伤心；命令各郡、国预备棺材，把战死士兵装殓，送回他们的家中，由官府为他们安排祭礼。"初四，曹丕率军抵达曲蠡。

汉献帝看到人心归魏，便召集公卿百官，到高祖庙祭祀，禀告自己禅让帝位的决定。又派兼任御史大夫的张音手持符节送上皇帝的印绶给曹丕。策文上说："啊！魏王：过去唐尧禅位给虞舜，虞舜也用这种方法让位给夏禹，上天的旨意不是固定不变的，只把帝位交给有德的人。汉朝的命运已经衰颓，社会失去秩序。到了我在位时，动乱更加严重。群凶肆意为乱，国家翻天覆地。依靠魏武王神奇的军事才能，拯救了四方危难，华夏得到清静，汉室宗

庙也得到了保护获得安宁；岂止我一个人获得安宁，实在是使全国都得到了他的恩赐。现在魏王您恭敬地继承了先人的事业，发扬光大您的美德，拓展文治武功的大业，光大您父亲的丰功伟绩。神灵降下祥瑞，人神全都告知吉祥的征兆，我慎重地考虑了禅位的事情，并让众人讨论了我的决定。他们都说这个决定能够使您和虞舜一样。因此我遵循唐尧制定的典章制度，恭恭敬敬地把帝位让给您。啊！按照上天规定的帝王相继的顺序该轮到您了。我实实在在地抱着正确的处事态度，知道了上天赐给我的禄位永远终结了。您要恭顺大礼，领受朝拜，享有全国，严肃地承受天命。”随后，在繁阳建立受禅台。本月二十八日，魏王登台即帝位，百官都参加了即位的仪式。仪式完毕后，魏王走下受禅台，观看燎祭之礼后返回。之后，文帝改延康年的年号为黄初，大赦天下。

【人物解读】

曹丕（公元187～226年），三国时代第一位皇帝，结束了汉朝四百多年统治。他是著名的政治家、文学家、诗人，是建安文学代表者之一。在文学方面的成就很高，是三国时代杰出的伟大诗人，其《燕歌行》是我国现存最早的七言诗；他的五言和乐府清绮动人；他所著的《典论·论文》在我国文学批评史上占有相当重要的地位，是我国文学批评史上第一篇专题论文，所论的“文”是广义上的文章，也包括文学作品在内，涉及了文学批评中几个很重要的问题，虽说其中不免会有些粗略，可在文学批评史上起到了十分重要的作用。曹丕的一些措施体现了他在政治上的才能，他军事上的才华却远不如其父曹操，几次率百万大军南下伐吴均无功而返。曹丕在位期间坚守防御性战略，击退东吴入侵。后期则向北方开拓疆域，征服北方鲜卑、高句丽等部落，使得疆域远达蒙古高原，此应该算得上曹丕在军事上唯一重要的成就了。

【世人对其评价】

陈寿《三国志》：“文帝天资文藻，下笔成章，博闻强识，才艺兼该；若加之旷大之度，励以公平之诚，迈志存道，克广德心，则古之贤主，何远之有哉！”

卷三　明帝纪第三·曹叡

曹叡

【原典】

明皇帝讳叡（ruì），字元仲，文帝太子也。生而太祖爱之，常令在左右。年十五，封武德侯，黄初二年为齐公，三年为平原王。以其母诛，故未建为嗣。七年夏五月，帝病笃，乃立为皇太子。丁巳，即皇帝位，大赦。尊皇太后曰太皇太后，皇后曰皇太后。诸臣封爵各有差。癸未，追谥母甄夫人曰文昭皇后。壬辰，立皇弟蕤为阳平王。

八月，孙权攻江夏郡，太守文聘坚守。朝议欲发兵救之，帝曰："权习水战，所以敢下船陆攻者，几掩不备也。今已与聘相持，夫攻守势倍，终不敢久也。"先时遣治书侍御史荀禹慰劳边方，禹到，于江夏发所经县兵及所从步骑千人乘山举火，权退走。辛巳，立皇子冏为清河王。吴将诸葛瑾、张霸等寇襄阳，抚军大将军司马宣王讨破之，斩霸，征东大将军曹休又破其别将于寻阳。论功行赏各有差。冬十月，清河王冏薨。十二月，以太尉钟繇为太傅，征东大将军曹休为大司马，中军大将军曹真为大将军，司徒华歆为太尉，司空王朗为司徒，镇军大将军陈群为司空，抚军大将军司马宣王为骠骑大将军。

太和元年春正月，郊祀武皇帝以配天，宗祀文皇帝于明堂以配上帝。分江夏南部，置江夏南部都尉。西平麹英反，杀临羌令、西都长，遣将军郝昭、鹿磐讨斩之。二月辛未，帝耕于籍田。辛巳，立文昭皇后寝庙于邺。丁亥，朝日于东郊。夏四月乙亥，行五铢钱。甲申，初营宗庙。秋八月，夕月于西郊。冬十月丙寅，治兵于东郊。焉耆王遣子入侍。十一月，立皇后毛氏。赐

天下男子爵人二级，鳏寡孤独不能自存者赐谷。十二月，封后父毛嘉为列侯。新城太守孟达反，诏骠骑将军司马宣王讨之。

二年春正月，宣王攻破新城，斩达，传其首。分新城之上庸、武陵、巫县为上庸郡，锡县为锡郡。蜀大将诸葛亮寇边，天水、南安、安定三郡吏民叛应亮。遣大将军曹真都督关右，并进兵。右将军张郃击亮于街亭，大破之。亮败走，三郡平。丁未，行幸长安。夏四月丁酉，还洛阳宫。赦系囚非殊死以下。乙巳，论讨亮功，封爵增邑各有差。五月，大旱。六月，诏曰："尊儒贵学，王教之本也。自顷儒官或非其人，将何以宣明圣道？其高选博士，才任侍中、常侍者。申敕郡国，贡士以经学为先。"秋九月，曹休率诸军至皖，与吴将陆议战于石亭，败绩。乙酉，立皇子穆为繁阳王。庚子，大司马曹休薨。冬十月，诏公卿近臣举良将各一人。十一月，司徒王朗薨。十二月，诸葛亮围陈仓，曹真遣将军费曜等拒之。辽东太守公孙恭兄子渊，劫夺恭位，遂以渊领辽东太守。

【释译】

明皇帝名叡，字元仲，是魏文帝曹丕的太子。他生来就深受太祖的喜爱，曹操经常把他带在身边。十五岁被封为武德侯，文帝黄初二年升为齐王，次年进封平原王。由于生母甄皇后被赐死的缘故，他一直未被册立为太子。黄初七年夏五月十六日，文帝病危，才正式立他为太子。十七日文帝驾崩，曹叡即皇帝位，大赦天下。尊皇太后为太皇太后，文帝郭皇后为皇太后。朝中公卿大臣晋爵加俸各有等级。六月十四日，追谥生母甄夫人为文昭皇后。二十三日，封其弟曹蕤为阳平王。

八月，孙权进攻江夏郡，太守文聘坚守城池。朝中群臣商议发兵救援。明帝说："孙权的军队长于水战，这次他们所以敢离开战船转到陆地上作战，不过是想趁我们不备打一个措手不及。可眼下文聘已和他们形成相持之势，进攻要以加倍的力量，所以他不敢相持太久的。"在这之前，明帝曾派遣治书侍御史荀禹慰劳戍边将士，闻知吴军进犯的消息，荀禹便在所经江夏诸县召集兵马及随从卫士共得步骑兵千余人。荀禹指挥军队借山势举火虚张声势，孙权就率兵退走。

八月十二日，封其皇子曹冏为清河王。东吴将领诸葛瑾、张霸等人率兵侵犯襄阳，抚军大将军司马懿打败了他们，斩杀了张霸，征东大将军曹休又在浔阳打败了东吴另外一支军队。论功行赏，各自给予奖励。冬季十月，清河王曹冏去世。十二月，任命太尉钟繇为太傅，征东大将军曹休为大司马，中军大将军曹真为大将军，司徒华歆为太尉，司空王朗为司徒，镇军大将军陈群为司空，抚军大将军司马懿为骠骑大将军。

太和元年春正月，明帝在京郊祭祀武皇帝与天配享，在明堂祭祀文皇帝与五方上帝配享。划出江夏郡南部，设置江夏南部都尉。西平郡麴英反叛，杀死临羌县令、西都县县长，朝廷派遣将军郝昭、鹿磐讨伐并斩杀了他。二月初五日，明帝在籍田耕种。十五日，在邺城修建文昭皇后的寝庙。二十一日，在东郊祭祀太阳。夏四月初十日，发行使用五铢钱。十九日，开始营建宗庙。秋八月，在西郊祭祀月亮。冬十月初四日，在东郊训练军队。西域焉耆王送自己的儿子入朝侍奉。十一月，立毛氏为皇后。赏赐天下男子爵位每人二级，对鳏寡孤独不能自己谋生的赐给粮食。十二月，封皇后的父亲毛嘉为列侯。新城太守孟达反叛，下诏命令骠骑将军司马宣王去讨伐他。

太和二年春正月，司马宣王攻克新城郡，斩杀了孟达，把他的首级传送到京都。划分新城郡的上庸、武陵、巫县为上庸郡，改锡县为锡郡。

蜀汉大将诸葛亮侵犯边境，天水、南安、安定三郡官吏和百姓叛魏响应诸葛亮。朝廷派大将军曹真督统关右各路军马，一起进兵。右将军张郃在街亭进攻诸葛亮，大破蜀军。诸葛亮败走，三郡平定。二月十七日，明帝到达长安。夏四月初八日，明帝回到洛阳宫，赦免被囚禁的不是死罪的犯人。十六日，评定讨伐诸葛亮的战功，封爵、扩大封地各有差别。五月，大旱。六月，明帝下诏说："尊儒学，重教育，是实行王教的根本。近来，负责儒学教育的官员有的不称职，这样怎么能宣扬光大圣人之道？要用高标准选拔博士，他们的才能要能胜任侍中、常侍的职务。告诫各个郡国，向朝廷举荐人才要以是否通经学为首要标准。"秋九月，曹休率各路军到达皖县，与吴将陆议在石亭大战，被打败。二十九日，封皇子曹穆为繁阳王。十月十四日，大司马曹休去世。冬十月，下诏公卿和近臣每人举荐一名优秀将领。十一月，司徒王朗去世。十二月，诸葛亮围攻陈仓，曹真派遣将军费曜等进行抵御。辽东太守公孙恭的侄子公孙渊，篡夺了公孙恭的职位，于是，朝廷任命公孙渊兼任辽东太守。

【人物解读】

曹叡（公元 205～239 年），即魏明帝，曹操之孙，曹丕之子，能诗文，与曹操、曹丕并称魏之"三祖"，但在文学成就上不及操、丕。

曹叡奢淫过度，大修洛阳宫室，起昭阳、太极殿，筑总章观，高十余丈，使百姓"力役不已，农桑失业"。高堂隆和张茂等人进谏，曹叡对之不加诛贬，亦不采纳其言，仍然大兴土木，致使国用匮乏，人民疾苦，为日后曹魏政权被司马氏所取代埋下了伏笔。曹叡在辅政大臣方面的任用同样也有重大的失误。

【世人对其评价】

陈寿《三国志》："明帝沉毅断识，任心而行，盖有君人之至概焉。于时百姓凋弊，四海分崩，不先聿修显祖，阐拓洪基，而遽追秦皇、汉武，宫馆是营，格之远猷，其殆疾乎！"

卷四　三少帝纪第四·曹芳·曹髦

曹芳

【原典】

齐王讳芳，字兰卿。明帝无子，养王及秦王询；宫省事秘，莫有知其所由来者。青龙三年，立为齐王。景初三年正月丁亥朔，帝病甚，乃立为皇太子。是日，即皇帝位，大赦。尊皇后曰皇太后。大将军曹爽、太尉司马宣王辅政。诏曰："朕以眇身，继承鸿业，茕茕在疚，靡所控告。大将军、太尉奉受末命，夹辅朕躬，司徒、司空、冢宰、元辅总率百寮，以宁社稷，其与群卿大夫勉勗乃心，称朕意焉。诸所兴作宫室之役，皆以遗诏罢之。官奴婢六十已上，免为良人。"二月，西域重译献火浣布，诏大将军、太尉临试以示百寮。

丁丑诏曰："太尉体道正直，尽忠三世，南擒孟达，西破蜀虏，东灭公孙渊，功盖海内。昔周成建保傅之官，近汉显宗崇宠邓禹，所以优隆隽乂，必有尊也。其以太尉为太傅，持节统兵都督诸军事如故。"三月，以征东将军满宠为太尉。夏六月，以辽东东沓县吏民渡海居齐郡界，以故纵城为新沓县以居徙民。秋七月，上始亲临朝，听公卿奏事。八月，大赦。冬十月，以镇南将军黄权为车骑将军。

十二月，诏曰："烈祖明皇帝以正月弃背天下，臣子永惟忌日之哀，其复用夏正；虽违先帝通三统之义，斯亦礼制所由变改也。又夏正于数为得天正，其以建寅之月为正始元年正月，以建丑月为后十二月。"

【释译】

齐王曹芳，字兰卿。明帝没有儿子，收养了齐王及秦王曹询；宫廷里的事都保密，没有人知道他们的来历。青龙三年，曹芳被封为齐王。景初三年

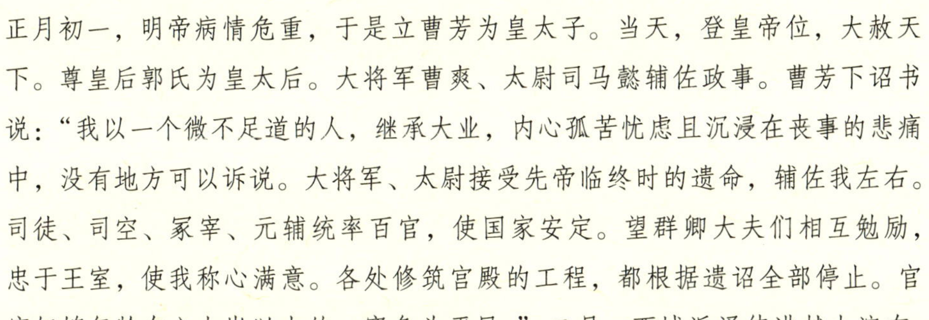

正月初一，明帝病情危重，于是立曹芳为皇太子。当天，登皇帝位，大赦天下。尊皇后郭氏为皇太后。大将军曹爽、太尉司马懿辅佐政事。曹芳下诏书说：“我以一个微不足道的人，继承大业，内心孤苦忧虑且沉浸在丧事的悲痛中，没有地方可以诉说。大将军、太尉接受先帝临终时的遗命，辅佐我左右。司徒、司空、冢宰、元辅统率百官，使国家安定。望群卿大夫们相互勉励，忠于王室，使我称心满意。各处修筑宫殿的工程，都根据遗诏全部停止。官府奴婢年龄在六十岁以上的，宽免为平民。”二月，西域派译使进献火浣布，下诏令大将军、太尉当面演示给百官看。

二十一日，下诏说：“太尉履行正直之道，为本朝三代君主尽忠，南擒孟达，西破蜀军，东灭公孙渊，功勋海内第一。从前周成王建立太保太傅这样的官职，近代的汉明帝优宠邓禹，是因为要优待才能出众的人，必然要给以尊崇职位。现在任命太尉司马懿为太傅，仍像以前那样持符节统帅都督诸军事。”三月，任命征东将军满宠为太尉。夏六月，因为辽东郡东沓县的官吏民众渡海居住到齐郡界内，把原来的纵城改为新沓县安置迁徙的民众。秋七月，皇帝开始亲自临朝，听取公卿百官上奏政事。八月，宣布大赦。冬十月，任命镇南将军黄权为车骑将军。

十二月，皇帝下诏说：“烈祖明皇帝在正月弃天下而去，作为臣子要永远记着先皇忌日的哀痛。现在恢复使用夏历，这虽然违背先帝通行三统的意思，然而，这是由于礼制的原因所决定的。还有夏历在历数上与天时季苗的变化正相符，现改为以夏历的正月为正始元年正月，以夏历的十二月为后十二月。”

【人物解读】

曹芳（公元232～274年），是魏明帝的养子，即位后由大将军曹爽、太尉司马懿共同辅政。后来司马懿罢废了曹芳，自己独掌军国大权。在司马懿死后，其子司马师把持朝政。后曹芳被司马师以失德为由废去帝号，贬为齐王，另立曹髦为帝。司马师、司马昭相继掌权。

【世人对其评价】

陈寿《三国志》：“古者以天下为公，唯贤是与。后代世位，立子以适；若适嗣不继，则宜取旁亲明德，若汉之文、宣者，斯不易之常准也。明帝既不能然，情系私爱，抚养婴孩，传以大器，托付不专，必参枝族，终于曹爽诛夷，齐王替位。”

曹髦

【原典】

高贵乡公讳髦（máo），字彦士，文帝孙，东海定王霖子也。正始五年，封郯县高贵乡公。少好学，夙成。齐王废，公卿议迎立公。十月己丑，公至于玄武馆，群臣奏请舍前殿，公以先帝旧处，避止西厢；群臣又请以法驾迎，公不听。庚寅，公入于洛阳，群臣迎拜西掖门南，公下舆将答拜，傧者请曰："仪不拜。"公曰："吾人臣也。"遂答拜。至止车门下舆。左右曰："旧乘舆入。"公曰："吾被皇太后征，未知所为。"遂步至太极东堂，见于太后。其日即皇帝位于太极前殿，百僚陪位者欣欣焉。诏曰："昔三祖神武圣德，应天受祚。齐王嗣位，肆行非度，颠覆厥德。皇太后深惟社稷之重，延纳宰辅之谋，用替厥位，集大命于余一人。以眇眇之身，托于王公之上，夙夜祗畏，惧不能嗣守祖宗之大训，恢中兴之弘业，战战兢兢，如临于谷。今群公卿士股肱之辅，四方征镇宣力之佐，皆积德累功，忠勤帝室；庶凭先祖先父有德之臣，左右小子，用保乂皇家，俾朕蒙暗，垂拱而治。盖闻人君之道，德厚侔天地，润泽施四海，先之以慈爱，示之以好恶，然后教化行于上，兆民听于下。朕虽不德，昧于大道，思与宇内共臻兹路。《书》不云乎：'安民则惠，黎民怀之。'"大赦，改元。减乘舆服御，后宫用度，及罢尚方御府百工技巧靡丽无益之物。

【释译】

高贵乡公名曹髦，字彦士，是文帝的孙子，东海定王曹霖的儿子。正始五年，封爵郯县高贵乡公。自幼好学，早年就有成人的智慧。齐王曹芳被废，公卿商议迎立高贵乡公。十月初四日，高贵乡公到达玄武馆，群臣上奏请他住在前殿。高贵乡公认为那是先帝住过的地方，就回避到西厢房；群臣又请求用皇帝的礼仪专车进城，高贵乡公不让。初五日，高贵乡公进入洛阳，群臣在西掖门跪拜迎接他。他要下车拜答，礼宾司仪说："按照礼仪不必回拜。"

高贵乡公说："我也是臣子呀。"便下车答拜。到止车门下车要步行。左右侍从说："按照以往的制度皇帝不下车。"高贵乡公说："我受皇太后征召，还不知道要干什么。"就步行到达太极殿东堂，参见太后。当天便在太极前殿即皇帝位，参加仪式的百官们无不欣慰和喜悦。皇帝下诏说："过去太祖、高祖、烈祖兼有非凡的武功和圣明的美德，应天受命。齐王即位，任意胡为无视法度，败坏道德。皇太后深知江山社稷的重要，采纳辅臣的意见，替换了他的皇位，把重大的责任交给了我。我这微小的人，居于王公之上，日夜敬畏，害怕不能恪守祖宗的重大训诫，光大中兴的大事业，战战兢兢，像站在深渊边上。现在在朝廷辅佐的公卿大臣，在地方镇守的得力将领，全都积累了功德，忠于王朝；我希望先祖先父的有德之臣辅佐我，以保护安定大魏皇室，使我这个蒙昧无知的人，能够垂衣拱手治理天下。我听说做君主的，应该具有天地一般高尚、深厚的美德，使所有的人都得到恩惠；给他们慈爱，告诉他们什么是对什么是错，这样就会朝廷实行教化，百姓俯首听命。我虽然没有美德，不懂得治国大道，但却想和天下人一起达到这样的目标。《尚书》说：'使百姓安定就是恩惠，百姓就会怀念。'"于是实行大赦，改换年号。减少所用车辆、服饰和后宫的开销，停止尚方府工匠生产华丽精巧却没有用处的东西。

【人物解读】

曹髦（公元241～260年），是三国时期曹魏的第四任皇帝。其擅长写诗文，此外他的绘画技艺也很不错，是一个精通琴棋书画的才子。曹髦对司马氏兄弟的专横跋扈十分不满，在公元260年召见王沈、王经、王业等人，对他们愤慨说道："司马昭之心，路人皆知也！吾不能坐受废辱，今日当与卿等自出讨之。"率领宫人讨伐司马昭。但王沈与王业却先行向司马昭通风报信，司马昭立刻派兵入宫镇压。在司马昭谋士贾充的指使下，曹髦被武士成济所杀，年仅20岁。就此曹魏的实权就彻彻底底地落入了司马氏的手中。

【世人对其评价】

陈寿《三国志》："高贵公才慧夙成，好问尚辞，盖亦文帝之风流也；然轻躁忿肆，自蹈大祸。"

钟会："才同陈思，武类太祖。"

卷五　后妃传
第五·武宣卞皇后·文昭甄皇后

武宣卞皇后

【原典】

武宣卞皇后，琅邪开阳人，文帝母也。本倡家，年二十，太祖于谯纳后为妾。后随太祖至洛。及董卓为乱，太祖微服东出避难。袁术传太祖凶问，时太祖左右至洛者皆欲归，后止之曰："曹君吉凶未可知，今日还家，明日若在，何面目复相见也？正使祸至，共死何苦！"遂从后言。太祖闻而善之。建安初，丁夫人废，遂以后为继室。诸子无母者，太祖皆令后养之。文帝为太子，左右长御贺后曰："将军拜太子，天下莫不欢喜，后当倾府藏赏赐。"后曰："王自以丕年大，故用为嗣，我但当以免无教导之过为幸耳，亦何为当重赐遗乎！"长御还，具以语太祖。太祖悦曰："怒不变容，喜不失节，故是最为难。"

二十四年，拜为王后，策曰："夫人卞氏，抚养诸子，有母仪之德。今进位王后，太子诸侯陪位，群卿上寿，减国内死罪一等。"二十五年，太祖崩，文帝即王位，尊后曰王太后，及践阼，尊后曰皇太后，称永寿宫。明帝即位，尊太后曰太皇太后。

黄初中，文帝欲追封太后父母，尚书陈群奏曰："陛下以圣德应运受命，创业革制，当永为后式。案典籍之文，无妇人分土命爵之制。在礼典，妇因夫爵。秦违古法，汉氏因之，非先王之令典也。"帝曰："此议是也，其勿施行。以作著诏下藏之台阁，永为后式。”至太和四年春，明帝乃追谥太后祖父广曰开阳恭侯，父远曰敬侯，祖母周封阳都君及敬侯夫人，皆赠印绶。其年五月，后崩。七月，合葬高陵。

【释译】

武宣卞皇后，琅琊郡开阳县人，是文帝的母亲。卞皇后出身艺人家庭，二十岁时，太祖在谯县纳她为妾。后来随太祖到了洛阳。董卓作乱的时候，太祖东出避难。后来袁术传来太祖的死讯，当初随太祖到洛阳的一些随从都想回去，卞后制止说：“曹君是凶是吉，还不知道，现在我们回去，如果曹君还活着，还有什么脸面再相见呢？即使真的有大祸到来，和他一同死去又有什么可怕的呢？”大家听从了卞后的话。太祖听说后觉得卞后很好。建安初年，原配丁夫人被废，以卞后为继室。儿子中有些没了母亲的，太祖都要卞后抚养他们。文帝被立为太子时，左右女官都向卞后祝贺说：“将军被立为太子，天下人都欢喜，王后应当把府库的财宝都拿出来进行赏赐。”卞后说：“魏王只因曹丕年纪最大，所以决定他做继承人，我只应该庆幸自己没有教导无方的过失，有什么理由去重赏呢？”女官回来，把这些话详细告诉了太祖。太祖听了很高兴地说：“生气时不改神色，高兴时不失去节度，是最难得的。”

建安二十四年，太祖策命卞后为王后，策书说：“卞氏夫人，尽心抚养儿子们，有做天下母亲们表率的德行。现在特进位为王后，太子、诸侯陪同，众官也纷纷表示祝颂，减免死刑犯人的罪刑一等。”二十五年，太祖去世，文帝继承王位，尊卞后为王太后，到文帝当了皇帝以后，尊卞后为皇太后，称永寿宫。明帝继承皇位以后，尊卞后为太皇太后。

黄初年间，文帝想追封卞太后的父母，尚书陈群上奏说：“陛下因为有圣德而应运做了皇帝，现在正是创新业、革旧制的时候，当永远成为后世奉行的榜样。考察典籍条文，还没有妇女分封受爵的制度。依照礼仪典规，妇女只能享受丈夫爵位的待遇。秦朝违背古代法规，汉代又沿袭了下来，但这不是上古先王的好制度。”文帝说：“这个建议很对，这件事就不要施行了。把今天的奏议记录下来，写成诏令藏在尚书台，永远为后世遵守。”直到太和四年春天，明帝才追谥卞太后的祖父卞广为开阳恭侯，父亲卞远为敬侯，祖母周氏被封为阳都君及敬侯夫人，都颁赐了官印绶带。这年五月，卞后去世。七月，与太祖合葬于高陵。

【人物解读】

武宣卞皇后（公元160～230年），是曹操的妻子，也是任城威王、陈思王、萧怀王的母亲。出生于汉代专门从事音乐歌舞的乐人家庭，后来与曹操成婚。

曹操是一个推崇节俭的人。在这方面，卞皇后夫唱妇随。她的服装无文绣，饰物无珠玉，居室内的家具都不用彩漆绘画，一色素黑而已。在卞皇后的以身作则之下，开创之初的曹魏后宫，朴素节俭成风。曹操的后妃们均不穿锦缎绣品，宫室中的帷帐若有损坏之处也很少更换，缝补一下照样使用，被褥之类也只是能取暖就好，做工如何从来都不在意。所有得来的战利奢侈品，均分给攻城略地的有功之臣。曹丕继位后尊其为皇太后，曹叡继位后尊其为太皇太后。

【世人对其评价】

陈寿《三国志》："夫人卞氏，抚养诸子，有母仪之德。"

《魏书》："太祖（即曹操）常得名珰数具，命后自选一具，后取其中者。取其上者为贪，取其下者为伪，故取其中者。"

文昭甄皇后

【原典】

文昭甄皇后，中山无极人，明帝母，汉太保甄邯后也，世吏二千石。父逸，上蔡令。后三岁失父。后天下兵乱，加以饥馑，百姓皆卖金银珠玉宝物，时后家大有储谷，颇以买之。后年十余岁，白母曰："今世乱而多买宝物，匹夫无罪，怀璧为罪。又左右皆饥乏，不如以谷振给亲族邻里，广为恩惠也。"举家称善，即从后言。

建安中，袁绍为中子熙纳之。熙出为幽州，后留养姑。及冀州平，文帝纳后于邺，有宠，生明帝及东乡公主。延康元年正月，文帝即王位。六月，南征，后留邺。黄初元年十月，帝践阼。践阼之后，山阳公奉二女以嫔于魏，郭后、李、阴贵人并爱幸。后愈失意，有怨言。帝大怒，二年六月，遣使赐死，葬于邺。

明帝即位，有司奏请追谥。使司空王朗持节奉策以太牢告祠于陵，又别立寝庙。太和元年三月，以中山魏昌之安城乡户千，追封逸，谥曰敬侯；適孙像袭爵。四月，初营宗庙，掘地得玉玺，方一寸九分，其文曰“天子羡思慈亲”，明帝为之改容，以太牢告庙。又尝梦见后，于是差次舅氏亲疏高下，叙用各有差，赏赐累巨万；以像为虎贲中郎将。是月，后母薨，帝制缌服临丧，百僚陪位。四年十一月，以后旧陵庳下，使像兼太尉，持节诣邺，昭告后土。十二月，改葬朝阳陵。像还，迁散骑常侍。青龙二年春，追谥后兄俨曰安城乡穆侯。夏，吴贼寇扬州，以像为伏波将军，持节监诸将东征。还，复为射声校尉。三年薨，追赠卫将军，改封魏昌县，谥曰贞侯；子畅嗣。又封畅弟温、韡、艳皆为列侯。四年，改逸、俨本封皆曰魏昌侯，谥因故。封俨世妇刘为东乡君，又追封逸世妇张为安喜君。

【释译】

文昭甄皇后，是中山国无极县人，明帝的母亲，汉太保甄邯的后代，世代任郡国首相一类的官职。她的父亲甄逸，任上蔡县令。文昭皇后三岁时失去父亲。后来天下兵荒马乱，又加上饥荒，百姓们全都出卖金银珠宝，当时甄后家储藏了很多谷物，用谷物买了很多珠宝。当时甄后才十几岁，对母亲说：“当今世道混乱，我们却买了很多宝物，匹夫无罪，怀璧之罪。何况我们的邻舍全都饥饿乏粮，不如用粮谷救济亲族邻里，广施恩惠。”全家都称好，当即听从了她的话。

建安年间，袁绍为次子袁熙娶了甄氏。袁熙出为幽州刺史，甄氏留下来侍奉婆婆。冀州被平定后，文帝在邺城纳甄氏为妇，受到宠爱，生明帝和东乡公主。延康元年正月，文帝即魏王位。六月，文帝南征，甄后留在邺城。黄初元年十月，文帝登帝位。登位之后，山阳公刘协把两个女儿嫁给魏帝，与郭后、李贵人、阴贵人一起受到宠爱。甄后非常失意，有怨恨之言。文帝大怒，黄初二年六月，派遣使臣将甄后赐死，埋葬在邺域。

明帝即位，有关官员上奏请求追谥甄后。明帝派司空王朗持符节带追谥文书用太牢礼作祭品到甄后的陵基祭祀，又另外为甄后修建了寝庙。太和元年三月，明帝把中山国魏昌县安城乡的一千户，追封给甄后的父亲甄逸，加谥号为敬侯；让甄逸的嫡孙甄像承袭爵位。四月，开始营建宗庙。挖地时得到一枚玉玺，一寸九分见方，上边的文字是“天子羡思慈亲”，明帝见后大为感动，用牛羊豕三牲作祭品到宗庙中祭祀祷告。又曾在梦中见到甄后，于是排列舅舅家族成员的亲疏，分别加以任用，各有差等，赏赐财物成千上万；又任甄像为虎贲中郎将。这一月，甄后的母亲去世，明帝身穿丧服亲自出席葬礼，文武百官相陪。太和四年十一月，因为甄后的陵墓过于低矮，派甄像兼太尉持符节到邺城，祭告土神。十二月，将甄后改葬在朝阳陵。甄像回来以后，升为散骑常侍。青龙二年春，明帝追谥甄后兄甄俨为安城乡穆侯。夏天，孙吴进犯扬州，任甄像为伏波将军，持节监督各军东征。回来后，升任射声校尉。青龙三年甄像去世，追赠卫将军，改封魏昌贞侯；由儿子甄畅承袭爵位。又封甄畅弟弟甄温、甄韩、甄艳为列侯。青龙四年，改甄逸、甄俨的封号全都为魏昌侯，谥号依旧。封甄俨的夫人刘氏为东乡君，又追封甄逸的夫人张氏为安喜君。

【人物解读】

文昭甄皇后（公元 182～221 年），即甄宓，又名甄洛，世称甄夫人或甄妃，是三国时期魏文帝的正室，魏明帝曹叡之母。是中国历史上极贤的美女之一，懂得诗文，相貌艳丽。相传她曾创设“灵蛇髻”，对古代妇女发式颇有研究。据说，在甄洛还是一个婴儿的时候，每次入睡之时，家人总是仿佛看见半空中有人将玉衣盖在她的身上，举家为此惊奇不已。后来有个著名的相士刘良为甄家子女看相，刘良看到甄洛的时候，大惊失色，指着尚是幼儿的甄洛道：“这个小姑娘日后贵不可言。”除了富于见识，甄洛也天性慈孝，对长辈家人极重孝悌友爱之情。后因被郭后所谮而被曹丕赐死，死后谥曰文昭皇后。

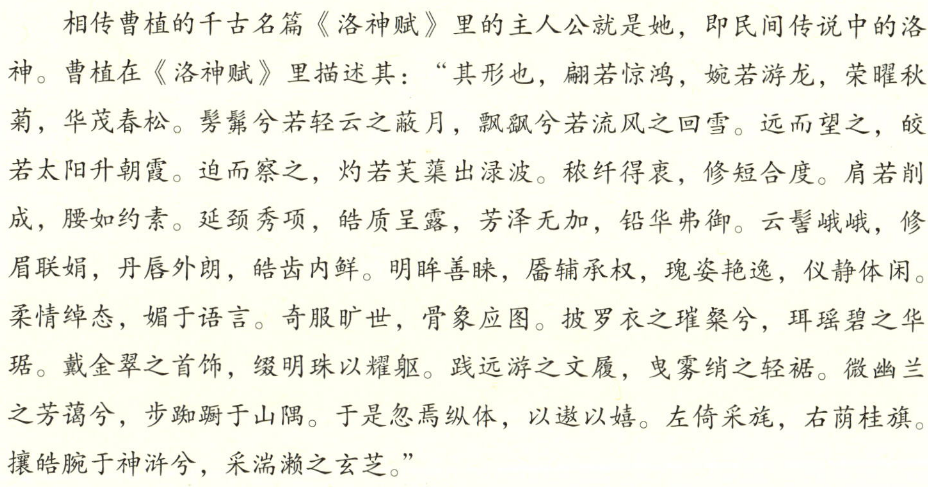

相传曹植的千古名篇《洛神赋》里的主人公就是她，即民间传说中的洛神。曹植在《洛神赋》里描述其："其形也，翩若惊鸿，婉若游龙，荣曜秋菊，华茂春松。髣髴兮若轻云之蔽月，飘飖兮若流风之回雪。远而望之，皎若太阳升朝霞。迫而察之，灼若芙蕖出渌波。秾纤得衷，修短合度。肩若削成，腰如约素。延颈秀项，皓质呈露，芳泽无加，铅华弗御。云髻峨峨，修眉联娟，丹唇外朗，皓齿内鲜。明眸善睐，靥辅承权，瑰姿艳逸，仪静体闲。柔情绰态，媚于语言。奇服旷世，骨象应图。披罗衣之璀粲兮，珥瑶碧之华琚。戴金翠之首饰，缀明珠以耀躯。践远游之文履，曳雾绡之轻裾。微幽兰之芳蔼兮，步踟蹰于山隅。于是忽焉纵体，以遨以嬉。左倚采旄，右荫桂旗。攘皓腕于神浒兮，采湍濑之玄芝。"

【世人对其评价】

时人语曰："江南有二乔，河北甄氏俏"。

卷六　董二袁刘传第六·董卓·袁绍

董卓

【原典】

董卓字仲颖，陇西临洮人也。少好侠，尝游羌中，尽与诸豪帅相结。后归耕于野，而豪帅有来从之者，卓与俱还，杀耕牛与相宴乐。诸豪帅感其意，归相敛，得杂畜千余头以赠卓。汉桓帝末，以六郡良家子为羽林郎。卓有才武，旅力少比，双带两鞬，左右驰射。为军司马，从中郎将张奂征并州有功，拜郎中，赐缣九千匹，卓悉以分与吏士。迁广武令，蜀郡北部都尉，西域戊己校尉，免。征拜并州刺史、河东太守，迁中郎将，讨黄巾，军败抵罪。韩遂等起凉州，复为中郎将，西拒遂。于望垣硖北，为羌、胡数万人所围，粮食乏绝。卓伪欲捕鱼，堰其还道当所渡水为池，使水渟满数十里，默从堰下过其军而决堰。比羌、胡闻知追逐，水已深，不得渡。时六军上陇西，五军败绩，卓独全众而还，屯住扶风。拜前将军，封斄（tái）乡侯，征为并州牧。

灵帝崩，少帝即位。大将军何进与司隶校尉袁绍谋诛诸阉官，太后不从。进乃召卓使将兵诣京师，并密令上书曰：“中常侍张让等窃幸乘宠，浊乱海内。昔赵鞅兴晋阳之甲，以逐君侧之恶。臣辄鸣钟鼓如洛阳，即讨让等。”欲以胁迫太后。卓未至，进败。中常侍段珪等劫帝走小平津，卓遂将其众迎帝于北芒，还宫。时进弟车骑将军苗为进众所杀，进、苗部曲无所属，皆诣卓。卓又使吕布杀执金吾丁原，并其众，故京都兵权唯在卓。

【释译】

董卓，字仲颖，是陇西临洮人。从小崇尚武侠，曾到羌人聚集的地方游历，与他们所有的首领全都相识。后来回乡耕种，羌人首领来看望他，董卓和他们一起回到家里，把耕牛杀掉请他们一起宴饮享乐。羌族首领们被他的诚意感动，回去之后搜获各种牲畜一千多头送给董卓。汉桓帝末年，董卓以六郡良家子弟身份被选拔为羽林郎。董卓有武艺，力大无人可比，携带双弓，在飞驰的马背上左右开弓。因此被任命为中郎将张奂的军司马，跟随征讨并州有功，拜为郎中，赐给九千匹缣，董卓把这些全都分给了手下的官兵。后又被升迁为广武县令，蜀郡北部都尉，在西域戊己校尉职上被免职。不久又被任命为并州刺史、河东郡太守，升迁为中郎将，讨伐黄巾军，因战败被撤职。韩遂等人在凉州起兵，董卓又被任中郎将，西征韩遂。在望垣硖北面，被羌、胡数万人包围，粮食都吃完了。董卓假装要捕鱼，在其撤军要渡过的河上筑坝截流，数十里河道的水全都蓄满。董卓率军悄然自坝下通过，然后决开堤坝。等到羌、胡人马知道后追来，河水已深，没法渡过了。当时有六军出兵陇西，五支军队打了败仗，只有董卓一支完好无损地回来，屯驻在扶风郡。朝廷拜其为前将军，封爵斄乡侯，又调任并州牧。

灵帝死后，少帝继承皇位。大将军何进和司隶校尉袁绍策划要杀掉宦官，何太后坚决反对。何进就派人找董卓让他带兵进京城，并秘密指使他向皇帝上书说："中常侍张让等人恃宠专横，把国家搞得污浊混乱。从前赵鞅率领晋阳的军队，来驱除皇帝身边的坏人。现在臣率领部队鸣钟击鼓来洛阳，就是要讨伐张让等人，以清君侧。"想以此来胁迫太后。董卓还没有到京城，何进就失败了。中常侍段珪等人劫持皇帝逃到小平津，董卓便带其军于北芒迎接皇帝，回到宫中。这时何进的弟弟车骑将军何苗被何进的士兵所杀，其部队没有归属，都到了董卓那里。董卓又叫吕布杀了执金吾丁原，吞了他的队伍，所以京都的兵权都掌握在董卓一人手中。

【人物解读】

董卓（？～公元192年），东汉末年权臣，凉州军阀。其在灵帝末年的时候受召率军进京，旋即掌控朝中大权。他为人残忍嗜杀，倒行逆施。董卓率军初次进兵洛阳时，他的士兵所到之处杀人放火，奸淫妇女，劫掠物资，整个洛阳城被闹得鸡犬不宁，怨声载道。东汉年间民间广泛流传着一首：“千里草，何青青；十日卜，不得生。”其中歌词里的“千里草”、“十日卜”合起来便是董卓的名字，“何青青”、“不得生”充分地表达了当时广大老百姓对误国害民权臣董卓的极度痛恨，迫切希望他早日死去。这首民谣是东汉人民对董卓整个人生最基本的评价。

董卓入朝乱政，“性残忍不仁，遂以严刑协众，睚眦之隙必报，人不自保”。董卓的残暴本性与政治野心相结合，便直接导致了他对东汉政权和社会的巨大破坏。他的恶行招致群雄联合讨伐，但联合军在董卓迁都不久后就瓦解了。后来王允使用连环计，董卓被其亲信所杀。董卓被杀的那一天，满朝文武和所有士兵都高呼万岁。长安老百姓高兴得在大街小巷载歌载舞，共同庆祝奸贼被诛。据说董卓死后，被暴尸东市，守尸吏把点燃的捻子插入董卓的肚脐眼中，点起天灯来。因为董卓肥胖脂厚，“光明达曙，如是积日”。

董卓一生粗暴残忍，充满私欲和野心。他从陇西发迹到率军进京操纵中央政权，始终考虑和盘算的是如何满足私欲和野心。为了达到他的目的，董卓不择手段地玩弄权术，践踏国家法律，破坏社会经济，残害平民百姓，他的种种倒行逆施，造成了东汉末年政权的极度混乱，给国家和社会的稳定带来了巨大的破坏。东汉政权日趋衰败、最终倾覆，虽然是由很多复杂因素所致，但是，董卓无疑加速了东汉政权的衰败。董卓最终遭受群起而攻之的被杀下场，是他应得的报应，他将永世遭到人们的唾骂。

【世人对其评价】

陈寿《三国志》：“董卓狼戾贼忍，暴虐不仁，自书契已来，殆未之有也。”

苏轼：“衣中甲厚行何惧，坞里金多退足凭。毕竟英雄谁得似，脐脂自照不须灯。”

袁绍

【原典】

袁绍字本初，汝南汝阳人也。高祖父安，为汉司徒。自安以下四世居三公位，由是势倾天下。绍有姿貌威容，能折节下士，士多附之，太祖少与交焉。以大将军掾为侍御史，稍迁中军校尉，至司隶。

灵帝崩，太后兄大将军何进与绍谋诛诸阉官，太后不从。乃召董卓，欲以胁太后。常侍、黄门闻之，皆诣进谢，唯所错置。时绍劝进便可于此决之，至于再三，而进不许。令绍使洛阳方略武吏检司诸宦者。又令绍弟虎贲（bēn）中郎将术选温厚虎贲二百人，当入禁中，代持兵黄门陛守门户。中常侍段珪等矫太后命，召进入议，遂杀之，宫中乱。术将虎贲烧南宫嘉德殿青琐门，欲以迫出珪等。珪等不出，劫帝及帝弟陈留王走小平津。绍既斩宦者所署司隶校尉许相，遂勒兵捕诸阉人，无少长皆杀之。或有无须而误死者，至自发露形体而后得免。宦者或有行善自守而犹见及。其滥如此。死者二千余人。急追珪等，珪等悉赴河死。帝得还宫。

【释译】

袁绍，字本初，汝南汝阳人。高祖父袁安，任汉司徒。自袁安以下四代人都居三公之位，势力震动天下。袁绍外貌英俊而威严，能够降低自己，尊重士人，很多士人都依附他，曹操也从少年时代就与他交往。袁绍从大将军的属官升任侍御史，逐渐升到中军校尉，一直到司隶校尉。

灵帝死后，大将军何进与袁绍密谋诛除宦官，何太后不愿。何进便召董卓进京，想以此威逼太后。中常侍、黄门等宦官听说后，都到何进处谢罪，愿意由他处置。袁绍劝何进趁机解决宦官问题，劝了两三次，何进都没有听从。何进只是命袁绍让洛阳县派一些有谋略且配备了卫士的监察人员监视宦官；又令袁绍之弟、虎贲中郎将袁术选拔温和忠厚的虎贲二百人，入宫当值，代替手持兵器的宦官站在殿阶上把守宫门。中常侍段珪等假借皇太后的命令，召何进进宫议事，乘机杀掉何进，宫中大乱。袁术率虎贲军焚烧了南宫嘉德殿的青琐门，想以此逼使段珪等人出来。段珪等人不出，并劫持献帝及陈留王逃到小平津。袁绍斩杀了宦官任命的司隶校尉许相后，又指挥士兵搜捕宦官，无论老少全都杀掉。有的人因为没有胡须而被误作宦官杀死，以至于有的人不得不脱掉衣服露出形体才得以幸免。宦官中那些行善守法的人也被殃及，被杀死的有两千多人。袁绍就是这样滥杀。又率兵急追段珪等人，段珪等人跳黄河自杀了。献帝回到皇宫。

【人物解读】

袁绍（？～公元202年），东汉末年群雄之一。他出生于东汉后期一个势倾天下的官宦世家，自其曾祖父起四代有五人位居三公，自己也居三公之上，其弟则称仲家皇帝，袁氏一族可谓“五世三公一帝王”。袁绍生得英俊威武，父亲袁逢、叔父袁隗对他特别喜爱。凭借世资，年少为郎，不到二十岁已出任濮阳县长。

袁绍礼贤下士，“四世三公，门多故吏；虎踞冀州之地，部下能事者极多”，这给他带来了招揽人才的优势。但这只是他表面上的待人之举。他外表宽容，内心猜忌，喜好谋略而不能决断，有人才却不能用，听到好计谋而不能采纳，正如曹操所言：“袁绍色厉胆薄，好谋无断；干大事而惜身，见小利而忘命。”他门下的谋士们互相嫉妒、互相谋害，不能齐心协力共事袁绍。而袁绍废长子立幼子，则又是一大错误举动。

袁绍后来在平冀州叛乱之战获胜之后病死。而刘氏夫人生性好妒，其他姬妾不为她所容，据说袁绍死后，姬妾们都纷纷被诛杀。

袁氏的灭亡，并非聪明不够，而是团结不易。团结有团结之道，必须在合乎情理的基础上，你让一寸，我让一尺，或我让一寸，你让一尺。如果非要对手彻头彻尾地投降屈膝，才算团结，恐怕是团结不了。内部的不团结，必然导致最终的悲剧。

【世人对其评价】

陈寿《三国志》：“袁绍、刘表，咸有威容、器观，知名当世。表跨蹈汉南，绍鹰扬河朔，然皆外宽内忌，好谋无决，有才而不能用，闻善而不能纳，废嫡立庶，舍礼崇爱，至于后嗣颠蹙，社稷倾覆，非不幸也。昔项羽背范增之谋，以丧其王业；绍之杀田丰，乃甚于羽远矣！”

卷七　吕布张邈臧洪传第七·吕布·臧洪

吕布

【原典】

吕布字奉先，五原郡九原人也。以骁武给并州。刺史丁原为骑都尉，屯河内，以布为主簿，大见亲待。灵帝崩，原将兵诣洛阳。与何进谋诛诸黄门，拜执金吾。进败，董卓入京都，将为乱，欲杀原，并其兵众。卓以布见信于原，诱布令杀原。布斩原首诣卓，卓以布为骑都尉，甚爱信之，誓为父子。

布便弓马，膂力过人，号为飞将。稍迁至中郎将，封都亭侯。卓自以遇人无礼，恐人谋已，行止常以布自卫。然卓性刚而褊，忿不思难，尝小失意，拔手戟掷布。布拳捷避之，为卓顾谢，卓意亦解。由是阴怨卓。卓常使布守中阁,，布与卓侍婢私通，恐事发觉，心不自安。

先是，司徒王允以布州里壮健，厚接纳之。后布诣允，陈卓几见杀状。时允与仆射士孙瑞密谋诛卓，是以告布使为内应。布曰："奈如父子何!"允曰："君自姓吕，本非骨肉。今忧死不暇，何谓父子?"布遂许之，手刃刺卓。语在《卓传》。允以布为奋武将军，假节，仪比三司，进封温侯，共秉朝政。布自杀卓后，畏恶凉州人，凉州人皆怨。由是李傕等遂相结还攻长安城。布不能拒，傕等遂入长安。卓死后六旬，布亦败。将数百骑出武关，欲诣袁术。

布自以杀卓为术报仇，欲以德之。术恶其反复，拒而不受。北诣袁绍，绍与布击张燕于常山。燕精兵万余，骑数千。布有良马曰赤兔。常与其亲近成廉、魏越等陷锋突陈，遂破燕军。而求益兵众，将士抄掠，绍患忌之。布觉其意，从绍求去。绍恐还为已害，遣壮士夜掩杀布，不获。事露，布走河内，与张杨合。绍令众追之，皆畏布，莫敢逼近者。

【释译】

吕布，字奉先，五原郡九原县人。因骁勇有武艺在并州当差。刺史丁原任骑都尉后，在河内驻兵，任吕布为主簿。吕布很受丁原的亲爱和厚待。灵帝死后，丁原带兵到洛阳，被任命为执金吾，和何进策划杀掉宦官。何进失败，董卓进入京城，准备制造动乱，想杀死丁原，吞并他的队伍。董卓因为吕布受丁原信任不敢妄动，就诱使吕布让他杀掉丁原。吕布斩下丁原的头去见董卓，董卓任命吕布担任骑都尉，十分宠爱信任他，两人立誓认为父子。

吕布骑马射箭技艺娴熟，体力超人，号称飞将军。逐渐升到中郎将，封都亭侯。董卓感到自己对人无礼，怕有人谋害自己，所以出入都让吕布护卫。然而董卓性情刚猛狭隘，怒起不计后果，曾因小小不满，以手戟掷刺吕布。吕布凭借身手敏捷躲避过去，又向董卓道歉，董卓的怒气才消解。因此吕布心中暗暗怨恨董卓。董卓常让吕布守卫内室小门，吕布与董卓的奴婢私通，又怕被发觉，因此心中不安。

先前，司徒王允因吕布是同乡又勇健，就用厚礼待他。后来吕布到王允处，述说自己几乎被董卓刺杀的事。当时王允和仆射士孙瑞正密谋诛杀董卓，所以把计划告诉了吕布，让他做内应。吕布说："可我们就像父子一样啊！"王允说："您本姓吕，与他根本没有血缘关系。如

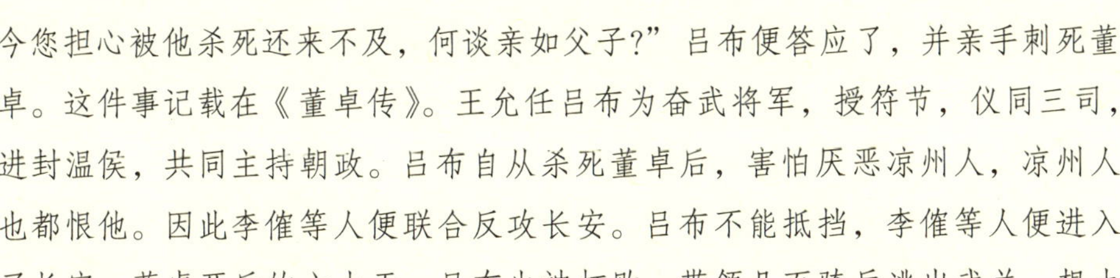

今您担心被他杀死还来不及，何谈亲如父子?”吕布便答应了，并亲手刺死董卓。这件事记载在《董卓传》。王允任吕布为奋武将军，授符节，仪同三司，进封温侯，共同主持朝政。吕布自从杀死董卓后，害怕厌恶凉州人，凉州人也都恨他。因此李傕等人便联合反攻长安。吕布不能抵挡，李傕等人便进入了长安。董卓死后的六十天，吕布也被打败，带领几百骑兵逃出武关，想去投奔袁术。

吕布自以为杀了董卓也是替袁术报了大仇，袁术肯定会感激他。而袁术却恼恨他反复无常，拒不接纳。吕布又北投袁绍。袁绍与吕布一起在常山攻打张燕。张燕有精兵一万多，骑兵数千。吕布有一匹名为赤兔的好马，经常与手下亲信成廉、魏越等人冲锋陷阵，终于打败了张燕的兵马。吕布要求增加自己的士兵，而他的将士又到处掳掠，袁绍对他很担心顾忌。吕布觉察到袁绍的心思，向袁绍要求离去。袁绍怕他反会成为自己以后的大患，便派壮士乘夜去暗杀吕布，却没有成功。事败，吕布投奔河内，与张杨联合。袁绍派兵去追他，追兵们都害怕吕布，只是虚张声势没有人敢逼近他。

【人物解读】

吕布（？～公元198年），东汉末年名将，汉末群雄之一，著名武将与割据军阀。民间流传吕布的故事有：“吕布戏貂蝉”、“辕门射戟”、“三英战吕布”、“白门楼”等。吕布向来是以“三国第一猛将”的形象存在于人们的心目之中。他骁勇善战，但是少有计策，为人反复无常，唯利是图。他的野心也不大，并没有纵横天下的志向，只是割据一方以求富贵。先后跟随丁原、董卓作战，并最终杀死了丁原和董卓，被后人称为“三姓家奴”。

《三国》中的吕布是个绝对棘手的人物。仅从他的武力来说是无人能敌的：“且不说刘、关、张三人群殴不过他，就连曹操手下六员上将也才稍胜一筹。便差典韦又出，两将夹攻；左边夏侯惇、夏侯渊，右边李典、乐进齐到，六员将杀得吕布遮拦不住。”尽管吕布如此强悍，但始终是碌碌无为，甚至被众人追杀得无处安身。其实，吕布这个人完全可以有大好的前程，只是他的人生没有目标而已。纵观吕布短促的一生，他曾经投靠过七个人：丁原、董卓、王允、袁术、袁绍、张杨、刘备。他和这七位主子的关系大体上都经过了三个阶段：起初是一见倾心、如胶似漆；不久便嫌隙丛生、各怀鬼胎；最终是反目成仇甚至相互火拼。最终不敌曹操和刘备的联军，兵败人亡。

【世人对其评价】

陈寿《三国志》："吕布有虓虎之勇，而无英奇之略，轻狡反复，唯利是视。自古及今，未有若此不夷灭也。"

高顺："凡破家亡国，非无忠臣明智者也，但患不见用耳。将军举动，不肯详思，辄喜言误，误不可数也。"

范晔："术既叨贪，布亦翻覆。"

曹操："布，狼子野心，诚难久养。"

陈宫："君，骁勇无敌，善战无前，然勇而少计，暴而少仁。恐众叛旦夕之间。"

时人语曰："人中有吕布，马中有赤兔。"

罗贯中："洪水滔滔淹下邳，当年吕布受擒时。空余赤兔马千里，漫有方天戟一枝。缚虎望宽今太懦，养鹰休饱昔无疑。恋妻不纳陈宫谏，枉骂无恩大耳儿。"

臧洪

【原典】

臧洪字子源，广陵射阳人也。父旻，历匈奴中郎将、中山、太原太守，所在有名。洪体貌魁梧，有异于人，举孝廉，为郎。时选三署郎以补县长，琅邪赵昱为莒（jǔ）长，东莱刘繇下邑长，东海王朗菑丘长，洪即丘长。灵帝末，弃官还家，太守张超请洪为功曹。

董卓杀帝，图危社稷。洪说超曰："明府历世受恩，兄弟并据大郡。今王室将危，贼臣未枭，此诚天下义烈报恩效命之秋也。今郡境尚全，吏民殷富，若动枹鼓，可得二万人。以此诛除国贼，为天下倡先，义之大者也。"超然其言，与洪西至陈留，见兄邈计事。邈亦素有心，会于酸枣。邈谓超曰："闻弟为郡守，政教威恩，不由己出，动任臧洪，洪者何人？"超曰："洪才略智数优超，超甚爱之，海内奇士也。”邈即引见洪，与语大异之。致之于刘兖州公山、孔豫州公绪，皆与洪亲善。乃设坛场，方共盟誓；诸州郡更相让，莫敢当，咸共推洪。洪乃升坛操槃歃血而盟曰：“汉室不幸，皇纲失统，贼臣董卓乘衅纵害，祸加至尊，虐流百姓，大惧沦丧社稷，翦覆四海。兖州刺史岱、豫州刺史伷、陈留太守邈、东郡太守瑁、广陵太守超等，纠合义兵，并赴国难。凡我同盟，齐心戮力，以致臣节，殒首丧元，必无二志。有渝此盟，俾坠其命，无克遗育。皇天后土，祖宗明灵，实皆鉴之！”洪辞气慷慨，涕泣横下。闻其言者，虽卒伍厮养，莫不激扬，人思致节。顷之，诸军莫适先进，而食尽众散。

【释译】

臧洪，字子源，广陵郡射阳县人。其父臧旻历任匈奴中郎将、中山和太原太守，所到之处都很有声望。臧洪身体魁梧，相貌端庄，与常人不同，他被推举为孝廉做了郎官。当时选拔三署郎来增补县长，琅邪人赵昱做了莒县县长，东莱人刘繇做了下邑县长，东海人王朗做了菑丘县长，臧洪做了即丘县长。汉灵帝末年，臧洪弃官回乡，太守张超请臧洪做功曹。

董卓杀少帝，图谋国家。臧洪对张超说：“太守您世受恩典，兄弟都担任大郡的郡守。如今皇室危机，乱臣贼子未除，这是天下的烈士效命朝廷之时。现在您治理下的郡境完好，民士众多而富有。如果组合军队，可得两万人，用这支军队诛除国贼，为天下人做出表率，这是最大的道义呀！”张超认为说得对，便与臧洪到西面的陈留，与哥哥张邈商议共举大事。张邈也有这个心意，他们在酸枣县相会。张邈对张超说：“我听说弟弟任郡守，赏罚教令，都不是由自己发出，动辄就交给臧洪去办，臧洪是什么人啊?”张超说：“臧洪才干、胆略、心计皆强于我，我特别喜欢他，是个海内奇人呀。”张邈立即请见臧洪，谈话以后大为惊奇。便把他引见给兖州刺史刘岱、豫州刺史孔伷，他们都与臧洪关系亲密友善。于是便筑起坛场盟誓，各州郡长官互相推让，没有人敢当盟主，大家一致推举臧洪。臧洪登上誓坛，端起血盘，把血抹在嘴上盟誓说：“汉朝不幸，秩序失控，贼子董卓乘机作乱，害死皇帝，危害百姓，我们非常担心国家因此灭亡，天下从此大乱。兖州刺史刘岱、豫州刺史孔伷、陈留太守张邈、东郡太守桥瑁、广陵太守张超等，集义兵，赴国难。凡盟誓之人，要齐心协力，竭尽臣子气节，即使砍头，也不二心。有违盟誓的，让他立即丧命，断子绝利。皇天后土，祖宗神灵，都请加以审查!”臧洪言辞慷慨，气势激昂，涕泪横流，听到这番话的，即使是普通士兵和杂役，也都激奋昂扬，人人都想为国尽忠。但没过多久，各路军马谁也不敢冲在前面，粮食吃光后都散去了。

【人物解读】

臧洪（公元160～195年），三国早期人物，忠义之士，与陈登齐名。其与田畴、陈容、张超四人皆文武双全且私交深厚，合称“北四友”。袁绍当年一日杀的二烈士就是他和陈容，真正的情义兄弟，为了兄弟两肋插刀，虽死而情在。

【世人对其评价】

陈寿《三国志》：“陈登、臧洪并有雄气壮节，登降年夙陨，功业未遂，洪以兵弱敌强，烈志不立，惜哉!”

袁绍坐者：“如何一日杀二烈士!”

张超：“洪才略智数优超，超甚爱之，海内奇士也。”“子源，天下义士，终不背本者。”

徐众：“洪敦天下名义，救旧君之危，其恩足以感人情，义足以励薄俗。”

卷八　二公孙陶四张传第八·公孙瓒·陶谦

公孙瓒

【原典】

公孙瓒字伯珪，辽西令支人也。为郡门下书佐。有姿仪，大音声。侯太守器之，以女妻焉，遣诣涿郡卢植读经。后复为郡吏。刘太守坐事征诣廷尉，瓒为御车，身执徒养。及刘徙日南，瓒具米肉，于北芒上祭先人。举觞祝曰："昔为人子，今为人臣，当诣日南。日南瘴气，或恐不还，与先人辞于此。"再拜慷慨而起，时见者莫不歔欷。刘道得赦还。瓒以孝廉为郎，除辽东属国长史。尝从数十骑出行塞，见鲜卑数百骑，瓒乃退入空亭中。约其从骑曰："今不冲之，则死尽矣。"瓒乃自持矛，两头施刃，驰出刺胡。杀伤数十人，亦亡其从骑半，遂得免。鲜卑惩艾，后不敢复入塞。迁为涿令。光和中，凉州贼起。发幽州突骑三千人，假瓒都督行事传，使将之。军到蓟中，渔阳张纯诱辽西乌丸丘力居等叛，劫略蓟中，自号将军，略吏民攻右北平、辽西属国诸城，所至残破。瓒将所领，追讨纯等有功，迁骑都尉。属国乌丸贪至王率种人诣瓒降。迁中郎将，封都亭侯，进屯属国，与胡相攻击五六年。丘力居等钞略青、徐、幽、冀，四州被其害，瓒不能御。

【释译】

公孙瓒，字伯珪，辽西令支人。担任辽西郡门下书佐。他相貌俊美，声音洪亮，机智善辩。涿郡太守刘基很赏识，便将女儿许配给他。后来其跟卢植于缑氏山中读书，粗通经传。后又被举为上等郡吏。据记载，刘基因事犯法，发配日南。当时法律不许部下随槛车同行，公孙瓒就化装成侍卒，带上刘基日用品，驾车护送。刘基将被流放到日南郡的时候，公孙瓒备好酒肉在北芒山祭辞自己的祖先，他举杯祈祷："以前为人子当尽孝道，而今为人臣当尽忠心，理应随同太守共赴日南。日南多瘴气，恐怕不能身还，就此别过列祖列宗。"说完又拜了两拜，便慷慨激昂地站了起来，在场人无不落泪叹息。刘基在赴日南途中被赦免而还。公孙瓒被举为孝廉，做了郎官，被任命为辽东郡附属国的长史。他曾带着几十个骑兵巡视边塞，与鲜卑几百名骑兵相遇。公孙瓒便退到空亭中，和他的骑兵们商议说："现在不进行突围，我们都会被杀死。"公孙瓒手持长矛，两头装上利刃，飞马冲出刺杀鲜卑骑兵，杀伤几十人，自己人也伤亡过半，终于得以脱身。鲜卑人受到惩戒，便不再敢进入边塞了。后来公孙瓒升任为涿县令。光和年间，凉州贼人起兵，朝廷发幽州突击骑兵三千人，授给公孙瓒行使都督权力的信符，率骑兵前往。行到蓟县时，渔阳人张纯引诱辽西郡乌丸丘力居等人反叛，在蓟县地区攻城略地，自称将军，又强迫当地官民进攻右北平和辽西属国的各个城池，所到之处摧残破坏。公孙瓒率部下追剿张纯等人有功，被升迁为骑都尉。辽西属国乌丸贪至王率族人至公孙瓒处投降。公孙瓒又升为中郎将，封爵都亭侯，屯驻在辽东属国，与胡人互相攻打五六年。丘力居等在青、徐、幽、冀州侵扰抢掠，四州遍遭其害，公孙瓒也无法抵挡。

【人物解读】

公孙瓒（？～公元 199 年），东汉末年献帝年间占据一带的军阀，汉末群雄之一。公孙瓒出身地主豪强，他在公孙氏族中，是一个非常特别的人物。他早年经历坎坷，常年征战，自身没有豪门子弟养尊处优、吃喝玩乐的腐化习惯，赤胆忠心，待人诚恳，久经沙场，功勋卓著。公孙瓒的一生可谓是复杂的，作为一位军事将领，他曾经控制了中国东部地区的绝大部分，包括今天的辽宁、河北、山东、河南、江苏等地。他的成功和当时幽州牧刘虞的支持是密不可分的。刘虞是后汉时期杰出的政治家之一，他为人品德高尚，执行民族团结的政策和轻赋免役的爱民政策，在朝野拥有很高的威望，在少数

民族中深受爱戴，他宁死不愿为帝也表明他是个忠义之士。在公孙瓒的南下作战中，他也得到了少数民族的很大帮助，所以公孙瓒的失败也是从他和刘虞关系恶化开始，而他害死刘虞时，就为他灭亡的命运埋下了种子。

【世人对其评价】

陈寿《三国志》:“瓒遂骄矜，记过忘善，多所贼害。”“公孙瓒保京，坐待夷灭。”

范晔：“瓒恃其才力，不恤百姓，记过忘善，睚眦必报，州里善士名在其右者，必以法害之。”“襄贲励德，维城燕北。仁能洽下，忠以卫国。伯珪疏犷，武才趫猛。虞好无终，绍势难并。”

陶谦

【原典】

陶谦字恭祖，丹杨人。少好学，为诸生，仕州郡，举茂才，除卢令，迁幽州刺史，征拜议郎，参车骑将军张温军事，西讨韩遂。会徐州黄巾起，以谦为徐州刺史，击黄巾，破走之。董卓之乱，州郡起兵，天子都长安，四方断绝。谦遣使间行致贡献，迁安东将军、徐州牧，封溧阳侯。是时，徐州百姓殷盛，谷米丰赡，流民多归之。而谦背道任情：广陵太守琅邪赵昱，徐方名士也，以忠直见疏；曹宏等，谗慝小人也，谦亲任之。刑政失和，良善多被其害，由是渐乱。下邳阙宣自称天子，谦初与合从寇抄，后遂杀宣，并其众。

初平四年，太祖征谦，攻拔十余城，至彭城大战。谦兵败走，死者万数，泗水为之不流。谦退守郯。太祖以粮少引军还。兴平元年，复东征，略定琅邪、东海诸县。谦恐，欲走归丹杨。会张邈叛迎吕布，太祖还击布。是岁，谦病死。

【释译】

陶谦，字恭祖，丹杨人。少时好学，为儒生，在州郡任职，被荐举为茂才，任卢县令，又升迁为幽州刺史，应召入朝任议郎，又任车骑将军张温的参军，西讨韩遂。碰上徐州黄巾军起兵，朝廷任陶谦为徐州刺史，进击黄巾军，将他们打败。董卓之乱时，各州郡纷纷起兵，天子迁长安，与四方断绝了联系。陶谦派遣使节从小路到长安向朝廷贡献，朝廷升迁陶谦为安东将军、徐州牧，封爵溧阳侯。当时，徐州百姓众多，粮谷储备充足，许多流民都来归附。而陶谦却背离道义感情行事：广陵太守琅邪人赵昱，是徐州的名士，因为忠诚耿直而被疏远；曹宏等人，是奸恶小人，陶谦却亲信他们。使政事刑法极不协调，善良的人大多受到残害。动乱逐渐产生。下邳人阙宣自称天子，陶谦开始与他联手抢掠，后来又杀了阙宣，吞并了他的部众。

初平四年，曹军征讨陶谦，接连攻下十余座城池，至彭城，双方展开决战。陶谦兵败逃走，死近万人，泗水也因此而断流。陶谦退守郯县。曹操也因粮草渐少而回军长安。兴平元年，曹军再次东征，攻占了琅琊、东海等县。陶谦惊恐不安，想逃回丹杨。适逢张邈背叛曹操而投降了吕布，曹操回军讨伐吕布。这一年，陶谦病死。

【人物解读】

陶谦（公元132～194年），字恭祖，丹杨人。他小时候是孤儿，喜好学习，性格刚直，有高尚的节操，并得以封为徐州牧。

陶谦的历史评价褒贬不一，在《三国演义》中，陶谦“三让徐州”的这个英明决断使他的声名得以传扬。在曹操为父复仇、血腥屠城的困难局面下，他求救于青州刺史田楷，田楷又与当时还是平原相的刘备同来协助。经过一段时间的相处，陶谦对刘备赞赏有加，并在病故之前把徐州让给了刘备，病故时六十三岁。

【世人对其评价】

陈寿《三国志》：“谦背道任情：广陵太守琊邪赵昱，徐方名士也，以忠直见疏；曹宏等，谗慝小人也，谦亲任之。刑政失和，良善多被其害，由是渐乱。”

甘公：“彼有奇表，长必大成。”

许劭：“陶恭祖外慕声名，内非真正，待吾虽厚，其势必薄。”

范晔：“徐方歼耗，实谦为梗。”

王夫之：“盖谦之为谦也，贪利赖宠，规眉睫而迷祸福者也。”

卷九　诸夏侯曹传第九·夏侯惇·曹洪

夏侯惇

【原典】

夏侯惇（dūn）字元让，沛国谯人，夏侯婴之后也。年十四，就师学，人有辱其师者，惇杀之，由是以烈气闻。太祖初起，惇常为裨将，从征伐。太祖行奋武将军，以惇为司马，别屯白马；迁折冲校尉，领东郡太守。太祖征陶谦，留惇守濮阳。张邈叛迎吕布，太祖家在鄄城，惇轻军往赴，适与布会，交战。布退还，遂入濮阳，袭得惇军辎重。遣将伪降，共执持惇，责以宝货，惇军中震恐。惇将韩浩乃勒兵屯惇营门，召军吏诸将，皆案甲当部不得动，诸营乃定。遂诣惇所，叱持质者曰："汝等凶逆，乃敢执劫大将军，复欲望生邪！且吾受命讨贼，宁能以一将军之故，而纵汝乎？"因涕泣谓惇曰："当奈国法何！"促召兵击持质者。持质者惶遽叩头，言'我但欲乞资用去耳'！浩数责，皆斩之。惇既免，太祖闻之，谓浩曰："卿此可为万世法。"乃著令："自今已后有持质者，皆当并击，勿顾质。"由是劫质者遂绝。

【释译】

夏侯惇，字元让，沛国谯县人，夏侯婴的后代。十四岁时，跟随老师学习，当时有人侮辱他的老师，夏侯惇因愤怒而杀了他，因此以刚正勇敢而闻名。曹操起兵时，夏侯惇以副将身份，跟随征伐。后来曹操兼任奋武将军，便以夏侯惇作司马，领军单独驻扎在白马，并升为折冲校尉兼任东郡太守。曹操征伐陶谦，留夏侯惇驻守濮阳。张邈背叛并迎接吕布，当时曹操家在鄄城，于是夏侯惇便率领部队轻装赶去保护，与吕布遭遇，便同他交战。吕布退回，随即占领了濮阳，袭取了夏侯惇部的军资。吕布又派遣将领假投降，内外配合，扣押了夏侯惇，逼迫他交出财物，夏侯惇部十分惊慌。这时夏侯惇的部将韩浩便部署队伍守候在夏侯惇的营门口，召集官兵将领和其他守备人员等，按兵坚守岗位，不许妄动，各兵营才安定下来。韩浩独自来到夏侯惇关押的地方，叱责劫持人质的人说："你们这些凶恶不法的人竟敢劫持扣押大将军，不想活命了？况且我受命讨伐反贼，怎能因为一位将军的缘故而纵容你们呢？"又哭着对夏侯惇说："为了国法我没别的办法了！"又紧急召集士兵攻击劫持人质的人。这些人非常恐惧，急忙叩头，说："我们只是想求取些资财就离开。"韩浩反复训斥后，将他们都杀掉了。夏侯惇脱离了危险。曹操听说后，对韩浩说："您这种行为可为千秋万世所效法。"于是制定条令："规定从今以后如再有劫持人质的，当一概打击，不必顾虑人质。"因此劫持人质的事情便再没发生。

【人物解读】

夏侯惇（？～公元220年），三国时期魏国名将，官至高安乡侯。夏侯惇喜好学习，尊敬师长，虽身在军旅，也会亲自迎接老师来讲学。但他为人刚烈，14岁时有人羞辱他的老师，他便将那人杀死。其为人极重外表，每每照镜看到自己盲了眼都会十分愤恨，将镜子推到地上，更不喜欢被人叫自己"盲夏侯"。虽然他位高权重，但生性俭朴，一生淡泊，有多余家财便会分及部下。夏侯惇忠心于曹操，当时各将领都授予魏的官号，只有夏侯惇仍受前将军的汉官官职，便上书希望曹操封他魏官，表明他忠于魏。可曹操却认为夏侯惇与他同为汉官，大家是友臣，夏侯惇怎能屈就魏的官号，夏侯惇便受任，可见他深得曹操重用、信任，在当时无人能及。曹操死后，他成为了魏国最高军事长官，大将军。几个月后身故。

【世人对其评价】

陈寿《三国志》："惇虽在军旅，亲迎师受业。性清俭，有余财辄以分施，不足资之于官，不治产业。""夏侯、曹氏，世为婚姻，故惇、渊、仁、洪、休、尚、真等并以亲旧肺腑，贵重于时，左右勋业，咸有效劳。"

曹操："夏侯惇乃我军中典范。"

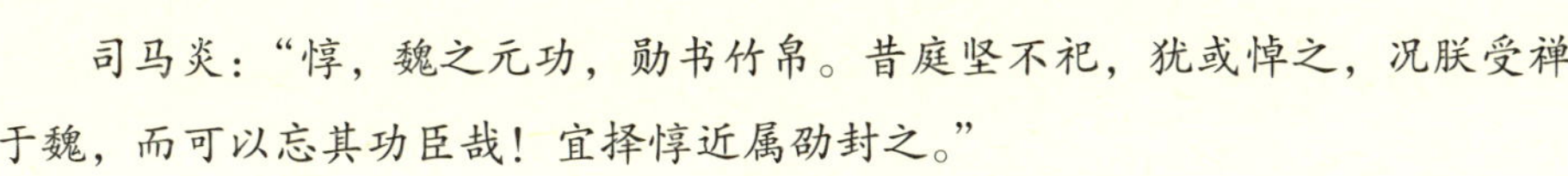

司马炎：“惇，魏之元功，勋书竹帛。昔庭坚不祀，犹或悼之，况朕受禅于魏，而可以忘其功臣哉！宜择惇近属劭封之。”

曹洪

【原典】

曹洪字子廉，太祖从弟也。太祖起义兵讨董卓，至荥阳。为卓将徐荣所败。太祖失马，贼追甚急，洪下，以马授太祖，太祖辞让，洪曰：“天下可无洪，不可无君。”遂步从到汴水，水深不得渡。洪循水得船，与太祖俱济，还奔谯。扬州刺史陈温素与洪善，洪将家兵千余人，就温募兵，得庐江上甲二千人，东到丹杨复得数千人，与太祖会龙亢。太祖征徐州，张邈举兖州叛迎吕布。时大饥荒，洪将兵在前，先据东平、范，聚粮谷以继军。太祖讨邈、布于濮阳，布破走，遂据东阿，转击济阴、山阳、中牟、阳武、京、密十余县，皆拔之。以前后功拜鹰扬校尉，迁扬武中郎将。天子都许，拜洪谏议大夫。别征刘表，破表别将于舞阳、阴叶、堵阳、博望，有功，迁厉锋将军，封国明亭侯。累从征伐，拜都护将军。文帝即位，为卫将军，迁骠骑将军，进封野王侯，益邑千户，并前二千一百户，位特进；后徙封都阳侯。

始，洪家富而性吝啬，文帝少时假求不称，常恨之，遂以舍客犯法，下狱当死。群臣并救莫能得。卞太后谓郭后曰：“令曹洪今日死，吾明日敕帝废后矣。”于是泣涕屡请，乃得免官削爵土。洪先帝功臣，时人多为觖望。明帝即位，拜后将军，更封乐城侯，邑千户，位特进，复拜骠骑将军。太和六年薨，谥曰恭侯。子馥，嗣侯。初，太祖分洪户封子震列侯。洪族父瑜，修慎笃敬，官至卫将军，封列侯。

【释译】

曹洪，字子廉，曹操的堂弟。曹操兴兵讨伐董卓，在荥阳，被董卓将领徐荣打败。曹操失去马匹，后面敌人追得很急，曹洪从马上下来，把自己的马给了曹操。曹操推辞不骑，曹洪说：“天下可以没有我曹洪，但不能没有您。”便步行跟随曹操到达汴水。河水很深不能渡过，曹洪顺河找到一条船，与曹操一起渡过了汴水，逃回谯县。扬州刺史陈温一向与曹洪交好，曹洪带一千多家兵到陈温那里去招募兵马，招募到庐江善战甲士两千人；东到丹杨郡又得到数千人，在龙亢与曹操会合。曹操征讨徐州，张邈献兖州叛曹迎接吕布。当时发生了大饥荒，曹洪领兵在前，先占据东平、范县两个县，收集粮食接济大部队。曹操在濮阳讨伐张邈、吕布，吕布败逃，曹操便占据了东阿县，转而攻取了济阴、山阳、中牟、阳武、京、密等十多个县。根据曹洪前后所立功劳任他为鹰扬校尉，又升迁为扬武中郎将。汉献帝在许县定都，任曹洪为谏议大夫。又单独率军征伐刘表，在舞阳、阴叶、堵阳、博望等县打败刘表的将领，又立军功，升迁为厉锋将军，封爵国明亭侯。数次随曹操征伐，被任为都护将军。文帝曹丕即位，任他为卫将军，又升迁骠骑将军，进封野王侯，增加封邑一千户，与以前所封共二千一百户，赐特进之位；后改封为都阳侯。

当初，曹洪家境富裕且又生性吝啬，曹丕年轻时向他借东西多不如愿，因此心怀忌恨。借曹洪门客犯法之机，把他送进大牢准备处死。群臣都来相救，但没能成功。卞太后对文帝的皇后郭氏说："曹洪如被处死，我明天就令皇帝废皇后。"于是郭皇后哭着屡屡为曹洪求情，曹洪才得以受到免官削爵的处罚。曹洪是先帝的功臣，有许多人为此感到失望和不满。明帝曹叡即位，任曹洪为后将军，转封乐城侯，封邑千户，赐特进之位，再一次被任为骠骑将军。明帝太和六年曹洪去世，谥号为恭侯。儿子曹馥，承袭侯位。当初，曹操把曹洪的封户分出来一部分封曹洪的儿子曹震为列侯。曹洪的族父曹瑜，做事谨慎，对人恭敬，官至卫将军，封列侯。

【人物解读】

曹洪（？~公元232年），曹操堂弟。随曹操追袭荥阳时，曹军为董卓部将所败，曹操失马，曹洪舍命献马并救护曹操，使曹操免于厄难。后多随军征伐，讨黄巾、张邈、吕布、袁绍，咸有功劳。在袭关中时，曹洪与徐晃并为前部，却因禁不住挑衅而失关。然而后来搏战马超，再次救得曹操脱离险境。

【世人对其评价】

曹操："我家赀那得如子廉耶！"

卞太后："梁、沛之间，非子廉无有今日。"

卷十　荀彧荀攸贾诩传第十·荀彧·贾诩

荀彧

【原典】

荀彧（yù）字文若，颍川颍阴人也。祖父淑，字季和，朗陵令。当汉顺、桓之间，知名当世。有子八人，号曰八龙。彧父绲，济南相。叔父爽，司空。

彧年少时，南阳何颙异之，曰："王佐才也。"永汉元年，举孝廉，拜守宫令。董卓之乱，求出补吏。除亢父令，遂弃官归，谓父老曰："颍川，四战之地也，天下有变，常为兵冲，宜亟去之，无久留。"乡人多怀土犹豫，会冀州牧同郡韩馥遣骑迎之，莫有随者，彧独将宗族至冀州。而袁绍已夺馥位，待彧以上宾之礼。彧弟谌及同郡辛评、郭图，皆为绍所任。彧度绍终不能成大事，时太祖为奋武将军，在东郡，初平二年，彧去绍从太祖。太祖大悦曰："吾之子房也。"以为司马，时年二十九。是时，董卓威陵天下，太祖以问彧，彧曰："卓暴虐已甚，必以乱终，无能为也。"卓遣李傕等出关东，所过虏略，至颍川、陈留而还。乡人留者多见杀略。明年，太祖领兖州牧，后为镇东将军，彧常以司马从。兴平元年，太祖征陶谦，任彧留事。会张邈、陈宫以兖州反，潜迎吕布。布既至，邈乃使刘翊告彧曰："吕将军来助曹使君击陶谦，宜亟供其军食。"众疑惑。彧知邈为乱，即勒兵设备，驰召东郡太守夏侯惇，而兖州诸城皆应布矣。时太祖悉军攻谦，留守兵少，而督将、大吏多与邈、宫通谋。惇至，其夜诛谋叛者数十人，众乃定。豫州刺史郭贡帅众数万来至城下，或言与吕布同谋，众甚惧。贡求见彧，彧将往。惇等曰："君，一州镇也，往必危，不可。”或曰：“贡与邈等，分非素结也，今来速，计必未定；及其未定说之，纵不为用，可使中立，若先疑之，彼将怒而成计。”贡见彧无惧意，谓鄄城未易攻，遂引兵去。又与程昱计，使说范、东阿，卒全三城，以待太祖。太祖自徐州还击布濮阳，布东走。

【释译】

荀彧，字文若，颍川郡颍阴县人。祖父荀淑，字季和，曾任朗陵县令。在汉顺帝、桓帝期间，颇有名气。荀淑有八个儿子，号称“八龙”。荀彧的父亲荀绲，任济南国相。荀彧的叔父荀爽，任司空。

荀彧年轻的时候，南阳人何颙就认为他与众不同，评价说：“这是个可以辅佐帝王的人才呀！”献帝永汉元年，荀彧被推举为孝廉，任守宫令。董卓之乱时，荀彧要求出任地方官，被任命为亢父县令，于是他弃官回乡，对乡亲父老们说：“颍川是个容易四面受敌的地方，每当天下发生动乱，常成为兵家必争之地，应马上离开这里，不能久留。”乡里许多人因眷恋本土，犹豫不决。这时担任冀州牧的颍川郡人韩馥派骑兵来迎接荀彧，但没有多少人愿意和荀彧一起去，荀彧只好带领宗族到冀州。到达冀州时，袁绍已取代了韩馥的职位，用上宾之礼接待荀彧。荀彧弟荀谌及同郡人辛评、郭图，都受到袁绍的委任。荀彧预料到袁绍最终难成大事。曹操时任奋武将军，驻扎东郡，初平二年，荀彧便离开袁绍投奔了他。曹操非常高兴地说：“你就是我的谋士张良啊。”以荀彧为司马，其时荀彧二十九岁。当时董卓淫威天下，曹操以此问荀彧，荀彧说：“董卓残酷暴虐，必因作乱而亡，无可作为。”董卓派李傕等人出关东，所过之处全都遭到抢掠，直到颍川、陈留才返回。荀彧留在颍川的乡人多被杀掠。第二年，曹操兼任兖州牧，后为镇东将军，荀彧以司马之职随从。献帝兴平元年，曹操征讨陶谦，委荀彧主持留守。此时张邈、陈宫在兖州反叛，暗迎吕布。吕布到达后，张邈便派刘翊告诉荀彧说：“吕将军前来帮助曹使君攻打陶谦，你们应当赶快供给他军粮辎重。”大家都很疑惑。荀彧知道张邈叛变，立即指挥士兵设防，并飞马召东郡太守夏侯惇回军援助，这时兖州许多城都响应吕布。当时曹操正在全力攻打陶谦，留守兵少，而督官们又大多与张邈、陈宫勾结。夏侯惇到后，当夜便诛杀了几十个图谋反叛的人，局面才安定下来。豫州刺史郭贡率几万兵马来到城下，有人说郭贡与吕布是同谋，众人非常慌恐。郭贡要求面见荀彧，荀彧准备前往。夏侯惇等人说：“您是一州的重心，此去必有危险，不能去。”荀彧说：“郭贡与张邈等人，平素没有交往，如今来得这样快，主意必然没有打定。趁此时机去劝说他，即使他不为我所用，亦可使之中立；如果我们先怀疑他，他就会恼怒而与张邈联合。”荀彧见到郭贡，郭贡见他毫无惧意，认为鄄城不易攻下，便带兵走了。荀彧又与程昱商议，派他去劝说范、东阿两个县。终于保全了这三座城，等待曹操回来。曹操从徐州回军在濮阳打败吕布，吕布向东逃走。

【人物解读】

荀彧（公元163～212年），东汉末年曹操帐下首席谋臣，杰出的战略家。官至汉侍中，守尚书令，谥曰敬侯。因为他任尚书令，居中持重达十数年，被人敬称为“荀令君”。荀彧自小被世人称作“王佐之才”，是曹操统一北方的首席谋臣和功臣，他在战略上为曹操制定并规划了统一北方的蓝图和军事路线，曾多次修正曹操的战略方针而得到曹操的赞赏。因为荀彧多次推荐优秀人才如郭嘉等给曹操，所以曹操更加敬重荀彧，每有大事都先与他商议。袁绍势力强大，曹操对是否与他开战而犹豫不决，荀彧就用四胜四败之说开导曹操，使他终下决心抗袁。官渡之战时荀彧回信坚定了曹操的意志，最后得以击败袁绍统一中原，这都是荀彧的计划。荀彧在建计、密谋、匡弼、举人方面多有建树，被曹操称为“吾之子房”。建安十七年，董昭等人劝曹操即公位，荀彧私下表示反对，因此遭到曹操的忌恨，并在征讨时带他出征，因为以往曹操出兵荀彧都是留守后方；荀彧在曹操的猜忌中病亡于寿春，死后被追谥为敬侯，后又被追赠太尉。

【世人对其评价】

陈寿《三国志》：“彧清秀通雅，有王佐之风，然机鉴先识，未能充其志也。”

王导：“昔魏武，达政之主也；荀文若，功臣之最也。”

曹操：“荀令君之进善，不进不止。”

曹植：“如冰之清，如玉之絜，法而不威，和而不亵。”

司马懿：“书传远事，吾自耳目所从闻见，逮百数十年间，贤才未有及荀令君者也。”“令之论人，久而益信，吾没世不忘。”“钟繇以为颜子既没，能备九德，不贰其过，唯荀彧然。”

鱼豢：“彧折节下士，坐不累席。其在台阁，不以私欲挠意。”

《荀氏家训》：“荀文若、公达、休若、友若、仲豫，当今并无对。”

贾诩

【原典】

贾诩（xǔ）字文和，武威姑臧人也。少时人莫知，唯汉阳阎忠异之，谓诩有良、平之奇。察孝廉为郎，疾病去官，西还至汧，道遇叛氐，同行数十人皆为所执。诩曰：“我段公外孙也，汝别埋我，我家必厚赎之。”时太尉段颎，昔久为边将，威震西土，故诩假以惧氐。氐果不敢害，与盟而送之，其余悉死。诩实非段甥，权以济事，咸此类也。

董卓之入洛阳，诩以太尉掾为平津都尉，迁讨虏校尉。卓婿中郎将牛辅屯陕，诩在辅军。卓败，辅又死，众恐惧，校尉李傕（jué）、郭汜、张济等欲解散，间行归乡里。诩曰："闻长安中议欲尽诛凉州人，而诸君弃众单行，即一亭长能束君矣。不如率众而西，所在收兵，以攻长安，为董公报仇，幸而事济，奉国家以征天下，若不济，走未后也。"众以为然。傕乃西攻长安。语在《卓传》。后诩为左冯翊，傕等欲以功侯之，诩曰："此救命之计，何功之有!"固辞不受。又以为尚书仆射，诩曰："尚书仆射，官之师长，天下所望，诩名不素重，非所以服人也。纵诩昧于荣利，奈国朝何!"乃更拜诩尚书，典选举，多所匡济，傕等亲而惮之。会母丧去官，拜光禄大夫。傕、汜等斗长安中，傕复请诩为宣义将军。傕等和，出天子，佑护大臣，诩有力焉。天子既出，诩上还印绶。是时将军段煨（wēi）屯华阴，与诩同郡，遂去傕托煨。诩素知名，为煨军所望。煨内恐其见夺，而外奉诩礼甚备，诩愈不自安。

【释译】

贾诩，字文和，武威郡姑臧县人。年轻时很多人都不看好他，只有汉阳人阎忠认为他与众不同，说贾诩有张良、陈平的奇异才能。他被推荐为孝廉，担任郎官后，因病辞职，西行回乡时来到汧县，在路上遇到叛乱的氐族人，同行的几十人都被抓去。贾诩说："我是段公的外孙，你们把我另外关起来，我家一定会用重金来赎的。"当时的太尉段颎，过去曾担任边关守将，威震西方，所以贾诩借他来恐吓氐族人。氐人果然不敢伤害贾诩，还和他结拜为兄弟并送他回家，但其他人都被杀死了。贾诩其实不是段颎的外孙，他常采用随机应变的方法来解决事情。

董卓进入洛阳，贾诩以太尉掾的身份出任平津都尉，又升迁为讨虏校尉。董卓的女婿中郎将牛辅驻扎在陕县，贾诩就在牛辅军中。董卓失败，牛辅也死了，众人恐惧，校尉李傕、郭汜、张济等人想解散队伍，从小路返回乡里。贾诩说："我听说在长安人们议论要把西凉人都杀光，而你们若独自行动，一个亭长就能把你们逮住。不如率领将士向西，沿途招兵买马，进攻长安，为董公报仇。如果有幸把事情办成功，就挟天子以令诸侯；如果事情不成功，再走也不晚。"众人认为他说得对。李傕便向西进攻长安。这件事记载在《董卓传》中。后来贾诩任左冯翊，李傕等人想因为他的功劳封他为列侯，贾诩说："那不过是救命的办法，有什么功劳可言！"坚决推辞不接受。李傕等人又要任命他为尚书仆射，贾诩说："尚书仆射是众官的师长，被天下人所瞩望，我并不是早就有名望的人，不可能使人心服。即使我没有把名利看得很重，但对国家朝廷，又有什么好处呢！"朝廷便改任贾诩为尚书，主持官员的选拔任用，做了许多扶持救助朝廷的事情，李傕等人对他既亲近又害怕。贾诩母亲去世了，他辞官为母亲守孝，回朝后被任为光禄大夫。李傕、郭汜在长安城中争斗，李傕又请贾诩为宣义将军。后来李傕等人和解，放出天子，保护大臣，这些事都有贾诩的功劳。天子被放出以后，贾诩交还官印辞职。当时将军段煨屯驻在华阴县，段煨与贾诩是同乡，贾诩便离开李傕投靠段煨。贾诩本来就很有名气，他受到段煨军中将士敬服。段煨怕他取代自己的地位，表面上对贾诩礼遇特别周到，贾诩更加感到不安。

【人物解读】

贾诩（公元 147 ~ 223 年）。三国时期著名的谋士、战术家，官至太尉。时人称贾诩为"毒士"，其奇谋百出，算无遗策。郭汜作乱时，在李傕帐中任谋士，后李傕等人失败后，辗转成为张绣的谋士。张绣曾用他的计策两次打败曹操，官渡之战前他劝张绣归降曹操。曹操在官渡战袁绍、潼关破马超、韩遂，皆有贾诩之谋。曹操占荆州想乘机顺江东下，被贾诩劝阻，说应该安抚百姓，等待时机。曹操不从，结果在赤壁之战中大败而归。在曹操立继位人问题上贾诩暗助了曹丕。曹丕日后称帝封其为太尉、魏寿亭侯。曹丕问应先灭蜀还是吴，贾诩建议应先治理好国家再动武，曹丕不听，果然征吴无功而返。贾诩认为自己非曹操旧臣，却策谋深长，所以怕曹操猜嫌，于是采取自保策略，闭门自守，不与别人私下交往，他的子女婚嫁也不攀结权贵。死时七十七岁，谥曰肃侯。

【世人对其评价】

陈寿《三国志》："有良（张良）、平（陈平）之奇"、"荀攸、贾诩，庶乎算无遗策，经达权变，其良、平之亚欤！"

易中天："贾诩能在乱世中审时度势，自己是活得时间最长的，还保全了家人。这才是真正的大智慧，贾诩可能是三国时期最聪明的人。"

卷十一　袁张凉国田王邴管传第十一·袁涣·田畴

袁涣

【原典】

袁涣字曜卿，陈郡扶乐人也。父滂，为汉司徒。当时诸公子多越法度，而涣清静，举动必以礼。郡命为功曹，郡中奸吏皆自引去。后辟公府，举高第，迁侍御史。除谯令，不就。刘备之为豫州，举涣茂才。后避地江、淮间，为袁术所命。术每有所咨访，涣常正议，术不能抗，然敬之不敢不礼也。顷之，吕布击术于阜陵，涣往从之，遂复为布所拘留。布初与刘备和亲，后离隙。布欲使涣作书詈辱备，涣不可，再三强之，不许。布大怒，以兵胁涣曰："为之则生，不为则死。"涣颜色不变，笑而应之曰："涣闻唯德可以辱人，不闻以骂。使彼固君子邪，且不耻将军之言；彼诚小人邪，将复将军之意，则辱在此不在于彼。且涣他日之事刘将军，犹今日之事将军也，如一旦去此，复骂将军，可乎?"布惭而止。

【释译】

袁涣，字曜卿，陈郡扶乐县人。父亲袁滂，曾任汉司徒。当时王公大臣的子弟大多不遵守法度，而袁涣却恬淡清静，举止遵循礼法。郡守任命他为功曹，郡里奸猾有恶行的吏员都因害怕自行引退。后来袁涣被公府征召进京，考核名列优等，升为侍御史，授予谯县县令，袁涣不愿赴任。刘备任豫州牧时，曾举荐袁涣为茂才。后来到江、淮之间避乱，为袁术所任用。每次袁术

有所询问，袁涣总是义正词严地阐明道理，袁术无法辩驳他，然而又敬重他，不敢不以礼相待。不久，吕布在阜陵攻击袁术，袁涣随袁术前去，于是又被吕布所强留。吕布起初与刘备和好，后来发生矛盾又分开。吕布要袁涣写信辱骂刘备，袁涣不肯，吕布再三强迫，他仍不肯。吕布大怒，拔出刀来威胁袁涣说："写就让你活命，不写就死。"袁涣面不改色，笑着回答说："我听说只有高尚的品德可以使别人感到羞惭，没听说用谩骂可使人感到羞辱的。如果刘备本来就是一个君子，对将军的辱骂会不屑一顾；如果刘备确是个小人，就会回骂将军，这样羞辱的是你而不是他。况且我过去事奉刘将军就像现在为将军效力一样，如果有一天我离开这里，就反过来骂将军，可以吗？"吕布听了自感惭愧，就不再逼他。

【人物解读】

袁涣出生于一家名望大族。袁涣的父亲袁滂，曾任汉朝的司徒，很有才识。据裴松之注引袁宏《汉纪》记载："袁滂，字公熙，虽身处司徒高位，但纯素寡欲，善于处世，从不在他人前后言人之短。"那时，不少身居高位之人，自认为有皇帝的恩宠，就不断对时局大谈自己的见解，表明自己的立场。由于派系林立，不少人因此而罹祸。袁滂在朝中保持中立，拥戴与憎恨他的人，日后都没有加害于他。而袁涣受家风熏陶，严于律己，有着强烈的社会责任感。据袁宏《汉纪》记载，当初，天下即将大乱的迹象初现端倪时，袁涣慨然而叹，认为东汉王朝行将衰亡，大乱即将来临，如果长此以往，作为个人还能躲到何方；如果天下亡道，应以道义存抚百姓。他主张实力强大的人，要面对现实，同时以礼行事，把救民护民作为自己的使命。

当时，那些世家豪族的子弟，大多依仗祖辈的权势，根本不将国家的法令制度放在眼中，常常凌驾于法纪之上，胡作非为。然而袁涣始终坚守儒家道义，清雅宁静，一举一动均以礼节行事。郡守十分看重袁涣的品行，任命他为郡功曹，着手整顿吏制。袁涣照章办事，雷厉果断，对郡里的那些奸吏形成了威胁。那些贪官奸吏得知袁涣即将上任，纷纷自动辞职，或远离而去。后来，袁涣因其高尚品德，被东汉朝廷征召到官府，考绩名列优等，按程式升迁为侍御史。不久，又被任命为谯县县令。袁涣先后跟随袁术、吕布、曹操，以尽心尽责、敢谏直言而闻名。

【世人对其评价】

陈寿《三国志》："涣为政崇教训，恕思而后行，外温柔而内能断。以病去官，百姓思之。家无所储，终不问产业，乏则取之于人，不为皦察之行，然时人服其清。""袁涣躬履清蹈，进退以道，盖是贡禹、两龚之匹。"

袁敏："涣貌似和柔，然其临大节，处危难，虽贲育不过也。"

田畴

【原典】

田畴字子泰，右北平无终人也。好读书，善击剑。初平元年，义兵起，董卓迁帝于长安。幽州牧刘虞叹曰："贼臣作乱，朝廷播荡，四海俄然，莫有固志。身备宗室遗老，不得自同于众。今欲奉使展效臣节，安得不辱命之士乎？"众议咸曰："田畴虽年少，多称其奇。"畴时年二十二矣。虞乃备礼请与相见，大悦之，遂署为从事，具其车骑。将行，畴曰："今道路阻绝，寇虏纵横，称官奉使，为众所指名。愿以私行，期于得达而已。"虞从之。畴乃归，自选其家客与年少之勇壮慕从者二十骑俱往。虞自出祖而遣之。既取道，畴乃更上西关，出塞，傍北山，直取朔方，循间径去，遂至长安致命。诏拜骑都尉。畴以为天子方蒙尘未安，不可以荷佩荣宠，固辞不受。朝廷高其义。三府并辟，皆不就。得报，驰还，未至，虞已为公孙瓒所害。畴至，谒祭虞墓，陈发章表，哭泣而去。瓒闻之大怒，购求获畴，谓曰："汝何自哭刘虞墓，而不送章报于我也？"畴答曰："汉室衰颓，人怀异心，唯刘公不失忠节。章报所言，于将军未美，恐非所乐闻，故不进也。且将军方举大事以求所欲，既灭无罪之君，又仇守义之臣，诚行此事，则燕、赵之士将皆蹈东海而死耳，岂忍有从将军者乎！"瓒壮其对，释不诛也。拘之军下，禁其故人莫得与通。或说瓒曰："田畴义士，君弗能礼，而又囚之，恐失众心。"瓒乃纵遣畴。

【释译】

田畴，字子泰，右北平郡无终县人。喜欢读书，擅长剑术。初平元年，关东起义兵，董卓把献帝迁往长安。幽州牧刘虞叹息说："贼臣叛乱，皇帝流离失所，国内形势不稳，谁也没有坚定的信心。我身为皇族遗老，不能和其他人一样。现在我想派使者到朝廷说明我效忠的愿望，怎样才能找到不辱使命的人呢？"众人都建议说："田畴虽然年轻，但很多人都称赞他是个奇才。"田畴这时才二十二岁。于是刘虞准备礼物派人请田畴与他相见，刘虞非常喜欢他，任命他为从事史，并给他准备了车马。将要出发时，田畴说："如今道路阻断，贼寇横行，公然打出奉命使臣的旗号，太容易惹人注意了。我希望以私人身份前行，只要能够达到目的。”刘虞依从了他。田畴回到家里，亲自挑选他的家客和年轻的勇壮，愿意随从他的有二十人。刘虞亲自为他饯行。上路后，田畴便改道，西上居庸关，出塞之后，靠近阴山，直奔朔方郡，顺着小路前行，最后到达长安终于完成了使命。朝廷下诏任田畴为骑都尉。田畴认为天子正在流亡，尚未安定，自己不能接受这样的尊荣宠幸，坚辞不受。朝廷对他的明义之举评价很高。三公府同时聘任他，他都不去。得到朝廷的回复以后，田畴又飞马返回，还没到达，刘虞已经被公孙瓒所害。田畴到达后，拜祭了刘虞墓，打开朝廷的回复文书放在刘虞墓前，痛哭之后离开。公孙瓒听说后大怒，悬赏捉住了田畴，对他说：“你为什么亲自到刘虞墓去哭拜，而不把朝廷的回复文书送给我？”田畴回答说：“汉朝衰颓，人人怀有异心，只有刘公不失忠诚。朝廷复文所说的，对将军不是什么美言，也不是您愿意听的，所以没有进献给您。况且将军正兴办大事来追求您想要的东西，既杀害了无罪的上司，又要加害守义的下属，果真这样的话，燕、赵的人将会全部投东海而死，又怎么会有跟随将军您的人呢！”公孙瓒认为田畴的回答理直气壮就没有加害，他把田畴拘留在营中，禁止他的朋友与他沟通。有人劝公孙瓒说：“田畴是个忠义之士，您不能以礼相待，反而把他囚禁

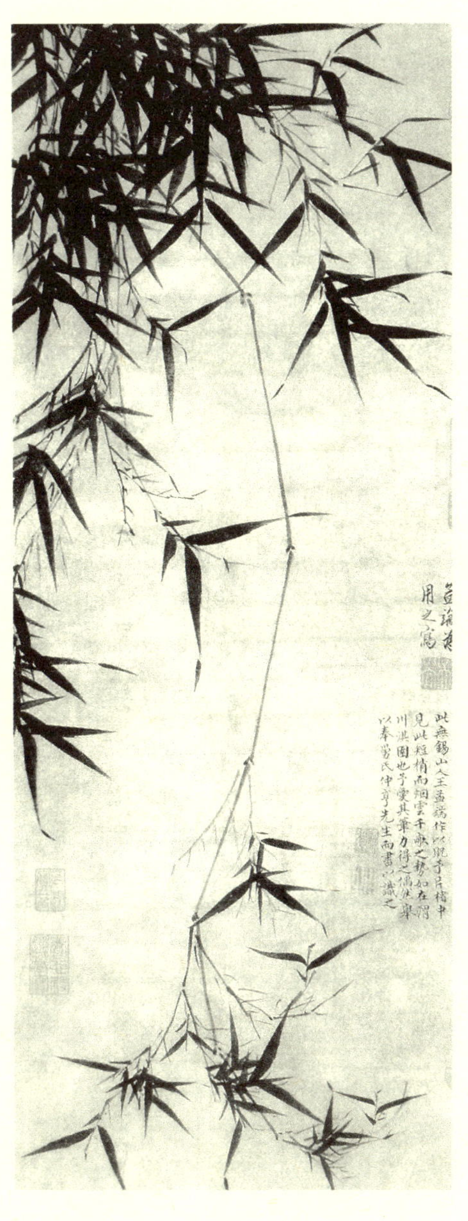

起来，恐怕会失掉人心啊！”公孙瓒便释放了田畴。

【人物解读】

田畴（公元169～214年），三国时代的一位奇人，他不慕荣利爵禄，有所不为，自遂其志，可称得上是一位隐士。但他为了忠于朋友嘱托的任务，为了向汉室正统表达臣民赤诚拥护之意，不惜长途跋涉，花三年时间，从幽州跑到长安向正统的王室表明心迹，希望其爱抚百姓，并不断增强国力，而自己从不求禄位。他又帮助边塞山区移民，接济战乱中流离的百姓。后来曹操征乌丸，田畴基于民族大义，助曹破敌，为汉族绝外患，曹操要封他官爵，也坚决辞让，甚至以死为誓，固不受封。

【世人对其评价】

陈寿《三国志》：“田畴好读书，善击剑。”

钟繇：“畴虽不合大义，有益推让之风，宜如世子议。”

曹操：“文雅优备，忠武又著，和于抚下，慎于事上，量时度理，进退合义。”

裴松之：“田畴不应袁绍父子之命，以其非正也。故尽规魏祖，建卢龙之策。致使袁尚奔迸，授首辽东，皆畴之由也。既以明其为贼，胡为复吊祭其首乎？若以尝被辟命，义在其中，则不应为人设谋，使其至此也。畴此举止，良为进退无当，与王修哭袁谭，貌同而心异也。”

卷十二　崔毛徐何邢鲍司马传第十二·崔琰·何夔

崔琰

【原典】

崔琰（yǎn）字季珪，清河东武城人也。少朴讷，好击剑，尚武事。年二十三，乡移为正，始感激，读《论语》、《韩诗》。至年二十九，乃结公孙方等就郑玄受学。学未期，徐州黄巾贼攻破北海，玄与门人到不其山避难。时谷籴县乏，玄罢谢诸生。琰既受遣，而寇盗充斥，西道不通。于是周旋青、徐、兖、豫之郊，东下寿春，南望江、湖。自去家四年乃归，以琴书自娱。

大将军袁绍闻而辟之。时士卒横暴，掘发丘陇，琰谏曰："昔孙卿有言：'士不素教，甲兵不利，虽汤武不能以战胜。'今道路暴骨，民未见德，宜敕郡县掩骼埋胔（zì），示憯怛之爱，追文王之仁。"绍以为骑都尉。后绍治兵黎阳，次于延津，琰复谏曰："天子在许，民望助顺，不如守境述职，以宁区宇。"绍不听，遂败于官渡。及绍卒，二子交争，争欲得琰。琰称疾固辞，由是获罪，幽于囹圄，赖阴夔、陈琳营救得免。

【释译】

崔琰，字季珪，清河郡东武城县人。少时性格朴实，语言迟钝，好击剑，喜爱武功。二十三岁那年，由乡兵转为正卒，才由感慨而发奋，研读《论语》、《韩诗》。二十九岁，与公孙方等人结交，到郑玄门下学习。尚未满一年，徐州的黄巾军攻破了北海，郑玄与其弟子到不其山躲避兵难。由于粮谷十分匮乏，郑玄只好辞退弟子停止授学。崔琰见到处都是盗寇，西去的道路不通，于是在青、徐、兖、豫四州郊野徘徊，东到寿春，向南也几乎到达长江、洞庭湖一带。从离开家算起，四年后才返回，自此以弹琴读书自娱。

袁绍听说后任命崔琰为下属。当时士兵暴虐无度，挖坟掘墓，崔琰劝谏说："过去荀子曾说过：'士兵平素不约束训练，铠甲兵器不坚固锋利，即使是汤、周二王也不能靠这样的军队取胜。'如今平地上尸骨暴露，百姓还没有看到德政。应命令各郡县掩埋尸骨，以示您哀痛死者的爱心，效法周文王的仁慈。"袁绍任崔琰为骑都尉。后来袁军在黎阳训练，驻扎在延津渡口。崔琰又劝谏说："天子在许县，百姓支持顺从朝廷的一方，我们何不坚守辖境向天子进贡述职，以安定地方呢。"袁绍不听，终于在官渡失败。袁绍死后，他的两个儿子互相争斗，都想得到崔琰的帮助。崔琰以有病为由坚决推辞，因此获罪，被关进监狱，后靠阴夔、陈琳的营救才得以免祸。

【人物解读】

崔琰（公元163～216年），他声姿高畅，眉目疏朗，须长四尺，甚有威严，少好击剑，尚武事。崔琰初为袁绍谋事。袁绍败亡后，曹操封他为官。崔琰刚正不阿，官做到尚书。后来反对曹操进位魏王而入狱。狱中大骂曹操欺君奸贼，被曹操下令杖杀于狱中。

关于崔琰有这样一个故事：曹操统一北方后，声威大震，各少数民族部落纷纷依附。北派使者送来了大批奇珍异宝，使者请求面见曹操。曹操将崔琰召来，要他代替自己接见使者。接见时，崔琰正中端坐，接受了匈奴使者的拜贺，曹操却扮作侍卫模样，手握钢刀，挺立在坐榻旁边。接见完毕后，曹操派间谍去问匈奴使者印象如何。使者不假思索地说："魏王俊美，丰采高雅，而榻侧捉（握、提之意）刀的那个人气度威严，非常人可及，是为真英雄也！"后来，人们便将代替别人做事称为"捉刀"，而用得最多的是谓代人作文，如"捉刀代笔"，代人捉刀的成语由此而来！

【世人对其评价】

陈寿《三国志》："太祖性忌，有所不堪者，鲁国孔融、南阳许攸、娄圭，皆以恃旧不虔见诛。而琰最为世所痛惜，至今冤之。""崔琰高格最优，鲍勋

秉正无亏，而皆不免其身，惜哉！”

陈登：“琰清忠高亮，雅识经远，推方直道，正色于朝。魏氏初载，委授铨衡，总齐清议，十有余年。文武群才，多所明拔。朝廷归高，天下称平。”

曹操：“君有伯夷之风，史鱼之直，贪夫慕名而清，壮士尚称而厉，斯可以率时者已。故授东曹，往践厥职。”

鱼豢：“明帝时，崔林尝与司空陈群共论冀州人士，称琰为首。群以‘智不存身’贬之。林曰：‘大丈夫为有邂逅耳，即如卿诸人，良足贵乎！’”

罗贯中：“清河崔琰，天性坚刚；虬髯虎目，铁石心肠；奸邪辟易，声节显昂；忠于汉主，千古名扬！”

易中天：“崔琰是三国时最为德高望重的名士，正派儒雅，又有远见卓识，仪表堂堂，凛然于朝，曹操也被他的一身正气所慑服。崔琰之死，是当时最大的冤案。崔琰用死证明自己是君子。曹操用崔琰的死，证明自己是奸雄。”

何夔

【原典】

何夔字叔龙，陈郡阳夏人也。曾祖父熙，汉安帝时官至车骑将军。夔幼丧父，与母兄居，以孝友称。长八尺三寸，容貌矜严。避乱淮南。后袁术至寿春，辟之，夔不应，然遂为术所留。久之，术与桥蕤俱攻围蕲阳，蕲阳为太祖固守。术以夔彼郡人，欲胁令说蕲阳。夔谓术谋臣李业曰：“昔柳下惠闻伐国之谋而有忧色，曰‘吾闻伐国不问仁人，斯言何为至于我哉’！”遂遁匿灊（qián）山。术知夔终不为己用，乃止。术从兄山阳太守遗母，夔从姑也，是以虽恨夔而不加害。

建安二年，夔将还乡里，度术必急追，乃间行得免，明年到本郡。顷之，太祖辟为司空掾属。时有传袁术军乱者，太祖问夔曰：“君以为信不？”夔对曰：“天之所助者顺，人之所助者信。术无信顺之实，而望天人之助，此不可以得志于天下。夫失道之主，亲戚叛之，而况于左右乎！以夔观之，其乱必矣。”太祖曰：“为国失贤则亡。君不为术所用；乱，不亦宜乎！”太祖性严，掾属公事，往往加杖；夔常畜毒药，誓死无辱，是以终不见及。出为城父令。迁长广太守。郡滨山海，黄巾未平，豪杰多背叛，袁谭就加以官位。长广县人管承，徒众三千余家，为寇害。议者欲举兵攻之。夔曰：“承等非生而乐乱也，习于乱，不能自还，未被德教，故不知反善。今兵迫之急，彼恐夷灭，必并力战。攻之既未易拔，虽胜，必伤吏民。不如徐喻以恩德，使容自悔，可不烦兵而定。”乃遣郡丞黄珍往，为陈成败，承等皆请服。夔遣吏成弘领校尉，长广县丞等郊迎奉牛酒，诣郡。牟平贼从钱，众亦数千，夔率郡兵与张辽共讨定之。东牟人王营，众三千余家，胁昌阳县为乱。夔遣吏王钦等，授以计略，使离散之。旬月皆平定。

【释译】

何夔，字叔龙，陈郡阳夏人。其曾祖父何熙，汉安帝时任车骑将军。何夔幼年失父，与母亲、哥哥一起生活，以孝顺友爱为人称道。何夔身高八尺三寸，容貌庄重严肃。曾到淮南避乱。后来袁术到寿春，征召他，何夔没有答应，但还是被袁术留下。不久，袁术与桥蕤都去攻围蕲阳，蕲阳被曹操守住。因何夔是蕲阳郡人，袁术想胁迫他去说降蕲阳守军。何夔对袁术的谋臣李业说：“过去柳下惠听说鲁君欲伐齐之谋而生忧虑，说：‘我听说攻伐别国的事不应向仁者询问，这话为什么要和我说’！”于是出逃，躲藏在灊山。袁术知道何夔终不会为己所用，才不再追逼。袁术的堂兄山阳太守袁遗的母亲，是何夔的堂姑，虽然袁术很恼恨何夔，但却未加害于他。

建安二年，何夔准备回乡，估计袁术一定会来追赶，就走小道逃避了追捕，第二年回到郡里。不久，曹操征辟何夔为司空掾属。当时有传闻说袁术的部队发生内乱，曹操问何夔说：“你信不信？”何夔回答说：“上天要帮助的是顺应民心的人，人们要帮助的是取信于民的人，袁术没有信用、也没有顺民的行为，却企望得到上天和百姓的帮助，这是不可能实现的。失去道义的君主，连亲戚都要背叛他，更何况周围的人呢！依我看，他的部队发生内乱是必然的。”曹操说：“治国失贤就会灭亡。你不被袁术所重用，其内部发生叛乱是理所当然的。”曹操执法甚严，在掾属任职的官员往往受到杖责，何夔常备毒药，宁死不受污辱，但没有受到责罚。后来，出任城父县令，升为长广太守。这个郡依山傍海，黄巾军还没有平定，当地的豪强大多与他们有联系，袁谭就给他们加封官职，希望以此来转化他们的心。长广县人管承有部众三千多家，抢劫掳掠，危害地方。有人提出派兵去攻打。何夔说："管承等人不是天生就喜欢作乱的，因为没有受到德教，而不能自拔，尚不知改邪归正。如军队逼得太急，他们唯恐被剿灭，一定会拼命抵抗。就不易取胜，即便取胜，也会伤害很多官吏百姓。不如慢慢地用德义开导，使他们逐渐醒悟，不用兴师动众就能平定他们。"于是，就派郡丞黄珍前去，给他们讲明利害得失，于是管承等人都请求归降。何夔派县吏成弘兼任校尉，长广县丞等人带着牛、酒到郊外迎接管承等人的到来。牟平的贼寇从钱手下有几千人马，何夔率领郡中的部队和张辽一起讨伐平定了他们。东牟人王营，有部众三千多家，胁迫昌阳县作乱。何夔派官吏王钦等人，以计谋使王营等分崩溃散，不到一月就都平定了。

【人物解读】

何夔，生卒年不详。他自幼丧父，与母亲兄弟居住在一起，以孝顺友好著称。其避乱时被袁绍强召为下属，后来逃回家乡投奔曹操，曾任司空掾属、城父令、长广太守、乐安太守、丞相府东曹掾。魏国建立之后，任尚书仆射。曹丕被立为太子之后，何夔曾任太子少傅、太傅、太仆。曹丕继位之后封何夔为成阳亭侯。谥号靖侯。

【世人对其评价】

陈寿《三国志》："何夔贵尚峻厉，为世名人。"

曹操："为国失贤则亡。君不为术所用；乱，不亦宜乎！"

曹丕："盖礼贤亲旧，帝王之常务也。以亲则君有辅弼之勋焉，以贤则君有醇固之茂焉。夫有阴德者必有阳报，今君疾虽未瘳，神明听之矣。君其即安，以顺朕意。"

卷十三　钟繇华歆王朗传第十三·钟繇·华歆

钟繇

【原典】

钟繇字元常，颍川长社人也。尝与族父瑜俱至洛阳，道遇相者，曰："此童有贵相，然当厄于水，努力慎之！"行未十里，度桥，马惊，堕水几死。瑜以相者言中，益贵繇，而供给资费，使得专学。举孝廉，除尚书郎、阳陵令，以疾去。辟三府，为廷尉正、黄门侍郎。是时，汉帝在西京，李傕、郭汜等乱长安中，与关东断绝。太祖领兖州牧，始遣使上书。傕、汜等以为"关东欲自立天子，今曹操虽有使命，非其至实"，议留太祖使，拒绝其意。繇说傕、汜等曰："方今英雄并起，各矫命专制，唯曹兖州乃心王室，而逆其忠款，非所以副将来之望也。"傕、汜等用繇言，厚加答报，由是太祖使命遂得通。太祖既数听荀彧之称繇，又闻其说傕、汜，益虚心。后傕胁天子，繇与尚书郎韩斌同策谋。天子得出长安，繇有力焉。拜御史中丞，迁侍中、尚书仆射，并录前功封东武亭侯。

【释译】

钟繇，字元常，颍川长社县人。钟繇小时与同族的一位叔父钟瑜同去洛阳，路上遇到一个相面的人，那人说："这个孩子有贵人相，但注定要在水上遭厄，要小心避免啊！"钟繇走了没有十里，过桥时马惊了，掉下河去几乎淹死。钟瑜因为相面的人说得准，更加看重钟繇，就供给资费，让他专心学习。

钟繇后被推荐为孝廉，任尚书郎、阳陵县令，因病离职。又被三公府任命为下属，改任廷尉正、黄门侍郎。其时，汉献帝在长安，李傕、郭汜等人在长安城中作乱，与关东断绝联系。曹操兼任兖州牧后，开始派遣使者进贡上书。李傕、郭汜等人认为“关东早想要自行拥立天子，现在曹操虽然派使者来，却不是真心”，便扣留曹操使者，拒绝他的上贡。钟繇劝李傕、郭汜等人说：“现今英雄并起，很多人都假借天子之命独断专行，只有曹兖州心系王室，如果拒绝他的诚意，就断绝了那些准备前来向天子致意的人的希望。”李傕、郭汜等人采用了钟繇的建议，对曹操给以优厚的回报。从此曹操得与朝廷通使。曹操已经几次听荀彧称赞钟繇，得知他对李傕、郭汜的劝说，更加深了对他的好感。后来李傕胁迫献帝，钟繇和尚书郎韩斌一同策划。献帝得以离开长安，钟繇是出了力的。后来被任命为御史中丞，升任侍中、尚书仆射，还根据他的功劳封为东武亭侯。

【人物解读】

钟繇（公元151~230年），三国时期曹魏著名政治家、书法家。钟繇出身于东汉望族，祖先数世均以德行著称。曾祖父“温良笃慎，博学诗律，教授门生千有余人”，祖父钟迪因党锢之祸而终身没有做官。父亲早亡，由叔父钟瑜抚养成人。他官至太傅，魏文帝时与当时的名士华歆、王朗并为三公。钟繇因其德高望重，功勋卓越，与曹魏皇室关系极为密切。曹丕早在做太子时，随曹操到孟津征战，听说钟繇藏有一块玉玦，便想得到它，但又难以启齿，便密令别人转为传意。钟繇听说后，马上将玉玦送给了曹丕。曹丕感动之余，写了著名的《与钟大理书》以示谢意。钟繇也写了回信表达内心隐情，二人关系极为友善。

钟繇精通书法，宗曹熹、蔡邕、刘德升，博采众长，自成一家，尤精于隶、楷。书若飞鸿戏海，舞鹤游天。后人评其隶行入神，八分入妙，和大书法家胡昭并称“胡肥钟瘦”。与晋王羲之并称“钟王”。临终时授子会曰：“吾精思学书，学其用笔，每见万类，皆画像之”。

【世人对其评价】

陈寿《三国志》：“钟繇开达理干……诚皆一时之俊伟也。魏氏初祚，肇登三司，盛矣夫！”

华歆

【原典】

华歆字子鱼，平原高唐人也。高唐为齐名都，衣冠无不游行市里。歆为吏，休沐出府，则归家阖门。议论持平，终不毁伤人。同郡陶丘洪亦知名，自以明见过歆。时王芬与豪杰谋废灵帝，语在《武纪》。芬阴呼歆、洪共定计，洪欲行，歆止之曰：“夫废立大事，伊、霍之所难。芬性疏而不武，此必无成，而祸将及族。子其无往！”洪从歆言而止。后芬果败，洪乃服。举孝廉，除郎中，病，去官。灵帝崩，何进辅政，征河南郑泰、颍川荀攸及歆等。歆到，为尚书郎。董卓迁天子长安，歆求出为下邽令，病不行，遂从蓝田至南阳。时袁术在穰，留歆。歆说术使进军讨卓，术不能用。歆欲弃去，会天子使太傅马日磾（dī）安集关东，日磾辟歆为掾。东至徐州，诏即拜歆豫章太守，以为政清静不烦，吏民感而爱之。孙策略地江东，歆知策善用兵，乃

幅巾奉迎。策以其长者，待以上宾之礼。后策死。太祖在官渡，表天子征歆。孙权欲不遣，歆谓权曰："将军奉王命，始交好曹公，分义未固，使仆得为将军效心，岂不有益乎？今空留仆，是为养无用之物，非将军之良计也。"权悦，乃遣歆。宾客旧人送之者千余人，赠遗数百金。歆皆无所拒，密各题识，至临去，悉聚诸物，谓诸宾客曰："本无拒诸君之心，而所受遂多。念单车远行，将以怀璧为罪，愿宾客为之计。"众乃各留所赠，而服其德。

【释译】

华歆，字子鱼，平原高唐人。高唐是齐地名城，士大夫几乎都到街市上游玩。华歆任县吏时，出了衙门，就回家闭门读书。华歆谈论问题很公平，从不无中生有地伤害别人。同郡的陶丘洪也很有名望，自认为见解高明超过华歆。当时王芬正和地方列强密谋废掉汉灵帝，事记《武帝纪》中。王芬暗地里邀约华歆、陶丘洪共谋此事，陶丘洪想去，华歆阻止他说："废立皇帝事关重大，就是伊尹、霍光也感为难。王芬性情粗鲁又不勇烈，一定不会成功，还会带来灾难累及家族。你千万别去！"陶丘洪听了华歆的话没有去。后来王芬果然失败，陶丘洪这才佩服华歆。华歆被推举为孝廉，担任郎中，因病离职。灵帝去世，何进辅助朝政，征召河南郑泰、颍川荀攸和华歆等人。华歆到京，担任尚书郎。董卓把天子迁往长安，华歆请求出京担任下邽令，因病未去，就从蓝田来到南阳。当时袁术在穰县，款留华歆。华歆劝袁术进军讨伐董卓，袁术没有同意。华歆想要离开，正碰上皇上派马日磾在关东招集民士，马日磾征召华歆为属官。华歆来到徐州，皇帝任命他为豫章太守，认为华歆处事冷静公允，官吏和百姓都很拥戴他。孙策占据江东，华歆知道孙策善于用兵，连帽都没戴缠着头巾去迎接孙策。孙策因华歆年长，用上宾之礼接待了他。后来孙策死了。曹操在官渡，上表请求天子征召华歆。孙权不想放他去，华歆对孙权说："将军您奉行王命，与曹公交好，情分未浓，我能为将军效力，不是很有好处吗？现在留下我，是白养着无用的东西，这不是好的计策啊。"孙权高兴地送走了华歆。一千多友人为华歆送行，赠送他几百两金子。华歆都收下了，并一一留下记号，临走时，把所收的礼品都集在一起，对众宾客说："我不是拒绝各位的好意，但财物太多了。想我独自远行，匹夫无罪，怀璧其罪，望朋友们为我着想。”大家都取回了本来送给华歆的东西，很钦佩华歆的美德。

【人物解读】

华歆（公元157～231年），汉灵帝时举孝廉，任郎中，后来因病去官。官渡之战时，曹操“表天子征歆”，任为议郎，参司空军事，入为尚书，转侍中，代替为尚书令。曹操征讨孙权，“表歆为军师”。后任御史大夫。曹丕即王位后，拜相国，封安乐乡侯。后改任司徒。魏明帝曹叡即位，晋封博平侯。卒谥敬侯。作为曹魏重臣，华歆的治国主张主要是重农非战，重视文教德化。太和初年，魏明帝派曹真的侄子攻打蜀汉。华歆上书反对，他认为“为国者以民为基，民以衣食为本”，应当先留心于本国的治理，“以征伐为后事”。本国治理得好，敌人就会不攻自破。“兵不得已而用之”，作为皇帝，不能舍本逐末。当时正好赶上秋雨连绵不利于战争，曹叡采纳了他的建议。华歆位及人臣，但他始终廉洁自奉。

【世人对其评价】

陈寿《三国志》：“华歆清纯德素，诚一时之俊伟也。”“歆素清贫，禄赐以振施亲戚故人，家无担石之储。”“歆性周密，举动详慎。”

华峤：“歆淡于财欲，前后宠赐，诸公莫及，然终不殖产业。”

傅玄：“华太尉积德居顺。”

孙盛：“夫大雅之处世也，必先审隐显之期，以定出处之分，否则括囊以保其身，泰则行义以达其道。歆既无夷、皓韬邈之风，又失王臣匪躬之操，故挠心于邪儒之说，交臂于陵肆之徒，位夺于一竖，节堕于当时。昔许、蔡失位，不得列于诸侯；州公实来，鲁人以为贱耻。方之于歆，咎孰大焉！”

曹丕：“国之俊老，所与和阴阳理庶事也。”

曹叡：“君深虑国计，朕甚嘉之。”

陈群：“若华公，可谓通而不泰，清而不介者矣。”

太史慈：“华子鱼良德也，然非筹略才，无他方规，自守而已。”

卷十四　程郭董刘蒋刘传第十四·郭嘉·刘晔

郭嘉

【原典】

郭嘉字奉孝，颍川阳翟人也。初，北见袁绍，谓绍谋臣辛评、郭图曰：“夫智者审于量主，故百举百全而功名可立也。袁公徒欲效周公之下士，而未知用人之机。多端寡要，好谋无决，欲与共济天下大难，定霸王之业，难矣！”于是遂去之。先是时，颍川戏志才，筹画士也，太祖甚器之。早卒。太祖与荀彧书曰：“自志才亡后，莫可与计事者。汝、颍固多奇士，谁可以继之？”彧荐嘉。召见，论天下事。太祖曰：“使孤成大业者，必此人也。”嘉出，亦喜曰：“真吾主也。”表为司空军祭酒。

征吕布，三战破之，布退固守。时士卒疲倦，太祖欲引军还，嘉说太祖急攻之，遂禽布。语在《荀攸传》。

孙策转斗千里，尽有江东，闻太祖与袁绍相持于官渡，将渡江北袭许。众闻皆惧，嘉料之曰：“策新并江东，所诛皆英豪雄杰能得人死力者也。然策轻而无备，虽有百万之众，无异于独行中原也。若刺客伏起，一人之敌耳。以吾观之，必死于匹夫之手。”策临江未济，果为许贡客所杀。

【释译】

郭嘉，字奉孝，颍川郡阳翟县人。早年，他北上去见袁绍，对袁的谋臣辛评、郭图说：“良臣择主而仕，所以凡事皆能功成。袁公虽仿效周公礼贤下士，却不懂得用人的谋略；想法虽多却无法实施；喜谋算却不能决断。要同他共救天下危难而成就大业，太难了！”于是，就离开了袁绍。此前，颍川的戏志才也是一个颇有谋略之人，很受曹操器重，可惜很早就去世了。曹操给荀彧写信说：“自戏志才死后，无人可与我商议大事啊。汝南、颍川一带奇异之士很多，你看谁可以接替他呢？”荀彧就推荐了郭嘉。曹操和郭嘉见面后，一起讨论天下大事。曹操说：“助我成大业者，奉孝也。”郭嘉退出后，也高兴地说：“这才是我真正的主人。”于是，曹操上表奏请朝廷任命郭嘉为司空军祭酒。

曹操讨伐吕布，只打了三仗就击败了他。吕布只得逃回城中固守。当时曹军士卒已很疲惫，曹操便想退军。郭嘉劝说曹操一定要继续攻击，于是擒获了吕布。此事记录在《荀攸传》中。

孙策转战千里，江东诸州郡很快就被他全部占领。当听说曹操与袁绍正在官渡相持，孙策就想渡江突袭许昌。曹军众人闻听以后都很恐惧，只有郭嘉沉稳冷静地说：“孙策刚刚兼并了江东，被他所诛杀的大都是英雄豪杰，都是能得到别人出死力相助的人。然而，孙策轻率刚猛而不防备，虽有兵众百万，也和他个人独行原野没什么区别。若有刺客突起行刺，他就成了一个人的对手了。在我看来，他必定要死在匹夫之手。”孙策兵临长江，还未及渡过，就被许贡的门客暗杀。

【人物解读】

郭嘉（公元 170 ~ 207 年），虽出身寒门，但其“少有远量”，自二十岁起便暗中交结有识之士，不与世俗之士交往。这些“英隽”里面就包括荀彧、程昱等人，他们在一起经常谈论时势。这为他的谋士生涯奠定了基础。郭嘉最初投奔实力较强的袁绍，袁绍也对其非常信任。但郭嘉仅数十日就发现袁绍优柔寡断，不善用人，难成大业，遂毅然离去。经荀彧的推荐，归顺于曹操，为曹操统一中国北方立下了功勋。史书上称他“才策谋略，世之奇士”，后于曹操征伐乌丸时病逝，年仅三十八岁。其英年早逝，壮志未酬，实为可惜。谥曰贞侯。

【世人对其评价】

陈寿《三国志》：“郭嘉才策谋略，世之奇士，虽清治德业，殊于荀攸，而筹画所料，是其伦也。”

傅玄:“嘉少有远量。”

曹操：“使孤成大业者，必此人也。”“唯奉孝为能知孤意。”“军祭酒郭嘉，自从征伐，十有一年。每有大议，临敌制变。臣策未决，嘉辄成之。平定天下，谋功为高。不幸短命，事业未终。追思嘉勋，实不可忘。”

李隆基：“孝文之得魏尚，虏不足忧；太祖之见郭嘉，知成吾事。”

罗贯中：“天生郭奉孝，豪杰冠群英。腹内藏经史，胸中隐甲兵。运谋如范蠡，决策似陈平。可惜身先丧，中原梁栋倾。”

毛泽东：“才识超群，足智多谋，出谋划策，功绩卓著。”

易中天：“神机妙算，当机立断，出奇制胜，随机应变，料事如神，敢出险招，能与诸葛亮相匹敌，可惜英年早逝，没有让后人见到一场针锋对决的好戏。”

刘晔

【原典】

刘晔字子扬，淮南成德人，汉光武子阜陵王延后也。父普，母修，产涣及晔。涣九岁，晔七岁，而母病困。临终，戒涣、晔以普之侍人，有谄害之性。“身死之后，惧必乱家。汝长大能除之，则吾无恨矣。”晔年十三，谓兄涣曰："亡母之言，可以行矣。"涣曰："那可尔！"晔即入室杀侍者，径出拜墓。舍内大惊，白普。普怒，遣人追晔。晔还拜谢曰："亡母顾命之言，敢受不请擅行之罚。"普心异之，遂不责也。汝南许劭名知人，避地扬州，称晔有佐世之才。

扬士多轻侠狡桀，有郑宝、张多、许乾之属，各拥部曲。宝最骁果，才力过人，一方所惮。欲驱略百姓越赴江表，以晔高族名人，欲强逼晔使唱导此谋。晔时年二十余，心内忧之，而未有缘。会太祖遣使诣州，有所案问。晔往见，为论事势，要将与归，驻止数日。宝果从数百人赍牛酒来候使，晔令家僮将其众坐中门外，为设酒饭；与宝于内宴饮。密勒健儿，令因行觞而斫宝。宝性不甘酒，视候甚明，觞者不敢发。晔因自引取佩刀斫杀宝，斩其首以令其军，云："曹公有令，敢有动者，与宝同罪。"众皆惊怖，走还营。营有督将精兵数千，惧其为乱，晔即乘宝马，将家僮数人，诣宝营门，呼其渠帅，喻以祸福，皆叩头开门内晔。晔抚慰安怀，咸悉悦服，推晔为主。晔睹汉室渐微，已为支属，不欲拥兵；遂委其部曲与庐江太守刘勋。勋怪其故，晔曰："宝无法制，其众素以钞略为利，仆宿无资，而整齐之，必怀怨难久，故相与耳。"时勋兵强于江、淮之间。孙策恶之，遣使卑辞厚币，以书说勋曰："上缭宗民，数欺下国，忿之有年矣。击之，路不便，愿因大国伐之。上缭甚实，得之可以富国，请出兵为外援。"勋信之，又得策珠宝、葛越，喜悦。外内尽贺，而晔独否。勋问其故，对曰："上缭虽小，城坚池深，攻难守易，不可旬日而举，则兵疲于外，而国内虚。策乘虚而袭我，则后不能独守。是将军进屈于敌，退无所归。若军必出，祸今至矣。"勋不从。兴兵伐上缭，策果袭其后。勋穷踧，遂奔太祖。

【释译】

刘晔，字子扬，淮南成德人，东汉光武帝刘秀的儿子阜陵王刘延的后裔。他父亲刘普、母亲修氏有刘涣及刘晔两个儿子。在刘涣九岁、刘晔七岁的时候，他们的母亲就有病了，临终时，母亲告诫刘涣、刘晔兄弟说："你们父亲的侍婢，经常陷害人，我死之后，她必然要祸乱我家。你们长大后能替我除掉她，我就没什么遗恨了"。刘晔十三岁那年，对兄长刘涣说："亡母遗言，现在可以施行了。”刘涣忙说：“哪里可以这样呢?”刘晔不听，当即进入内室杀了那个侍婢，径直出家门祭拜母亲的坟墓去了。家人惊慌，急忙告诉了刘普。刘普大怒，立即派人去追赶刘晔。刘晔却自行回家告拜说：“我执行的是亡母临终遗命，现在我接受父亲对我不先请示就擅行诛杀的一切惩罚。”刘普听了他这番陈辞，感到惊异，就没有责罚他。汝南许劭以知人著名，他避难来到扬州，称赞刘晔有辅佐世主的英才。

扬州郑宝、张多、许乾等人，各有兵马，以郑宝最为骁勇，猛力过人，当地人都怕他。郑宝想迁移百姓到江南去，因刘晔是当地大族中名人，就想强迫刘晔出面推动此事。当时刘晔才二十来岁，心中虽忧虑，却没有机会除掉郑宝。正好曹操派使者来扬州，查询有关事宜。刘晔去见使者，为他分析本州形势，并邀使者回家同住。郑宝果然带着几百人携牛酒前来迎接问候使者，刘晔命家人安排郑宝的部下坐在中门以外，设置酒饭款待；自己和郑宝在内厅宴饮，又密令壮士趁酒酣之机刺杀郑宝。可郑宝生性不喜饮酒，室内动静看得很清楚，醉酒的壮士不敢动手。刘晔便自己抽出佩刀杀死郑宝，割下他的首级号令郑宝的部下说：“曹公有令，擅敢反抗者，与郑宝同罪。”郑宝的部下都惊恐万状，逃回营寨。营里还有督将精兵数千人，刘晔怕他们作乱，当即骑上郑宝的马，带上几名家人，来到营门前，叫出其他首领，陈明利害。这些人都下跪叩头，打开寨门让刘晔进去。刘晔安抚他们，众人都心悦诚服，共推刘晔为首领。刘晔已见汉室衰微，作为汉室皇族，不想拥有兵马，便把部属托付给庐江太守刘勋。刘勋很奇怪，询问原因，刘晔说：“郑宝目无纲纪，他的部下一向靠劫掠为生；我向来没有什么地位，如果对他们约束严紧，他们必心怀怨恨，维持秩序难以持久，所以我把他们交给你。”当时刘勋的兵力在江、淮一带比较强大。孙策很不满，但仍派使者带着措辞恭谦的信件和厚重的礼物去见刘勋，信上说：“上缭土著，屡次欺侮于我，我欲征伐已有多年，攻打它，路远不便，希望借助大国的兵力去讨伐他们。上缭殷富，占了它可以富国，请你出兵做我的外援。”刘勋相信了，又得孙策赠送的珠宝、葛布，十分高兴。很多人都来祝贺他。只有刘晔否定说：“上缭虽小，却城坚濠深，易守难攻，不能短期内就攻克，时间一长，兵马就会疲劳，国内也日渐空虚。孙策乘虚来攻，后方就无法坚守。如若这样，将军进则被敌挫败，退却没有归处。如果一定要出兵，灾祸必然临头。”刘勋不听，发兵征伐上缭，孙策果然袭击其后方。刘勋走投无路，就投奔了曹操。

【人物解读】

刘晔，生卒年不详，年少的时候就已经很有名气，人称有佐世之才。经郭嘉的推荐，为曹操效力。是曹氏三代重臣、战略家，堪称三代元老，曾献过许多妙计。在《三国志》里，刘晔是一个不可多得的智谋之臣，与郭嘉诸人各有千秋。曹公辟为仓曹掾，转主簿，迁行军长史兼领军。文帝受禅，进侍中，赐爵关内侯。明帝即位，进封东亭侯，后以疾为太中大夫，转大鸿胪，复逊位为太中大夫。其料事如神，屡献奇策，用之则吉，违之则凶，但终因他为汉室宗亲而被曹氏所忌，使得他在关键时刻所献取蜀灭吴之策，皆未被曹家父子采纳。在其去世后，谥曰景侯。

【世人对其评价】

陈寿《三国志》：“程昱、郭嘉、董昭、刘晔、蒋济才策谋略，世之奇士，虽清治德业，殊于荀攸，而筹画所料，是其伦也。”

傅玄：“晔事明皇帝，又大见亲重。”“晔有胆智，言之皆有形。”

许劭：“晔有佐世之才。”

毛泽东：“刘晔曾经长期跟随在曹操身边，出过不少奇计，后又辅佐曹丕和曹叡，是曹魏的三朝元老。” “此传可一阅。放长线钓大鱼，出自刘晔。”

卷十五　刘司马梁张温贾传第十五·刘馥·司马朗

刘馥

【原典】

刘馥字元颖，沛国相人也。避乱扬州，建安初，说袁术将戚寄、秦翊，使率众与俱诣太祖。太祖悦之，司徒辟为掾。后孙策所置庐江太守李述攻杀扬州刺史严象，庐江梅乾、雷绪、陈兰等聚众数万在江、淮间，郡县残破。太祖方有袁绍之难，谓馥可任以东南之事，遂表为扬州刺史。馥既受命，单马造合肥空城，建立州治，南怀绪等，皆安集之，贡献相继。数年中恩化大行，百姓乐其政，流民越江山而归者以万数。于是聚诸生，立学校，广屯田，兴治芍陂及茄陂、七门、吴塘诸堨以溉稻田，官民有畜。又高为城垒，多积木石，编作草苫数千万枚，益贮鱼膏数千斛，为战守备。

建安十三年卒。孙权率十万众攻围合肥城百余日，时天连雨，城欲崩，于是以苫蓑覆之，夜然脂照城外，视贼所作而为备，贼以破走。扬州士民益追思之，以为虽董安于之守晋阳，不能过也。及陂塘之利，至今为用。

【释译】

刘馥，字元颖，沛郡相县人，避乱到扬州。建安初年，前去游说袁术部将戚寄、秦翊，使他们率部众和自己一同投奔曹操。曹操对他很赏识，由司徒府召为掾吏。后来，孙策设置的庐江太守李述引兵攻打扬州，杀死扬州刺史严象。庐江的梅乾、雷绪、陈兰等人聚集起几万人马，于江淮一带劫掠，州县因此残破不堪。当时曹操与袁绍相持，无暇顾此，便将管理东南政事的任务交付刘馥，上表朝廷任命刘馥为扬州刺史。

刘馥受命以后，独自一人来到合肥，设立州治。又安抚雷绪等人，使他们都得到安顿，贡献来的物品接连不断。几年间，刘馥大力推行仁惠教化，百姓都很接受他的政令，原来离乡在外数以万计的人也都翻山过江来归顺他。刘馥聚集儒士，设立学校，扩大屯田，发动民众治理芍陂以及茄陂、七门、吴塘等许多拦水的堤坝，以灌溉农田，使官吏和民众的生活都有改善。刘馥还动员民众修建高墙以加强防守的能力；囤积了许多木材石料，用茅草编织了几千万张苫盖，增加了几千斛的粮食储备，作为战时防守的用品。

建安十三年，刘馥去世。孙权率十万大军围攻合肥达一百多天。当时连降大雨，城墙都要坍塌了。士兵和百姓用草苫蓑席紧密覆盖，夜间点燃鱼脂灯照亮城外，以观察敌方的动向并及时采取防御措施。吴军终因损失严重无功而返。扬州的官吏、百姓对刘馥更加怀念，认为刘馥的守御策略比春秋时期守晋国的董安于还要出色。他所倡导和带领兴修的水利设施，至今还在发挥作用。

【人物解读】

刘馥（？～公元208年），东汉末年曹操的部下。他在镇守合肥期间，曾采取了一系列的措施，恢复经济，发展生产。为此，许多流落在外地的农民都纷纷回到家乡，总数达万人以上。刘馥组织军队和百姓修治了芍陂、茄陂、七门和吴塘等许多水利工程设施，引水种植稻田。共经营水利屯田达七八年之久，有效地贯彻了曹操“屯田令”的主张，使官府和百姓都有了粮食储备，为北方的统一作出了贡献。刘馥主持修建的几座大型灌溉工程以后历代都有不同程度的整修和发展，其中不少一直到现在仍然发挥着很好的效用。此外，刘馥又修建城墙，堆积木石，编作草苫数千万枚，储存鱼膏数千斛，准备作战时防守用。

【世人对其评价】

陈寿《三国志》：“数年中恩化大行，百姓乐其政，流民越江山而归者以万数。”

司马朗

【原典】

司马朗字伯达，河内温人也。九岁，人有道其父字者，朗曰：“慢人亲者，不敬其亲者也。”客谢之。十二，试经为童子郎，监试者以其身体壮大，疑朗匿年，劾问。朗曰：“朗之内外，累世长大，朗虽稚弱，无仰高之风，损年以求早成，非志所为也。”监试者异之。后关东兵起，故冀州刺史李邵家居野王，近山险，欲徙居温。朗谓邵曰：“唇齿之喻，岂唯虞、虢，温与野王即是也；今去彼而居此，是为避朝亡之期耳。且君，国人之望也，今寇未至而先徙，带山之县必骇，是摇动民之心而开奸宄之原也，窃为郡内忧之。”邵不从。边山之民果乱，内徙，或为寇抄。

是时董卓迁天子都长安，卓因留洛阳。朗父防为治书御史，当徙西，以四方云扰，乃遣朗将家属还本县。或有告朗欲逃亡者，执以诣卓，卓谓朗曰：“卿与吾亡儿同岁，几大相负！”朗因曰：“明公以高世之德，遭阳九之会，清除群秽，广举贤士，此诚虚心垂虑，将兴至治也。威德以隆，功业以著，而兵难日起，州郡鼎沸，郊境之内，民不安业，捐弃居产，流亡藏窜，虽四关设禁，重加刑戮，犹不绝息，此朗之所以于邑也。愿明公监观往事，少加三思，即荣名并于日月，伊、周不足侔也。”卓曰：“吾亦悟之，卿言有意！”

【释译】

司马朗，字伯达，河内温县人。九岁时，有人直呼他父亲的名字，司马朗说：“轻慢别人父母的人，就是不尊敬他自己的父母。”宾客惊讶地向他道歉。十二岁时，司马朗考试经学成为童子郎，监考的人见司马朗身材高大，怀疑他隐瞒了实际年龄，就责问他。司马朗说：“我家族历代人都长得身高体壮，我虽年幼，却没有向上攀附的习气，少报年龄而求得早有成就，我绝不做这样的事情。”监考的人认为他很奇特。后来关东兵马起事，原冀州刺史李邵家住在野王，怕有危险，打算迁居到温县。司马朗就对李邵说：“唇齿相依的比喻，并非只是指虞国和虢国，温县与野王也是这样。现在您离开那里住到温县，只是躲开了早晨灭亡的期限。郡国百姓都寄希望于您，如今敌寇还没到来您就先迁移家眷，必然引起环山而居的各县百姓的骚乱，这样的结果是动摇了民心，我为郡内的安危担心。”李邵不听劝告。沿山而居的百姓果然慌乱，纷纷向内地迁徙，有的人还趁乱抢劫。

此时董卓强迫皇帝迁都长安，自己却留在都城洛阳。司马朗的父亲司马防官居治书御史，理应随皇帝同往长安，由于到处混乱，就让司马朗带家眷先回家乡。于是，有人举报司马朗要逃跑，抓他去见董卓。董卓说：“你与我死去的儿子同岁，可是却辜负了我。”司马朗回答说：“明公望重，在这混乱时期，为国除凶，招纳贤士，真可说是处心积虑，使国家得到治理。您的威德因此更高，功勋也因此更加卓著。但是，战乱越来越重，各州郡人心惶惶，京城内的百姓也都抛弃居室产业而流亡藏匿。尽管四城设卡，用杀戮惩罚逃亡的人，还是禁止不住百姓的逃离。这就是我要回家乡的原因，望明公洞察。如能如此，那么，您的功绩即使尹伊、周公也难以相比。”董卓说：“我也想到了这些，你的话很对。”

【人物解读】

司马朗（公元171～217年），东汉末年政治家，为晋宣帝司马懿的长兄。其先祖司马钧，是东汉安帝时的征西将军。其父亲司马防共有八个儿子，长子司马朗、次子司马懿、三子司马孚、四子司马馗、五子司马恂、六子司马进、七子司马通、幺子司马敏，司马家的八兄弟在当时相当有名，被称为“司马八达”。司马朗年少时就表现得很有见识，汉末动乱之际，他受父命带领家属逃离，又迁往黎阳，成功躲避战乱。曹操任司空后，司马朗被辟为司空属官，又历任成皋令、堂阳长、元城令、丞相主簿、兖州刺史等职，所在皆有政绩，深受百姓爱戴。后司马朗与夏侯惇、臧霸等征讨吴国，到达居巢。军队中流行瘟疫，司马朗亲自去视察，派送医药，因此染病去世，年仅四十七岁。

【世人对其评价】

陈寿《三国志》：“自汉季以来，刺史总统诸郡，赋政于外，非若曩时司察之而已。太祖创基，迄终魏业，此皆其流称誉有名实者也。咸精达事机，威恩兼著，故能肃齐万里，见述于后也。”

孙盛：“繇既失之，朗亦未为得也。昔‘汤举伊尹，而不仁者远矣’。易称‘颜氏之子，其殆庶几乎！有不善未尝不知，知之未尝复行’。由此而言，圣人之与大贤，行藏道一，舒卷斯同，御世垂风，理无降异；升泰之美，岂俟积世哉？‘善人为邦百年，亦可以胜残去杀’。又曰‘不践迹，亦不入于室’。数世之论，其在斯乎！方之大贤，固有间矣。”

卷十六 任苏杜郑仓传第十六·苏则

苏则

【原典】

苏则字文师，扶风武功人也。少以学行闻，举孝廉茂才，辟公府，皆不就。起家为酒泉太守，转安定、武都，所在有威名。太祖征张鲁，过其郡，见则悦之，使为军导。鲁破，则绥定下辩诸氐，通河西道，徙为金城太守。是时丧乱之后，吏民流散饥穷，户口损耗，则抚循之甚谨。外招怀羌胡，得其牛羊，以养贫老。与民分粮而食，旬月之间，流民皆归，得数千家。乃明为禁令，有干犯者辄戮，其从教者必赏。亲自教民耕种，其岁大丰收，由是归附者日多。李越以陇西反，则率羌胡围越，越即请服。太祖崩，西平麴演叛，称护羌校尉。则勒兵讨之。演恐，乞降。文帝以其功，加则护羌校尉，赐爵关内侯。

后演复结旁郡为乱，张掖张进执太守杜通，酒泉黄华不受太守辛机，进、华皆自称太守以应之。又武威三种胡并寇抄，道路断绝。武威太守毌丘兴告急于则。时雍、凉诸豪皆驱略羌胡以从进等，郡人咸以为进不可当。又将军郝昭、魏平先是各屯守金城，亦受诏不得西度。则乃见郡中大吏及昭等与羌豪帅谋曰："今贼虽盛，然皆新合，或有胁从，未必同心；因衅击之，善恶必离，离而归我，我增而彼损矣。既获益众之实，且有倍气之势，率以进讨，破之必矣。若待大军，旷日持久，善人无归，必合于恶，善恶既合，势难卒离。虽有诏命，违而合权，专之可也。"于是昭等从之，乃发兵救武威，降其

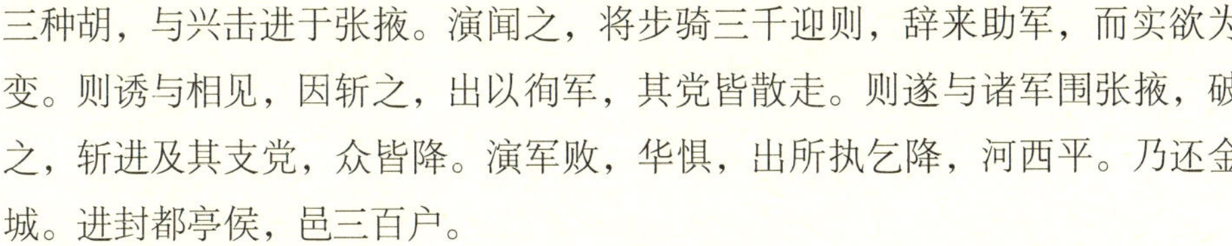
三种胡，与兴击进于张掖。演闻之，将步骑三千迎则，辞来助军，而实欲为变。则诱与相见，因斩之，出以徇军，其党皆散走。则遂与诸军围张掖，破之，斩进及其支党，众皆降。演军败，华惧，出所执乞降，河西平。乃还金城。进封都亭侯，邑三百户。

【释译】

苏则，字文师，扶风郡武功县人。少年时就以学问操行闻名乡里，举孝廉和茂才，三公任命他为下属，他都没有接受。后来出仕，初次做官就担任酒泉郡太守，又调任安定郡、武都郡太守，在这些地方他都有威严的名声。曹操讨伐张鲁，过苏则辖郡，对他很欣赏，让他任前导。打败张鲁后，苏则安抚下辩县的各氏族部落，打通了河西走廊，转任金城太守。当时战乱稍平，百姓流离失所，户口锐减，苏则安抚照顾流民百姓。与羌人结纳，得到他们的牛羊，用来赡养贫困老弱的人。他和百姓平分口粮，一个多月后，流民陆续都回来了，共有几千家，于是苏则宣布禁令若干，谁违犯就杀谁，对听从教化的一定奖励。他亲自教百姓耕种，当年就获得了大丰收，从那以后，前来归附的人越来越多。陇西郡李越发动叛乱。苏则率羌族军包围了他，李越投降。曹操去世，西平郡的麴演造反，自称护羌校尉。苏则指挥士兵讨伐，麴演害怕投降。魏文帝因苏则的功劳，任他兼任护羌校尉，赐关内侯。

后来，麴演又勾结附近的郡发动叛乱，张掖郡的张进扣押了太守杜通，

酒泉郡的黄华不让新任太守辛机入境。张进、黄华都自称太守响应麴演，加之武威郡的三个少数民族也趁势掳掠，河西道路再度断绝。武威太守毌丘兴向苏则求援，当时雍、凉的豪强大族都迫羌人追随张进等，金城郡的人也认为张进势力强大。此前，将军郝昭、魏平在金城驻守，又接到不许西进的诏书。苏则召集郡中的重要官员与郝昭等人同羌族首领商议，说："敌人的势力虽然强盛，但都是乌合之众，许多人是被迫参加的，必不能同心合力。应利用他们的矛盾进行打击，好、坏人必定会分离，好的分离出来归顺我军，我军数量增加而敌人的数量便会减少，我军气势定会壮大。时机一到，再出动讨敌，一定会将他们打败。如果坐等大军支援，时日一久，好人找不到归宿，就要和坏人同流合污，善恶搅在一块，就很难把他们分开了。现在虽然有朝廷不许西进的诏命，然而制先机以便宜，可以自行决定。"郝昭等人听从了苏则的建议，发兵去救武威，迫使作乱的少数族人投降。苏则与毌丘兴率军在张掖攻击张进，麴演得到消息，率领步、骑兵三千人来迎接苏则，明说是前来援助，暗中却打算发动突然袭击。苏则假意约他来见面，趁机将他斩首，其党羽四散逃走。苏则与各路人马包围了张掖，杀死了张进和他的党羽，其他人全部投降。黄华听说麴演被打败，感到恐惧，交出了他所扣押的人质投降，河西一带又被平定。苏则回到金城，晋爵为都亭侯，食邑三百户。

【人物解读】

苏则（？～公元223年），少年时就以学问操行而闻名，被推举为孝廉和茂才，朝廷征召，他却一一谢绝。后来由平民出任酒泉太守，调任安定郡、武都郡郡守，所在之处都传诵着他的威名。苏则不惧权势，敢怒斥董昭，勇于直谏，曹丕深惮之。

【世人对其评价】

陈寿《三国志》："苏则威以平乱，既政事之良，又矫矫刚直，风烈足称。"

卷十七　张乐于张徐传第十七·张辽

张辽

【原典】

张辽字文远，雁门马邑人也。本聂壹之后，以避怨变姓。少为郡吏。汉末，并州刺史丁原以辽武力过人，召为从事，使将兵诣京都。何进遣诣河北募兵，得千余人。还，进败，以兵属董卓。卓败，以兵属吕布，迁骑都尉。布为李傕所败，从布东奔徐州，领鲁相，时年二十八。太祖破吕布于下邳，辽将其众降，拜中郎将，赐爵关内侯。数有战功，迁裨将军。袁绍破，别遣辽定鲁国诸县。与夏侯渊围昌豨（xī）于东海，数月粮尽，议引军还，辽谓渊曰："数日已来，每行诸围，豨辄属目视辽。又其射矢更稀，此必豨计犹豫，故不力战。辽欲挑与语，傥可诱也?"乃使谓豨曰："公有命，使辽传之。"豨果下与辽语，辽为说太祖神武，方以德怀四方，先附者受大赏。豨乃许降。辽遂单身上三公山，入豨家，拜妻子。豨欢喜，随诣太祖。太祖遣豨还，责辽曰："此非大将法也。"辽谢曰："以明公威信著于四海，辽奉圣旨，豨必不敢害故也。"从讨袁谭、袁尚于黎阳，有功，行中坚将军。从攻尚于邺，尚坚守不下。太祖还许，使辽与乐进拔阴安，徙其民河南。复从攻邺，邺破，辽别徇赵国、常山，招降缘山诸贼及黑山孙轻等。从攻袁谭，谭破，别将徇海滨，破辽东贼柳毅等。还邺，太祖自出迎辽，引共载，以辽为荡寇将军。复别击荆州，定江夏诸县，还屯临颍，封都亭侯。从征袁尚于柳城，卒与虏遇，辽劝太祖战，气甚奋，太祖壮之，自以所持麾授辽。遂击，大破之，斩单于蹋顿。

时荆州未定，复遣辽屯长社。临发，军中有谋反者，夜惊乱起火，一军尽扰。辽谓左右曰："勿动。是不一营尽反，必有造变者，欲以动乱人耳。"乃令军中："其不反者安坐！"辽将亲兵数十人，中陈而立。有顷定，即得首谋者杀之。陈兰、梅成以氐六县叛，太祖遣于禁、臧霸等讨成，辽督张郃、牛盖等讨兰。成伪降禁，禁还。成遂将其众就兰，转入灊山。灊中有天柱山，高峻二十余里，道险狭，步径裁通，兰等壁其上。辽欲进，诸将曰："兵少道险，难用深入。"辽曰："此所谓一与一，勇者得前耳。"遂进到山下安营，攻之，斩兰、成首，尽虏其众。太祖论诸将功，曰："登天山，履峻险，以取兰、成，荡寇功也。"增邑，假节。

【释译】

张辽，字文远，雁门马邑人。原是聂壹的后代，因躲避仇人才改变姓氏。年轻时当郡吏。东汉末年，并州刺史丁原因张辽勇武过人，征召他担任兵曹从事，命他领兵去京都。何进派他到河北招募士兵，招到了一千多人。回来时，何进已经被杀，张辽便带兵跟随了董卓。董卓失败，又带兵归属吕布，吕布升他为骑都尉。吕布被李傕打败，张辽随吕布逃到徐州，兼任鲁国相，时年二十八岁。曹操在下邳打败吕布，张辽投降，被任命为中郎将，赐关内侯。因战功显著，升为裨将军。袁绍兵败，曹操派张辽另率兵马平定鲁国各县。张辽同夏侯渊在东海围攻昌豨，几个月后粮草用尽，众将商议撤军，张辽对夏侯渊说："几天来，我每到阵前观察，昌豨都紧盯着我。我还看到，他们射的箭一天比一天少，这是昌豨心中犹豫不定，所以没有全力应战。我想用话语去劝说他，或许可以让他归降。"于是，派人对昌豨说："曹公有令，派张辽前来传达给您。"昌豨果然下来与张辽交谈。张辽劝他说："曹公神明英武，德安四方，先归顺的人必会得到重赏。"昌豨投降。张辽只身上了三公山，来到昌豨家，拜见他的家小。昌豨很高兴，随张辽去见曹操。曹操让昌豨回去，责备张辽道："这不是大将应用的做法。"张辽道歉并解释说："我是靠您的威信，说是奉您的旨意行事，昌豨必不敢加害于我。"又跟随曹操到黎阳征讨袁谭、袁尚，立下战功，代行中坚将军职。随曹操在邺城攻打袁尚，没有攻下。曹操回到许昌，派张辽和乐进攻下阴安，迁百姓到河南。随曹操再次攻邺城成功，另率军攻下赵国、常山，招降沿山一带的各路贼寇和黑山孙轻等人。又随曹操击败袁谭，另率军攻占海滨，击溃辽东柳毅等人。回邺城后，曹操亲自出城迎接张辽，牵着他的手共乘一辆车，任命张辽为荡寇将军。张辽又率军攻打荆州，平定江夏等县，返回后驻扎于临颍，封为都亭侯。随曹操征讨柳城的袁尚，中途突遇胡兵，张辽劝曹操应战，士气十分振奋，曹操大加鼓励，将令旗授予张辽。张辽率军出击，大破胡兵，斩了单于蹋顿。

当时荆州还没有平定，曹操派张辽屯兵长社。临出发时，军营中有谋反的，乘夜放火呼叫，全军都被扰乱。张辽对左右卫士说："不要动。绝不是全营都反叛了，只是少数人在制造混乱，想以此扰乱军心。"于是传令军中："不想造反的都安静地坐下!"张辽带着几十个亲兵，站在大营中间。不一会儿，各营都安定下来，便抓到了带头谋反的人并处死。陈兰、梅成煽动氐等六县叛变，曹操派于禁、臧霸等领兵征讨梅成，命张辽率张郃、牛盖等人征讨陈兰。梅成佯装投降，于禁便撤军了。梅成就同陈兰合兵一处，转入灊山。灊山中有天柱峰，高耸陡峭，达二十多里，山道狭窄崎岖，宽度仅容一人通过，陈兰等在上面筑起营垒。张辽想要进军，众将都说："兵少路险，难以深入。"张辽说："这正是一对一拼搏的时候，谁勇猛谁就能占得先机。"便逼近到山下安营，随即发起攻击，将陈兰、梅成斩首，其余全部成了俘虏。曹操论众将功劳时说："登天柱，历险境，打败陈兰、梅成，此荡寇将军之功。"增加张辽食邑，持节。

【人物解读】

张辽（公元169～222年），本聂壹之后，为避灾祸改姓张。三国时期著名将领，善使用长枪、金戟，武艺高强，又谋略过人，多次建立奇功。

【世人对其评价】

陈寿《三国志》："太祖建兹武功，而时之良将，五子为先。"

孙权："张辽虽病，不可当也，慎之！"

曹丕："此亦古之召虎也。"

卷十八　二李臧文吕许典二庞阎传第十八·许褚

许褚

【原典】

许褚字仲康，谯国谯人也。长八尺余，腰大十围，容貌雄毅，勇力绝人。汉末，聚少年及宗族数千家，共坚壁以御寇。时汝南葛陂贼万余人攻褚壁，褚众少不敌，力战疲极。兵矢尽，乃令壁中男女，聚治石如杅斗者置四隅。褚飞石掷之，所值皆摧碎。贼不敢进。粮乏，伪与贼和，以牛与贼易食，贼来取牛，牛辄奔还。褚乃出阵前，一手逆曳牛尾，行百余步。贼众惊，遂不敢取牛而走。由是淮、汝、陈、梁间，闻皆畏惮之。

太祖徇淮、汝，褚以众归太祖。太祖见而壮之曰："此吾樊哙也。"即日拜都尉，引入宿卫。诸从褚侠客，皆以为虎士。从征张绣，先登，斩首万计，迁校尉。从讨袁绍于官渡。时常从士徐他等谋为逆，以褚常侍左右，惮之不敢发。伺褚休下日，他等怀刀入。褚至下舍心动，即还侍。他等不知，入帐见褚，大惊愕。他色变，褚觉之，即击杀他等。太祖益亲信之，出入同行，不离左右。从围邺，力战有功，赐爵关内侯。从讨韩遂、马超于潼关。太祖将北渡，临济河，先渡兵，独与褚及虎士百余人留南岸断后。超将步骑万余人，来奔太祖军，矢下如雨。褚白太祖，贼来多，今兵渡已尽，宜去，乃扶太祖上船。贼战急，军争济，船重欲没。褚斩攀船者，左手举马鞍蔽太祖。船工为流矢所中死，褚右手并泝船，仅乃得渡。是日，微褚几危。其后太祖与遂、超等单马会语，左右皆不得从，唯将褚。超负其力，阴欲前突太祖，素闻褚勇，疑从骑是褚。乃问太祖曰："公有虎侯者安在？"太祖顾指褚，褚嗔目眄之。超不敢动，乃各罢。后数日会战，大破超等，褚身斩首级，迁武卫中郎将。武卫之号，自此始也。军中以褚力如虎而痴，故号曰虎痴；是以超问虎侯，至今天下称焉，皆谓其姓名也。

【释译】

许褚，字仲康，谯郡谯县人。身高八尺多，腰阔十围，相貌雄壮，勇力大异常人。汉朝末年，许褚聚集青年及本族几千家坚壁清野抵抗贼寇。汝南、葛陂有强盗一万多人来进攻许褚的壁垒。许褚人少抵敌不住，疲劳乏力，弩箭也用光了，就让堡垒中的男女老少，把石头堆成盂斗一样放在堡垒四面。许褚捡石头向敌人掷去，碰上的都被砸倒，骨头碎裂。贼人不敢向前。堡垒内缺少粮食，许褚假装与敌人讲和，用牛和贼人换粮食，贼人来取牛，牛都掉头跑回去。许褚走出阵前，一手拽住牛尾，行走一百多步。贼人惊恐，连牛也不敢要就撤走了。从此淮水、汝水、陈、梁一带的人，听到许褚的名字都很害怕。

曹操占据淮水、汝南，许褚率部众归附曹操。曹操一见到许褚便认为他是壮士，说："这是我的樊哙啊。"任命他为都尉，让他在身边守卫。跟随许褚一起来的人，曹操都用他们当虎贲卫士。许褚跟从曹操征讨张绣，他率先冲阵，斩敌数以万计，被升为校尉。又跟随曹操在官渡讨伐袁绍。当时经常跟在曹操身边的谋士徐他等人阴谋叛变想杀害曹操，因许褚时常侍卫在曹操身边而不敢动手。徐他等趁许褚休息的时候，怀藏利刃进入曹操营帐。许褚回到住处，突然心里不安，马上回到曹操大帐。徐他等人不知道，进了营帐后见到许褚，惊愕得脸色大变，许褚察觉到他们目的不善，立即拔刀杀了徐他等人。曹操更加亲信许褚，出入都带他同行，从不离身边。许褚跟从曹操围攻邺城，立有功劳，被赐予关内侯。又随曹操到潼关讨伐韩遂、马超。曹操率军北渡黄河，过河时，让士兵先上船，自己与许褚及一百多虎贲军在南岸断后。马超带步骑兵一万多人，向曹操兵马冲来，箭矢如雨。许褚报告曹操，说敌人来得很多，现在大队人马已全部渡过河去，我们该离开了，便扶着曹操上船。马超追杀得很急，曹兵争相过河，船因为超载要沉没，许褚右手挥刀砍杀攀附上船的士兵，左手举着马鞍为曹操挡住敌人射来的箭矢。船工被流箭射中，许褚就用右手撑船渡河，才勉强渡过。如果没有许褚，曹操就危险了。此后，曹操和韩遂、马超等单马会谈，只带许褚一个人。马超恃勇，想偷偷向前突袭曹操。以前听说许褚勇猛，怀疑随从曹操的就是许褚。于是马超问曹操："曹公手下称作虎侯的人在哪儿？"曹操回头用手指指许褚，许褚圆睁双目，怒视马超。马超没敢妄动，于是各自回营。几天后，双方交战，打败马超。许褚亲手杀死了许多敌人，升任武卫中郎将。武卫的称号，就是从这时开始的。军中因许褚力壮如虎又憨痴，所以都叫他虎痴，后来天下都这样称呼他，还认为这是他的姓名。

【人物解读】

许褚（？～公元232年），三国时期曹操武将中的重要部将之一，统率着曹操的亲卫队"虎卫军"。因为他十分勇猛，所以有"虎痴"的绰号。曾裸衣恶斗马超。后汉中之战护粮，因醉为张飞所败。为曹操征战各地，曹操死后不久许褚亦病逝。曹叡追谥为壮侯，封其两个子孙为关内侯。

【世人对其评价】

陈寿《三国志》："褚性谨慎奉法，质重少言。""许褚、典韦折冲左右，抑亦汉之樊哙也。"

卷十九　任城陈萧王传第十九·曹彰·曹植

曹彰

【原典】

任城威王彰，字子文。少善射御，膂力过人，手格猛兽，不避险阻。数从征伐，志意慷慨。太祖尝抑之曰："汝不念读书慕圣道，而好乘汗马击剑，此一夫之用，何足贵也！"课彰读《诗》、《书》，彰请左右曰："丈夫一为卫、霍，将十万骑驰沙漠，驱戎狄，立功建号耳，何能作博士邪？"太祖尝问诸子所好，使各言其志。彰曰："好为将。"太祖曰："为将奈何？"对曰："被坚执锐，临难不顾，为士卒先；赏必行，罚必信。"太祖大笑。建安二十一年，封鄢陵侯。

二十三年，代郡乌丸反，以彰为北中郎将，行骁骑将军。临发，太祖戒彰曰："居家为父子，受事为君臣，动以王法从事，尔其戒之！"彰北征，入涿郡界，叛胡数千骑卒至。时兵马未集，唯有步卒千人，骑数百匹。用田豫计，固守要隙，虏乃退散。彰追之，身自搏战，射胡骑，应弦而倒者前后相属。战过半日，彰铠中数箭，意气益厉，乘胜逐北，至于桑乾，去代二百余里。长史诸将皆以为新涉远，士马疲顿，又受节度不得过代，不可深进，违令轻敌。彰曰："率师而行，唯利所在，何节度乎？胡走未远，追之必破。从令纵敌，非良将也。"遂上马，令军中："后出者斩。"一日一夜与虏相及，击，大破之，斩首获生以千数。彰乃倍常科大赐将士，将士无不悦喜。时鲜卑大人轲比能将数万骑观望强弱，见彰力战，所向皆破，乃请服。北方悉平。时太祖在长安，召彰诣行在所。彰自代过邺，太子谓彰曰：“卿新有功，今西见上，宜勿自伐，应对常若不足者。”彰到，如太子言，归功诸将。太祖喜，持彰须曰：“黄须儿竟大奇也！”

【释译】

任城威王曹彰，字子文。年轻时就善于驾车、驭马、射箭，力猛过人，能赤手与猛兽搏斗，不避危险。多次跟随曹操出征，意气激昂。曹操曾批评他说：“你不读书，不明白圣人的道理，只喜欢骑马舞剑，此匹夫之用，不值得骄傲！”督促曹彰研读《诗经》、《尚书》，曹彰对身边的人说：“大丈夫应像卫青、霍去病那样，率领十万大军驰骋沙场，驱逐戎狄，博取功名，怎能去做只通一经的博士呢？”曹操曾询问儿子们的爱好，让他们各谈自己的志向。曹彰说：“我喜欢当将军。”曹操说：“你怎样去当将军呢？”曹彰答道：“披甲执兵，临危不惧，身先士卒，有功必赏，有罪必罚。”曹操大笑。建安二十一年，封他为鄢陵侯。

建安二十三年，代郡乌丸反叛，曹操任命曹彰为北中郎将，兼任骁骑将军带兵出征。临出发时，曹操告诫曹彰：“在家里我们是父子，接受国命就是君臣，都得按王法办事，你要小心谨慎呀！”曹彰北征进入涿郡境内，叛军几千骑兵突然攻到。此时曹军尚未集结，只有兵一千人，战马几百匹。曹彰用田豫计，坚守拒敌。叛军退走。曹彰追击，亲自与敌搏斗，箭射敌骑，应声而倒的连成一串。战斗持续了大半天，曹彰的铠甲中了几箭，精神反而更加威猛，乘胜追赶逃敌，直到桑干河，距代郡有二百多里。众将都认为兵马刚刚远道而来，人马困乏，不宜再追。又有指令不得越过代郡，深入敌境。曹彰说：“率军出征，只看有利与否，怎能盲目接受遥控呢？敌人尚未跑远，追上去就能消灭他们。为执行命令而放纵敌人，绝不是良将。”便上马，命令部队：“落后者斩！”一天一夜追上了敌军，大获全胜，斩首及俘获敌兵数以千计。曹彰超常加倍地犒赏将士，众将士都非常高兴。当时，鲜卑族首领轲比能率几万人马观望双方强弱，看到曹彰勇猛无敌，所向披靡，于是臣服。北方便都平定了。曹操召曹彰来长安相见。曹彰从代郡经过邺城，太子对曹彰说：“你刚立了功，现在去面见父王，切记不要骄傲自夸，回答问题要谦虚一点。”曹彰到了长安，按照太子所说，把功劳都归于众将。曹操高兴地握着曹彰的胡子说：“黄须儿居然大出我的意料啊！”

【人物解读】

曹彰（？~公元223年），魏武帝曹操与武宣卞皇后所生第二子，魏文帝曹丕之弟，曹魏任城王。曹彰武艺过人，曹操问诸子志向时自言“好为将”，因此得到曹操的赞赏。其胡须黄色，被曹操称为“黄须儿”。曹彰膂力过人，武艺精熟，能徒手与猛兽搏斗从不畏避险阻。建安二十一年，封为鄢陵侯。两年后，代北乌桓无（能）臣氐等造反，曹彰拜北中郎将，行骁骑将军，引军往讨，大捷而归。后来曹彰奉命往汉中助曹操攻，然而到了长安的时候，曹操已引军回来。于是曹彰行越骑将军，便留守于长安。曹操回到洛阳后得病，远召曹彰，然而彰未至而操先死。曹丕即位后，曹彰表示顺从。黄初二年，曹彰进爵为公。次年，又被立为任城王。黄初四年，曹彰入京都朝觐，却忽然暴毙于府邸中，享年约35岁，谥曰威王。

【世人对其评价】

陈寿《三国志》：“任城（曹彰）武艺壮猛，有将领之气。”

王维：“少年十五二十时，步行夺得胡马骑。射杀山中白额虎，肯数邺下黄须儿。”

曹植

【原典】

陈思王植字子建。年十岁余，诵读《诗》、《论》及辞赋数十万言，善属文。太祖尝视其文，谓植曰：“汝倩人邪？”植跪曰：“言出为论，下笔成章，顾当面试，奈何倩人？”时邺铜爵台新成，太祖悉将诸子登台，使各为赋。植援笔立成，可观，太祖甚异之。性简易，不治威仪。舆马服饰，不尚华丽。每进见难问，应声而对，特见宠爱。建安十六年，封平原侯。十九年，徙封

临菑侯。太祖征孙权，使植留守邺，戒之曰："吾昔为顿邱令，年二十三。思此时所行，无悔于今。今汝年亦二十三矣，可不勉与！"植既以才见异，而丁仪、丁廙、杨脩等为之羽翼。太祖狐疑，几为太子者数矣。而植任性而行，不自雕励，饮酒不节。文帝御之以术，矫情自饰，宫人左右，并为之说，故遂定为嗣。二十二年，增植邑五千，并前万户。植尝乘车行驰道中，开司马门出。太祖大怒，公车令坐死。由是重诸侯科禁，而植宠日衰。太祖既虑终始之变，以杨脩颇有才策，而又袁氏之甥也，于是以罪诛脩。植益内不自安。二十四年，曹仁为关羽所围。太祖以植为南中郎将，行征虏将军，欲遣救仁，呼有所敕戒。植醉不能受命，于是悔而罢之。

文帝即王位，诛丁仪、丁廙并其男口。植与诸侯并就国。黄初二年，监国谒者灌均希指，奏"植醉酒悖慢，劫胁使者"。有司请治罪，帝以太后故，贬爵安乡侯。其年改封鄄城侯。三年，立为鄄城王，邑二千五百户。

【释译】

陈思王曹植，字子建。十岁多时，就能背诵讲解《诗经》、《论语》及辞赋数十万字，善做文章。曹操有一次看了他写的文章，对曹植说："你是请人代作的吧？"曹植跪下说："我出口成论，下笔成文，父亲可当面考试，怎么是请人代作的呢？"邺城铜爵台建成时，曹操带着几个儿子登上台，让他们各自作赋。曹植挥笔而就，文采可观（即铜雀台赋），曹操非常惊异他的才华。曹植性情随和，不拘小节，不注意举止装束，车马服饰也不尚华丽。每次觐见，曹操提出难题，均能应声而答，因此特别受到宠爱。建安十六年，封平原侯。建安十九年，改封临菑侯。曹操征伐孙权时，让曹植留守邺县，告诫他说："我从前做顿丘县令时，二十三岁。回想当时做的事，到今天也没有可后悔的。现在你也二十三岁了，要努力呵！"曹植因才华受到曹操的宠爱，丁仪、丁廙、杨脩等人成为他的友党，曹操为此犹豫，好几次都想立曹植为太子。然而，曹植做事率性而为，不注意言行，饮酒无制。曹丕则善于掩藏真情笼络人心，宫人和左右侍臣都为他说话，终被立为太子。建安二十二年，曹操增封曹植食邑五千户，加上以前封的共一万户。曹植曾乘车在驰道上行驶，开司马门出宫。曹操得知后大怒，主管宫门的公车令因此被处死。曹操从此加重了限制诸侯的法令，对曹植的宠爱也渐渐淡了。曹操很忧虑王位更替的变故。主簿杨脩与曹植交好，有才干有谋略，是袁氏的外甥，曹操便假借罪名杀了杨脩。曹植内心很是惶恐。建安二十四年，曹仁被关羽围困。曹操任命曹植为南中郎将，代理征虏将军，准备派他去救曹仁，便唤他进宫要有所训诫。曹植因饮酒大醉，无法受命。曹操很是恼怒，就罢去曹植新任的官职，没让他带兵出征。

曹丕即王位后，杀了丁仪、丁廙和他们家中的男子。曹植和诸侯都回到自己的封国。黄初二年，监国谒者灌均暗承曹丕的意旨，举奏“曹植酒后叛逆傲慢，要挟使者”。主管官吏请求治曹植的罪。文帝因太后的缘故，贬他为安乡侯。同年改封鄄城侯。三年，封鄄城王，邑二千五百户。

【人物解读】

曹植（公元192～232年），曹操与武宣卞皇后所生第三子。著名诗人，文学家，后世将其与其父曹操，其兄曹丕，合称“三曹”。曹植自幼就十分聪慧，十岁余便诵读诗、文数十万言，出言为论，落笔成文，深得曹操的宠爱。曹操曾经认为曹植在诸子中“最可定大事”，几次想要立他为太子。然而曹植行为放任不拘，屡犯法禁，引起曹操的震怒，而他的兄长曹丕则颇能矫情自饰，终于在立储斗争中渐占上风，并于建安二十二年（公元217年）得立为太子。建安二十五年，曹操病逝，曹丕继魏王位，不久又称帝。虽说曹丕的地位和权力已基本巩固，可嫉恨曹植的念头没有改变。曹植从一个过着优游宴乐生活的贵族，变成处处受限制和打击的对象。有一次，曹植并未犯下什么大罪，只是有人告发他经常喝酒骂人，还曾把曹丕的使者扣押起来，但并没有招兵买马阴谋反叛的迹象和征兆。这算不上犯罪，杀之怕众不服，曹丕便想出个“七步成诗”的办法，治罪其弟。所幸的是，出口成诗是曹植的拿手好戏，诗曰：“煮豆持作羹，漉菽以为汁。萁在釜下燃，豆在釜中泣。本自同根生，相煎何太急？”这“七步诗”取譬之妙，用语之巧，在刹那间脱口而出，实在令人叹为观止。而“本是同根生，相煎何太急”，千百年来已成为人们劝戒避免兄弟阋墙、自相残杀的普遍用语，说明此诗在民间流传极广。周恩来总理就曾引用于叶挺之死的诗文里以批判国民党军。公元226年，曹丕病逝，曹叡继位。曹叡对他仍严加防范和限制，处境并没有根本好转。曹植在文、明二世的十二年中，曾被迁封过多次。公元232年12月27日曹植逝世，谥号思，故后人称之为“陈王”或“陈思王”。

曹植文学活动的主要领域是诗歌。前期与后期内容上有很大的差异。前期诗歌可分为两大类：一类表现他贵族王子的优游生活；另一类则反映他“生乎乱、长乎军”的时代感受。后期诗歌，主要抒发他在受压制之下时而愤慨时而哀怨的心情，表现他不甘被弃置，希冀拥世立功的愿望。今存曹植比较完整的诗歌有80余首。曹植在诗歌艺术上有很多创新发展，特别是在五言诗的创作上贡献尤大。首先，汉乐府古辞多以叙事为主，至《古诗十九首》，抒情成分才在作品中占重要地位。曹植发展了这种趋向，把抒情和叙事有机地结合起来，使五言诗既能描写复杂的事态变化，又能表达曲折的心理感受，大大丰富了它的艺术功能。曹植还是建安文学之集大成者，对于后世的影响很大。在两晋时期，他被推尊到文章典范的地位。

【世人对其评价】

陈寿《三国志》：“陈思文才富艳，足以自通后叶，然不能克让远防，终致携隙。《传》曰‘楚则失之矣，而齐亦未为得也，’其此之谓欤!”

谢灵运：“天下才共一石，子建独得八斗，我得一斗，天下共分一斗。”

卷二十　武文世王公传第二十·曹彪

曹彪

【原典】

楚王彪字朱虎。建安二十一年，封寿春侯。黄初二年，进爵，徙封汝阳公。三年，封弋阳王。其年徙封吴王。五年，改封寿春县。七年，徙封白马。太和五年冬，朝京都。六年，改封楚。初，彪来朝，犯禁，青龙元年，为有司所奏，诏削县三，户千五百。二年，大赦，复所削县。景初三年，增户五百，并前三千户。嘉平元年，兖州刺史令狐愚与太尉王淩谋迎彪都许昌。语在《淩传》。乃遣傅及侍御史就国案验，收治诸相连及者。廷尉请征彪治罪。于是依汉燕王旦故事，使兼廷尉大鸿胪持节赐彪玺书切责之，使自图焉。彪乃自杀。妃及诸子皆免为庶人，徙平原。彪之官属以下及监国谒者，坐知情无辅导之义，皆伏诛。国除为淮南郡。正元元年诏曰："故楚王彪，背国附奸，身死嗣替，虽自取之，犹哀矜焉。夫含垢藏疾，亲亲之道也，其封彪世子嘉为常山真定王。"景元元年，增邑，并前二千五百户。

【释译】

楚王曹彪，字朱虎，建安二十一年，封为寿春侯。黄初二年，改封汝阳公。黄初三年，封弋阳王；当年又改封吴王。黄初五年，改封地为寿春县。黄初七年，改封地为白马县。太和五年冬，入京朝觐。太和六年，改封楚。当初，曹彪入京朝觐，违犯禁令，青龙元年，被有司奏劾，明帝下诏削夺曹彪封地三县、一千五百户。青龙二年，大赦，恢复了曹彪被削夺的县。景初

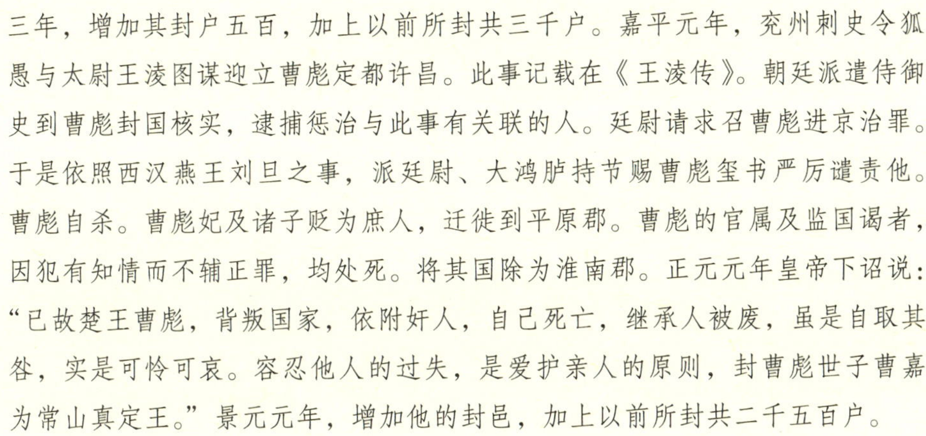

三年，增加其封户五百，加上以前所封共三千户。嘉平元年，兖州刺史令狐愚与太尉王淩图谋迎立曹彪定都许昌。此事记载在《王淩传》。朝廷派遣侍御史到曹彪封国核实，逮捕惩治与此事有关联的人。廷尉请求召曹彪进京治罪。于是依照西汉燕王刘旦之事，派廷尉、大鸿胪持节赐曹彪玺书严厉谴责他。曹彪自杀。曹彪妃及诸子贬为庶人，迁徙到平原郡。曹彪的官属及监国谒者，因犯有知情而不辅正罪，均处死。将其国除为淮南郡。正元元年皇帝下诏说："已故楚王曹彪，背叛国家，依附奸人，自己死亡，继承人被废，虽是自取其咎，实是可怜可哀。容忍他人的过失，是爱护亲人的原则，封曹彪世子曹嘉为常山真定王。"景元元年，增加他的封邑，加上以前所封共二千五百户。

【人物解读】

曹彪（公元 195 ~ 251 年），曹操的儿子。公元 216 年，曹彪被封为寿春侯。公元 221 年，曹彪晋爵，升迁为汝阳公。公元 222 年，升为弋阳王，同年又升为吴王。公元 226 年，魏明帝即位，升迁，封地为白马。公元 232 年改封楚王，后因犯了与王淩通谋的罪，被赐死，享年五十七岁。

【世人对其评价】

陈寿《三国志》："魏氏王公，既徒有国土之名，而无社稷之实，又禁防壅隔，同於囹圄；位号靡定，大小岁易；骨肉之恩乖，常棣之义废。为法之弊，一至于此乎！"

卷二十一　王卫二刘傅传第二十一·王粲

王粲

【原典】

王粲字仲宣，山阳高平人也。曾祖父龚，祖父畅，皆为汉三公。父谦，为大将军何进长史。进以谦名公之胄，欲与为婚，见其二子，使择焉。谦弗许。以疾免，卒于家。

献帝西迁，粲徙长安，左中郎将蔡邕见而奇之。时邕才学显著，贵重朝廷，常车骑填巷，宾客盈坐。闻粲在门，倒屣迎之。粲至，年既幼弱，容状短小，一坐尽惊。邕曰："此王公孙也，有异才，吾不如也。吾家书籍文章，尽当与之。"年十七，司徒辟，诏除黄门侍郎，以西京扰乱，皆不就。乃之荆州依刘表。表以粲貌寝而体弱通侻，不甚重也。表卒。粲劝表子琮，令归太祖。太祖辟为丞相掾，赐爵关内侯。太祖置酒汉滨，粲奉觞贺曰："方今袁绍起河北，仗大众，志兼天下，然好贤而不能用，故奇士去之。刘表雍容荆楚，坐观时变，自以为西伯可规。士之避乱荆州者，皆海内之俊杰也；表不知所任，故国危而无辅。明公定冀州之日，下车即缮其甲卒，收其豪杰而用之，以横行天下；及平江、汉，引其贤俊而置之列位，使海内回心，望风而愿治，文武并用，英雄毕力，此三王之举也。"后迁军谋祭酒。魏国既建，拜侍中。博物多识，问无不对。时旧仪废弛，兴造制度，粲恒典之。

初，粲与人共行，读道边碑，人问曰："卿能谙诵乎？"曰："能。"因使背而诵之，不失一字。观人围棋，局坏，粲为覆之。棋者不信，以帊盖局，使更以他局为之。用相比校，不误一道。其强记默识如此。性善算，作算术，略尽其理。善属文，举笔便成，无所改定，时人常以为宿构；然正复精意覃思，亦不能加也。著诗、赋、论、议垂六十篇。建安二十一年，从征吴。二十二年春，道病卒，时年四十一。粲二子，为魏讽所引，诛。后绝。

【释译】

王粲，字仲宣，山阳高平县人。曾祖父王龚，祖父王畅，都官居汉代的三公之职。父亲王谦，是大将军何进的长史。何进把持朝政时因为王谦是著名三公的后裔，想要和他联姻，把自己的两个女儿叫出来给王谦看，任他挑一个。王谦没答应。因病免官，死在家中。

献帝西迁，王粲移居到长安。左中郎将蔡邕一见王粲，就觉得他非比寻常。当时蔡邕的才学已名满天下，举朝敬重，他家门前经常是车来人往，客厅也经常是宾客满堂。一天，蔡邕听说王粲在门口求见，急忙出迎，甚至连鞋子都穿倒了也顾不得正过来。王粲年纪不大，身材又矮，一进门满屋的人都很吃惊。蔡邕说："这位就是司空王畅的孙子王粲，满腹才华，我比不上他。我家里收藏的书籍典章，应当全部送给他。"十七岁时，受司徒推荐，朝廷征召王粲为黄门侍郎。当时长安混乱，王粲未曾赴任。后来去荆州投奔刘表。刘表见王粲其貌不扬，身体孱弱，又不拘小节，很是瞧他不起。刘表死后，王粲力劝刘表的儿子刘琮归附曹操。曹操任他为丞相掾，赐关内侯。一次，曹操在汉水边设宴款待百官，王粲举杯祝贺说："如今袁绍崛起河北，兵多将广，其志在夺取天下，但他有贤才却不能任用，因此豪杰之士纷纷离他而去。刘表坐镇荆楚，静观时势变化，常以西伯周文王自喻。那些避乱到荆州来的贤士，都是海内俊杰，可刘表却不信任他们，结果在危难之际无人辅佐。明公平定冀州时，一下车就忙着整顿冀州的军队，招集当地的豪杰，各尽其用。到平定江、汉，又征召这一带的贤才，给他们适当的官职。因此天下归心，望风归附，英雄尽力，这些都是夏、商、周三代开国之君才能做到的事啊！"后来，王粲升迁为军师祭酒。魏国建立后，任侍中。他博学多识，总能做到有问必答。当时由于旧的礼仪制度废弛，需重新制定，常由王粲主持建立。

当初，王粲与人同行，阅读路边的石碑，同行的人问他："您能背诵下来吗？"王粲说："能。"那人就让他转过身去背诵，结果没漏掉一个字。有一次观看别人下棋，棋局乱了，王粲愿为他们恢复成原来的样子。下棋的人不相信，用巾帕盖住棋面，让他用另一副棋摆出棋局，两相比较，一个子也没错。他强记默识就是这么好。王粲擅长计算，推理演算得很周密；撰写文章，挥笔而就，没有需要修正的，当时有人常认为是他事先构思好的，但别人即使精心思考，反复推敲，也没有比他写得更好。著有诗、赋、论、议近六十篇。建安二十一年，随曹操征讨吴国。建安二十二年春天，在道上得病去世，时年四十一岁。王粲有两个儿子，因魏讽的案子牵连，被杀。后代断绝。

【人物解读】

王粲（公元 177 ~217 年），三国时曹魏名臣。魏国始建宗庙，王粲与和洽、卫觊、杜袭同拜侍中。其时旧制礼仪废弛，朝内正要兴造制度，故使王粲与卫觊等典其事。默识，善算术行文；著诗、赋、论、议垂六十篇，有《王侍中集》。同时，他还是著名文学家，与徐干、陈琳、阮瑀、应玚、刘桢、孔融合称"建安七子"，由于其文才出众，被称为"七子之冠冕"。他以诗赋见长，《初征赋》《登楼赋》《槐赋》《七哀诗》等是其作品的精华，也是建安时代抒情小赋和诗的代表作。明代人辑录其作品，编就《王侍中文集》流传后世。著名的文学典籍《昭明文选》中也有王粲的作品。

【世人对其评价】

陈寿《三国志》："昔文帝、陈王以公子之尊，博好文采，同声相应，才士并出，惟粲等六人最见名目。粲特处常伯之官，兴一代之制，然其冲虚德宇，未若徐干之粹也。"

刘义庆："王仲宣好驴鸣。既葬，文帝临其丧，顾语同游曰：'王好驴鸣，可各作一声以送之。'赴客皆一作驴鸣。"

钟嵘："其源出于李陵。发愀怆之词，文秀而质羸。在曹、刘间，别构一体。方陈思不足，比魏文有余。"

白居易："身是邓伯道，世无王仲宣。只应分付女，留与外孙传。

卷二十二 桓二陈徐卫卢传第二十二·桓阶·陈群

桓阶

【原典】

桓（huán）阶字伯绪，长沙临湘人也。仕郡功曹。太守孙坚举阶孝廉，除尚书郎。父丧还乡里。会坚击刘表战死，阶冒难诣表乞坚丧，表义而与之。后太祖与袁绍相拒于官渡，表举州以应绍。阶说其太守张羡曰："夫举事而不本于义，未有不败者也。故齐桓率诸侯以尊周，晋文逐叔带以纳王。今袁氏反此，而刘牧应之，取祸之道也。明府必欲立功明义，全福远祸，不宜与之同也。"羡曰："然则何向而可？"阶曰："曹公虽弱，仗义而起，救朝廷之危，奉王命而讨有罪，孰敢不服？今若举四郡保三江以待其来，而为之内应，不亦可乎！"羡曰："善。"乃举长沙及旁三郡以拒表，遣使诣太祖。太祖大悦。会绍与太祖连战，军未得南。而表急攻羡，羡病死。城陷，阶遂自匿。久之，刘表辟为从事祭酒，欲妻以妻妹蔡氏。阶自陈已结婚，拒而不受，因辞疾告退。

【释译】

桓阶，字伯绪，长沙临湘县人。起初任郡功曹。太守孙坚举荐桓阶为孝廉，任命为尚书郎。桓阶父亲死，回家乡奔丧。这时孙坚因攻击刘表战死，桓阶冒着危险去见刘表，乞求孙坚的尸体要为他安葬。刘表被他的义气感动，就将孙坚的尸体给了他。后来曹操与袁绍在官渡相峙，刘表在荆州响应袁绍。

桓阶劝说长沙太守张羡说："举大事而不遵循道义，没有不失败的。所以，齐桓公统率诸侯是为了尊奉周王，晋文公驱逐叔带是为了迎接周王。现在袁绍与曹公对峙，而刘表响应他，我看这是自取祸患。您如果想立下功劳，保全家族，远离灾祸，就不要加入他们。"张羡说："那么我依附谁才行呢？"桓阶说："虽然曹公现在势力较弱，但仗义起兵，解救朝廷危难，奉皇命讨伐有罪之人，日后必能成功。现在您率四郡之地保住三江等待他的到来，并做他的内应，您看这样行吗？"张羡说："好！"于是率领长沙和其他三郡的兵马抗拒刘表，并派使者去见曹操。曹操非常高兴。这时袁绍和曹操接连发生争战，曹操军队不能南进。此时，刘表也加紧攻打张羡，张羡病死，长沙城遂被攻破，桓阶便躲了起来。又过了很长时间，刘表任命他为从事祭酒，并想把妻妹嫁给他。桓阶说自己已有妻子，拒绝了，并乘机托病辞去官职。

【人物解读】

桓阶，生卒年不详，三国时期魏国太常。初任长沙郡功曹，太守举为孝廉，除尚书郎。孙坚战死，其敢冒险要回孙坚的尸首并安葬。后来桓阶为荆州从事祭酒，侍张羡。桓阶与太守张羡暗结曹操，及操定荆州，遂以桓为丞相掾主簿，升赵郡太守。魏国初建，授虎贲中郎将、侍中。曹丕即帝位后，授桓为尚书令，封高乡亭侯，加侍中。桓阶生病的时候，曹丕亲临省问，徙封安乐乡侯，食邑六百户。卒谥曰贞侯。著有《桓令君奏议》。

【世人对其评价】

陈寿《三国志》："桓阶识睹成败，才周当世。"

陈群

【原典】

陈群字长文，颍川许昌人也。祖父实，父纪，叔父谌，皆有盛名。群为儿时，实常奇异之，谓宗人父老曰："此儿必兴吾宗。"鲁国孔融高才倨傲，年在纪、群之间，先与纪友，后与群交，更为纪拜，由是显名。刘备临豫州，辟群为别驾。时陶谦病死，徐州迎备，备欲往，群说备曰：“袁术尚强，今东，必与之争。吕布若袭将军之后，将军虽得徐州，事必无成。”备遂东，与袁术战。布果袭下邳，遣兵助术，大破备军，备恨不用群言。举茂才，除柘令，不行，随纪避难徐州。属吕布破，太祖辟群为司空西曹掾属。时有荐乐安王模、下邳周逵者，太祖辟之。群封还教，以为模、逵秽德，终必败，太祖不听。后模、逵皆坐奸宄诛，太祖以谢群。群荐广陵陈矫、丹杨戴乾，太祖皆用之。后吴人叛，乾忠义死难，矫遂为名臣，世以群为知人。除萧、赞、长平令，父卒去官。后以司徒掾举高第，为治书侍御史，转参丞相军事。魏国既建，迁为御史中丞。

时太祖议复肉刑，令曰：“安得通理君子达于古今者，使平斯事乎！昔陈鸿胪以为死刑有可加于仁恩者，正谓此也。御史中丞能申其父之论乎?”群对曰：“臣父纪以为汉除肉刑而增加笞，本兴仁恻而死者更众，所谓名轻而实重者也。名轻则易犯，实重则伤民。《书》曰：‘惟敬五刑，以成三德。’《易》著劓、刖、灭趾之法，所以辅政助教，惩恶息杀也。且杀人偿死，合于古制；至于伤人，或残毁其体而裁剪毛发，非其理也。若用古刑，使淫者下蚕室，盗者刖其足，则永无淫放穿窬之奸矣。夫三千之属，虽未可悉复，若斯数者，时之所患，宜先施用。汉律所杀殊死之罪，仁所不及也，其余逮死者，可以刑杀。如此，则所刑之与所生足以相贸矣。今以笞死之法易不杀之刑，是重人支体而轻人躯命也。”时钟繇与群议同，王朗及议者多以为未可行。太祖深善繇、群言，以军事未罢，顾众议，故且寝。

【释译】

陈群，字长文，颍川许昌县人。祖父陈实，父亲陈纪，叔父陈谌，都是当时名流。陈群还小的时候，陈实就认为他与众不同，对宗族父老说：“这孩子将是我们宗族的希望。”鲁国的孔融才学很高却待人傲慢，年龄在陈纪、陈群之间，先与陈纪为友，后与陈群结交，便改视陈纪为长辈，陈群因此名声显扬。刘备在豫州任刺史时，聘召陈群为别驾。徐州牧陶谦病死，徐州官吏迎请刘备主持徐州政事，刘备准备前往，陈群劝刘备说：“袁术现在很强大，您现在东去，一定会和他发生争战，吕布也会趁机袭击您的后方。您即便得到徐州，也必定不会成功。”刘备没听从他的建议，还是向东进发，与袁术交战。吕布果然袭击下邳，并派兵相助袁术，刘备大败。刘备这才后悔没有听取陈群的意见。陈群被荐举为茂才，任命为柘县令，他没有去上任，跟着父亲陈纪到徐州避难。正值吕布战败，曹操征召陈群任司空西曹掾属。当时还有人推荐乐安人王模、下邳人周逵，曹操要征召他们。陈群封还曹操征召王模、周逵的命令，认为他二人道德败坏，最终会因犯罪败亡，曹操不听。后来，王模、周逵都因作奸犯科被处死，于是曹操向陈群道歉。陈群推荐广陵人陈矫、丹杨人戴乾，曹操都任用了他们。后来东吴反叛，戴乾战死，陈矫成为名臣，世人都认为陈群善于识别人才。他先后被任命为萧县、赞县、长平县令，因父亲去世离职，后来任司徒掾时因政绩优等，任治书侍御史，转任参丞相军事。魏国建立后，升任御史中丞。

当时曹操商议恢复肉刑，说：“怎样才能让通达古今事理的君子来评判这件事呢？从前陈鸿胪认为死刑犯中有可以施恩免死的，御史中丞能阐明你父亲的观点吗？”陈群回答说：“臣父认为，汉代废除肉刑而增加笞刑，是出于仁爱之心，可实际上死的人反而更多了，这就是所谓的名轻实重啊。名义上的减轻使百姓因不经意而轻易犯法，事实上的加重又伤害了百姓。《尚书》说：‘只有慎施五刑，才能成就三德。’《易经》记载的削鼻、砍足、削趾等刑罚，是用来辅佐王政，帮助教化、惩罚罪恶的。况且杀人偿命，与古制相合；至于伤害人体，剪掉头发，就不合乎道理。施行古刑，把淫荡之人下蚕室，砍掉盗窃犯的脚，就轻易不会有淫荡、翻墙偷窃的罪行发生。三千条刑律，虽然不能全部恢复，但像这几条，是最有威慑力的，应当首先施行。汉律规定罪大恶极的必须处死，皇上不能赦免，其他不够死刑的罪可施以肉刑。这样，被处死和活下来的人就大致相当了。现在用容易置人于死地的笞刑替代肉刑，是重视肢体而轻视生命。”钟繇与陈群的意见相同，但王朗和其他人则认为不能恢复肉刑。曹操非常赞赏钟繇、陈群的意见。由于战争还没有止息，这件事就搁置下来。

【人物解读】

陈群，生卒年不详，三国时期曹魏名臣，杰出的政治家。祖父陈实为太

丘长，父亲陈纪历任平原相、侍中、大鸿胪，叔父陈谌为司空掾，早卒，乃望族名士。陈群为人清尚有仪，雅好结友，且有知人之明。先为刘备所用，后刘备被吕布所袭，陈群与父避居徐州；及吕布破后，方归曹操，历任司空西曹掾属、治书侍御史、御史中丞等职。后转为侍中，领丞相东西曹掾。曹丕即王位，封陈群为昌武亭侯，徙为尚书。陈群在任内订制九品官人之法，成为历史名制。曹丕践阼后，陈群迁尚书仆射，加侍中，徙尚书令，晋爵颍乡侯。陈群在魏，一直位居要职，先后受曹操、曹丕托孤，成为国之重臣，多次向曹叡作出规劝，官至司空。于青龙四年逝，追谥靖侯。其子陈泰，亦是魏国后期名将。

【世人对其评价】

陈寿《三国志》：“追观陈群之议，栈潜之论，适足以为百王之规典，垂宪范乎后叶矣。”

张华：“太丘长陈实、实子鸿胪纪、纪子司空群、群子泰四世，于汉、魏二朝并有重名，而其德渐渐小减。”

袁淮：“故司空陈群则不然，其谈论终日，未尝言人主之非；书数十上而外人不知。君子谓群于是乎长者矣。”

卷二十三　和常杨杜赵裴传第二十三·赵俨

赵俨

【原典】

赵俨字伯然，颍川阳翟人也。避乱荆州，与杜袭、繁钦通财同计，合为一家。太祖始迎献帝都许，俨谓钦曰："曹镇东应期命世，必能匡济华夏，吾知归矣。"建安二年，年二十七，遂扶持老弱诣太祖，太祖以俨为朗陵长。县多豪猾，无所畏忌。俨取其尤甚者，收缚案验，皆得死罪。俨既囚之，乃表府解放，自是威恩并著。时袁绍举兵南侵，遣使招诱豫州诸郡，诸郡多受其命。惟阳安郡不动，而都尉李通急录户调。俨见通曰："方今天下未集，诸郡并叛，怀附者复收其绵绢，小人乐乱，能无遗恨！且远近多虞，不可不详也。"通曰："绍与大将军相持甚急，左右郡县背叛乃尔。若绵绢不调送，观听者必谓我顾望，有所须待也。"俨曰："诚亦如君虑；然当权其轻重，小缓调，当为君释此患。"乃书与荀彧曰："今阳安郡当送绵绢，道路艰阻，必致寇害。百姓困穷，邻城并叛，易用倾荡，乃一方安危之机也。且此郡人执守忠节，在险不贰。微善必赏，则为义者劝。善为国者，藏之于民。以为国家宜垂慰抚，所敛绵绢，皆俾还之。"彧报曰："辄白曹公，公文下郡，绵绢悉以还民。"上下欢喜，郡内遂安。

入为司空掾属主簿。时于禁屯颍阴，乐进屯阳翟，张辽屯长社，诸将任气，多共不协；使俨并参三军，每事训喻，遂相亲睦。太祖征荆州，以俨领章陵太守，徙都督护军，护于禁、张辽、张郃、朱灵、李典、路招、冯楷七军。复为丞相主簿，迁扶风太守。太祖徙出故韩遂、马超等兵五千余人，使平难将军殷署等督领，以俨为关中护军，尽统诸军。羌虏数来寇害，俨率署等追到新平，大破之。屯田客吕并自称将军，聚党据陈仓，俨复率署等攻之，贼即破灭。

时被书差千二百兵往助汉中守，署督送之。行者卒与室家别，皆有忧色。署发后一日，俨虑其有变，乃自追至斜谷口，人人慰劳，又深戒署。还宿雍州刺史张既舍。署军复前四十里，兵果叛乱，未知署吉凶。而俨自随步骑百五十人，皆与叛者同部曲，或婚姻，得此问，各惊，被甲持兵，不复自安。俨欲还，既等以为"今本营党已扰乱，一身赴之无益，可须定问。"俨曰："虽疑本营与叛者同谋，要当闻行者变，乃发之。又有欲善不能自定，宜及犹豫，促抚宁之。且为之元帅，既不能安辑，身受祸难，命也。"遂去。行三十里止，放马息，尽呼所从人，喻以成败，慰励恳切。皆慷慨曰："死生当随护军，不敢有二。"前到诸营，各召料简诸奸结叛者八百余人，散在原野，惟取其造谋魁率治之，余一不问。郡县所收送，皆放遣，乃即相率还降。俨密白："宜遣将诣大营，请旧兵镇守关中。"太祖遣将军刘柱将二千人，当须到乃发遣，而事露，诸营大骇，不可安喻。俨谓诸将曰："旧兵既少，东兵未到，是以诸营图为邪谋。若或成变，为难不测。因其狐疑，当令早决。"遂宣言当差留新兵之温厚者千人镇守关中，其余悉遣东。便见主者，内诸营兵名籍，案累重，立差别之。留者意定，与俨同心。其当去者亦不敢动，俨一日尽遣上道，因使所留千人，分布罗落之。东兵寻至，乃复胁喻，并徙千人，令相及共东，凡所全致二万余口。

【释译】

赵俨，字伯然，颍川阳翟县人。避乱到荆州，与杜袭、繁钦三家合为一家，钱财并在一起使用。曹操刚迎接献帝定都许昌时，赵俨对繁钦说："镇东曹将军顺应时势，定能匡复社稷，平定叛军，我找到自己的归宿了。"建安二年，二十七岁的赵俨就扶老携幼去投奔曹操，曹操任命赵俨为朗陵县长。朗陵有很多不法豪强，胡作非为无所顾忌。赵俨查出其中最凶恶的，逮捕查办，打入死牢。又上书州府，请予宽恕，从此他的威严和恩德同时闻名。袁绍南侵，派遣使者诱降豫州各郡，当时有许多郡县都响应袁绍，只有阳安郡无动于衷，而该郡的都尉李通却急于登记每户应征的赋税。赵俨去见李通说："现在天下很不安定，各郡都背叛朝廷，对那些感恩来归附的人又要征收他们的捐税，乘机作乱的小人们，一定会挑起事端！而且本郡周围令人忧虑的事已经够多了，不能不仔细考虑啊。"李通说："袁绍与曹公交战正紧，附近郡县又背叛朝廷，如果绵绢不能及时调送，就会有人以为我们在观望成败，故意在等待时机。"赵俨说："确实像您顾虑的那样。但也应权衡轻重，暂缓征调，我能够为您解除这一忧虑。"于是写信给荀彧说："阳安郡应当运送给朝廷绵绢，但道路艰险，担心会遭到敌人的劫掠。现在百姓穷困，邻近的郡县都背叛了，豫州很容易全部溃乱，保证一方安危才是关键。而且阳安人坚守忠义，身处险境也没有二心。善行不分大小一定都应得到奖赏，才能勉励人们的忠义心怀。善于治理国家的人，藏财富于民。我认为国家应当对百姓进行抚慰，把征收的绵绢，都送还给他们。"荀彧回信说："我已将你的意见禀告给曹公，公文已颁发各郡，绵绢全部发还给百姓。"于是，阳安郡上下欢喜，郡内也安定下来了。

后赵俨到朝任司空掾属主簿。当时于禁屯驻颍阴，乐进屯驻阳翟，张辽屯驻长社，将军之间各行其是，经常不能协调一致。于是，派赵俨同时担任这三个地方的参军，经常开导劝喻，终于使三位将军渐渐亲近和睦起来。曹操征讨荆州，派赵俨兼任章陵太守，又调任都督护军，监领于禁、张辽、张郃、朱灵、李典、路招、冯楷七路人马。后又任丞相主簿，调任扶风太守。曹操把原来在韩遂、马超手下的五千多人调出，派平难将军殷署等督领，任命赵俨为关中护军，统帅各部。其间，羌人多次骚扰，赵俨率殷署等直追到新平，大破羌兵。有个被招募来屯田的外地农民吕并自称将军，纠集人众攻占了陈仓，赵俨又率领殷署等剿灭了他们。

当时赵俨接到命令调遣一千二百名士兵助守汉中，由殷署督送。出发的兵士突然要与家人分别，都面有忧色。殷署率兵出发后一天，赵俨担心他们在路上会发生变故，就亲自带人追到斜谷，对士兵好言劝慰，又再三告诫殷署注意戒备。回来时留宿在雍州刺史张既家里。殷署率队又行进了四十里，果然发生兵变，殷署吉凶未卜。赵俨带领的一百五十名步、骑兵与叛军都同属一营，有的还互通婚姻。他们知道这个消息后，个个紧张，都穿上甲胄手执兵刃，面露恐惧之色。赵俨想再回去查看殷署的情况，张既等人认为“现在叛乱已经发生，只身赶去没什么用处，不如等待消息。”赵俨说：“对本营士兵和叛兵是否同谋只是怀疑，关键是听到出征士兵叛乱的消息后，他们才这样。还有一些并不想叛乱的人，正在犹豫，趁这个时候，应当赶快去安抚他们。身为将帅，如不能稳住部下，那遭受杀身之祸，也是命该如此。”于是出发。赵俨率部下行三十里后停下，放马休息，他把兵士都招呼过来，跟他们讲明利害，并诚恳地抚慰勉励他们。士兵们都慷慨激昂地说：“我们愿和护军同生死，不敢有二心。”到达营地，召集属下核查统计，合谋叛乱的共有八百多人，都逃散到旷野上去了。赵俨只将反叛的头目抓起来治罪，其余的一律不问。其他郡县抓获送来的叛兵，也全都释放，于是，叛兵相继回来投降。赵俨向曹操秘密禀告：“应当派遣将领到大营去，用原来的兵镇守关中。”曹操便派将军刘柱带领两千人前来，并让他们一到营地就把原来的士兵送往汉中。不料事情暴露，各营士兵又惊又怕，混乱得连安抚都没用。赵俨对众将说：“咱们这里朝廷的旧兵本来就少，东面的兵马又还没到，眼下各营几乎都躁动不安，如再酿成叛乱，后果难以预料。应乘他们犹豫不决时，及早解决。”于是当众宣布要留下一千名温良厚道的新兵镇守关中，其余全部派去东方。赵俨立即召见有关官员，把各营士兵的花名册按家属财产重新分类，加以区别对待。留下来的士兵安心了，都听从赵俨的指挥。那些要离开的也不敢轻举妄动，赵俨在一天之内便把他们全部送走，又将留下来的一千多人，分散到各营加以控制。十天后朝廷援兵赶来，赵俨才又把留下来的一千士兵也都送往汉中，总共送回两万余人。

【人物解读】

赵俨（公元170～245年），颍川名士，三国时期魏国大臣，著名的政治军事活动家。其出生于东汉灵帝建宁年间。在东汉王朝危机四伏的社会历史环境中成长起来的赵俨，自小熟读经史，养成了敏锐的观察分析能力和精明练达的处世哲学。年届弱冠就称誉乡里。与阳翟辛毗、许下陈群、定陵杜袭并称颍川四大名士。当时的各路群雄为了壮大自己的力量竞相招揽天下英才，而这些贤达学士为展示自己的雄才大略、实现安邦定国的夙愿，也以谨慎的态度来抉择自己满意的投靠对象。赵俨看到当时各路军阀混战不休，一时找不到自己可以投靠的对象，为避战乱，举家迁到荆州。在此结识了客居在那里的杜袭和同乡繁钦，三人一见如故，成为莫逆之交。当时割据荆州的刘表素闻赵俨、杜袭、繁钦之名，刻意对他们进行笼络，并以贵宾之礼对待他们三人，多次请他们入仕。赵俨通过观察，认为刘表目光短浅，虽然显赫一时，但终难成就大事，坚辞不就，同时劝说在刘表面前炫耀文才的繁钦远离刘表，以免抱憾终生。建安元年（公元196年），曹操迎汉献帝于许昌，发布“唯才是举令”，并接受枣祗的建议实施屯田制以后，赵俨认为“曹镇东（曹操当时为镇东大将军）应期命世，必能匡济华夏”，于是就同杜袭、繁钦等人一起举家北还。建安二年（公元197年），赵俨投奔曹操。

赵俨投奔曹操之后历任郎陵县令、司空府掾属、主簿、都督护军等职。魏文帝继位之后，赵俨历任侍中、驸马都尉、河东太守、典农中郎将、度支中郎将、尚书，封关内侯、宜土亭侯。魏明帝继位之后，又出任大司马府军师、大司农、征蜀将军、征西将军、骠骑将军、司空等职。死后谥号穆侯。

【世人对其评价】

陈寿《三国志》：“赵俨刚毅有度。”

胡三省：“赵俨之计，故战国策士所谓‘两利而俱存之’之计也。解严，解所严兵，不复追羽也。是后陆逊败刘备于峡中，收兵而还，不复追备，计亦如此。”

卷二十四　韩崔高孙王传第二十四·韩暨·高柔

韩暨

【原典】

韩暨字公至，南阳堵阳人也。同县豪右陈茂，谮暨父兄，几至大辟。暨阳不以为言，庸赁积资，阴结死士，遂追呼寻禽茂，以首祭父墓，由是显名。举孝廉，司空辟，皆不就。乃变名姓，隐居避乱鲁阳山中。山民合党，欲行寇掠。暨散家财以供牛酒，请其渠帅，为陈安危。山民化之，终不为害。避袁术命召，徙居山都之山。荆州牧刘表礼辟，遂遁逃，南居孱陵界，所在见敬爱，而表深恨之。暨惧，应命，除宜城长。

太祖平荆州，辟为丞相士曹属。后迁乐陵太守，徙监冶谒者。旧时冶作马排，每一熟石用马百匹；更作人排，又费功力；暨乃因长流为水排，计其利益，三倍于前。在职七年，器用充实。制书褒叹，就加司金都尉，班亚九卿。文帝践阼，封宜城亭侯。黄初七年，迁太常，进封南乡亭侯，邑二百户。

时新都洛阳，制度未备，而宗庙主祏皆在邺都。暨奏请迎邺四庙神主，建立洛阳庙，四时蒸尝，亲奉粢盛。崇明正礼，废去淫祀，多所匡正。在官八年，以疾逊位。景初二年春，诏曰："太中大夫韩暨，澡身浴德，志节高洁，年逾八十，守道弥固，可谓纯笃，老而益劭者也。其以暨为司徒。"夏四月薨，遗令敛以时服，葬为土藏。谥曰恭侯。子肇嗣。肇薨，子邦嗣。

【释译】

韩暨，字公至，南阳堵阳县人。同县的豪强大户陈茂，诬告韩暨的父亲和哥哥，害其险被处死刑。韩暨表面上不动声色，只是给人帮工来积累资财，暗中结交死士，寻机会追踪擒杀了陈茂，把他的首级拿到父亲的墓前祭奠，因此韩暨就出了名。后被荐举为孝廉，征聘为司空，他都没有去。改名换姓，隐居在鲁阳县的山中。一些山民结伙成党，当盗贼进行抢劫。韩暨就拿出家财供给他们牛酒，并请他们的首领来，说明利害。山民受到感化，终于没有成为一方的祸害。韩暨为躲避袁术的征召，又迁居到山都县的山中。刘表以礼征召他，他又暗暗逃走，南迁孱陵县。韩暨所在之处都受到人们的敬重，而刘表却很恨他。韩暨害怕，只得接受刘表的命令，任宜城县长。

曹操平定荆州后，征召他为丞相士曹属。后来，被选任为乐陵太守，又转任监冶谒者。过去冶铁都用马排做动力，每冶炼一炉铁需要用一百匹马；用人排，又耗费人力；经过考察，韩暨利用水流做排，用水排创造的价值是以前的三倍。任职七年，所有器具都很充实。曹操下制书褒奖他，加封司金都尉，地位仅次于九卿。曹丕即皇帝位后，封他为宜城亭侯。黄初七年升任太常，晋封为南乡亭侯，封邑二百户。

当时才开始在洛阳建都时，法令礼仪还不完备，而宗庙和祖先位都还在邺城。韩暨上奏请求迎接邺城四庙中的先祖神主，建立洛阳庙，以便四季祭祀。对辨明正统礼仪，废除不合礼制的祭祀，韩暨提出了很多修改的措施。在职八年，因病退职。景初二年春天，明帝下诏说："太中大夫韩暨，志节高尚操守纯洁，年过八十，执守道义更加坚定，可说是老成敦厚，自励自强。授予他司徒职位。"夏四月韩暨去世，遗嘱入殓时只穿当季衣服，土掩即可。谥号恭侯。儿子韩肇承继爵位。韩肇去世，儿子韩邦继承。

【人物解读】

韩暨（公元159～238年），魏司徒。陈茂诬告韩暨的父亲和哥哥，韩暨设计杀了陈茂，用他的首级来祭奠父亲，从此韩暨就出了名。曹操平定荆州后，征召他为丞相士曹属。曹丕即皇帝位后，封他为宜城亭侯。在洛阳建都的时候，对辨明正统礼仪，废除不合礼制的祭祀，提出了很多修改的措施。卒后谥号恭侯。

【世人对其评价】

陈寿《三国志》："韩暨处以静居行化，出以任职流称。""及暨年过八十，起家就列。"

曹叡："太中大夫韩暨，澡身浴德，志节高洁，年逾八十，守道弥固，可谓纯笃，老而益劭者也。""故司徒韩暨，积德履行，忠以立朝，至于黄发，直亮不亏。"

高柔

【原典】

高柔字文惠，陈留圉人也。父靖，为蜀郡都尉。柔留乡里，谓邑中曰："今者英雄并起，陈留四战之地也。曹将军虽据兖州，本有四方之图，未得安坐守也。而张府君先得志于陈留，吾恐变乘间作也，欲与诸君避之。"众人皆以张邈与太祖善，柔又年少，不然其言。柔从兄干，袁绍甥也，在河北呼柔，柔举宗从之。会靖卒于西州，时道路艰涩，兵寇纵横，而柔冒艰险诣蜀迎丧，辛苦荼毒，无所不尝，三年乃还。

太祖平袁氏，以柔为菅长。县中素闻其名，奸吏数人，皆自引去。柔教曰："昔邴吉临政，吏尝有非，犹尚容之。况此诸吏，于吾未有失乎！其召复之。"咸还皆自励，咸为佳吏。高幹既降，顷之以并州叛。柔自归太祖，太祖欲因事诛之，以为刺奸令史；处法允当，狱无留滞，辟为丞相仓曹属。太祖欲遣钟繇等讨张鲁，柔谏，以为"今猥遣大兵，西有韩遂、马超，谓为己举，将相扇动作逆，宜先招集三辅，三辅苟平，汉中可传檄而定也"。繇入关，遂、超等果反。

魏国初建，为尚书郎。转拜丞相理曹掾，令曰："夫治定之化，以礼为首。拨乱之政，以刑为先。是以舜流四凶族，皋陶作士。汉祖除秦苛法，萧何定律。掾清识平当，明于宪典，勉恤之哉！"鼓吹宋金等在合肥亡逃。旧法，军征士亡，考竟其妻子。太祖患犹不息，更重其刑。金有母妻及二弟皆给官，主者奏尽杀之。柔启曰："士卒亡军，诚在可疾，然窃闻其中时有悔者。愚谓乃宜贷其妻子，一可使贼中不信，二可使诱其还心。正如前科，固已绝其意望，而猥复重之，柔恐自今在军之士，见一人亡逃，诛将及己，亦且相随而走，不可复得杀也。此重刑非所以止亡，乃所以益走耳。"太祖曰："善。"即止不杀金母、弟，蒙活者甚众。

【释译】

高柔，字文惠，陈留圉县人。父亲高靖，任蜀郡都尉。高柔在家乡对同乡人说："当今英雄并起，陈留容易受四方之敌。曹将军占据兖州，但不会就此坐守，一统天下才是他的意愿。太守张邈抢先占领了陈留郡，灾变恐怕就要来了，我想与各位一起出去躲避。"众人都认为张邈与曹操关系很好，高柔又年轻，就没把他的话当回事。高柔的堂兄高干，是袁绍的外甥，驻守在黄河以北，召高柔去，高柔带着族人跟从了他。此时父亲高靖在蜀郡去世，由于道路难行，战乱四起，高柔冒着艰险到蜀郡迎丧，历尽磨难，三年后才回来。

曹操打败袁绍后，任高柔为菅县长。县里人以前就听到过高柔的名声，几个不法奸吏，都逃走了。高柔说："从前邴吉任职时，对曾犯过错的官吏还很宽容，何况这几个属吏在我手下并没有犯过错！告诉他们回来官复原职。"于是属吏都回来了，向高柔表示不会再犯法了，后来都成为很好的吏员。高干投降以后，不久又在并州反叛。高柔自己逃走投奔了曹操，曹操正想借故杀他，就让他任刺奸令史。高柔执法公允，从没有滞留不办的案件，曹操赞赏他并转变了态度，任命他为丞相仓曹属。曹操打算派钟繇等人讨伐张鲁，高柔认为，现在派遣大军，就会让西面的韩遂、马超误解，认为是冲着他们去的，很可能引发叛乱。应当先安抚三辅，三辅稳定了，发一封檄书给汉中

就会平定。曹操不听，钟繇入关，韩遂、马超等人果然反叛。

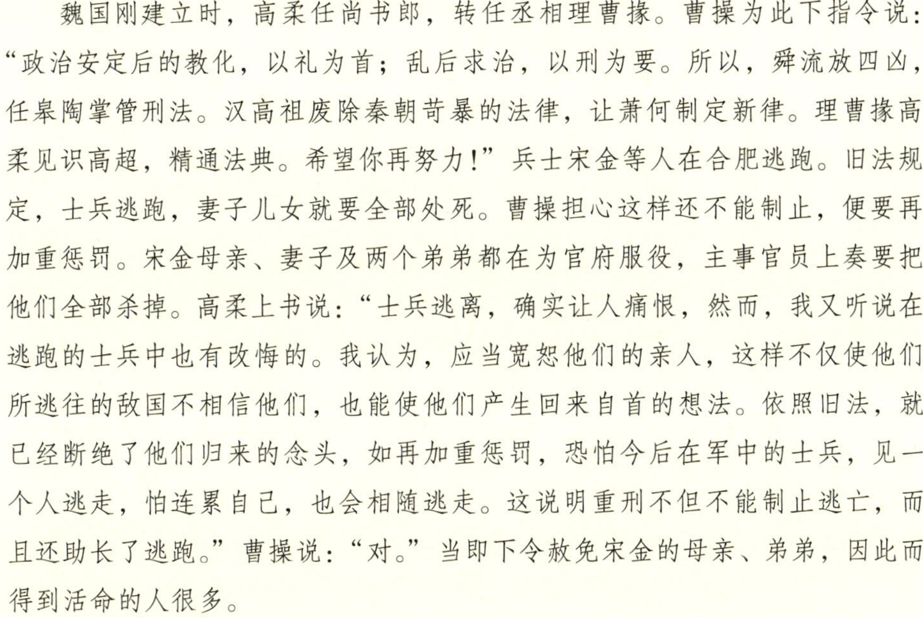

魏国刚建立时，高柔任尚书郎，转任丞相理曹掾。曹操为此下指令说："政治安定后的教化，以礼为首；乱后求治，以刑为要。所以，舜流放四凶，任皋陶掌管刑法。汉高祖废除秦朝苛暴的法律，让萧何制定新律。理曹掾高柔见识高超，精通法典。希望你再努力！"兵士宋金等人在合肥逃跑。旧法规定，士兵逃跑，妻子儿女就要全部处死。曹操担心这样还不能制止，便要再加重惩罚。宋金母亲、妻子及两个弟弟都在为官府服役，主事官员上奏要把他们全部杀掉。高柔上书说："士兵逃离，确实让人痛恨，然而，我又听说在逃跑的士兵中也有改悔的。我认为，应当宽恕他们的亲人，这样不仅使他们所逃往的敌国不相信他们，也能使他们产生回来自首的想法。依照旧法，就已经断绝了他们归来的念头，如再加重惩罚，恐怕今后在军中的士兵，见一个人逃走，怕连累自己，也会相随逃走。这说明重刑不但不能制止逃亡，而且还助长了逃跑。"曹操说："对。"当即下令赦免宋金的母亲、弟弟，因此而得到活命的人很多。

【人物解读】

高柔（公元174~263年），其族兄高干是袁绍的外甥。明帝即位，封柔延寿亭侯。在官二十三年，转为太常，旬日迁司空，后徙司徒。即位，进封安国侯，转为太尉。常道乡公即位，增邑并前四千，前后封二子亭侯。景元四年去世，享年九十岁，谥曰元侯。

【世人对其评价】

陈寿《三国志》："高柔明于法理。""柔保官二十年，元老终位。"

曹叡："知卿忠允，乃心王室，辄克昌言；他复以闻。"

司马懿："君为周勃矣。"

卷二十五　辛毗杨阜高堂隆传第二十五·辛毗·杨阜

辛毗

【原典】

辛毗（pí）字佐治，颍川阳翟人也。其先建武中自陇西东迁。毗随兄评从袁绍。太祖为司空，辟毗，毗不得应命。及袁尚攻兄谭于平原，谭使毗诣太祖求和。太祖将征荆州，次于西平。毗见太祖致谭意，太祖大悦。后数日，更欲先平荆州，使谭、尚自相弊。他日置酒，毗望太祖色，知有变，以语郭嘉。嘉白太祖，太祖谓毗曰："谭可信？尚必可克不？"毗对曰："明公无问信与诈也，直当论其势耳。袁氏本兄弟相伐，非谓他人能间其间，乃谓天下可定于己也。今一旦求救于明公，此可知也。显甫见显思困而不能取，此力竭也。兵革败于外，谋臣诛于内，兄弟谗阋，国分为二；连年战伐，而介胄生虮虱，加以旱蝗，饥馑并臻，国无囷仓，行无裹粮，天灾应于上，人事困于下，民无愚智，皆知土崩瓦解，此乃天亡尚之时也。兵法称有石城汤池带甲百万而无粟者，不能守也。今往攻邺，尚不还救，即不能自守。还救，即谭踵其后。以明公之威，应困穷之敌，击疲弊之寇，无异迅风之振秋叶矣。天以袁尚与明公，明公不取而伐荆州。荆州丰乐，国未有衅。仲虺有言：'取乱侮亡。'方今二袁不务远略而内相图，可谓乱矣；居者无食，行者无粮，可谓亡矣。朝不谋夕，民命靡继，而不绥之，欲待他年；他年或登，又自知亡而改修厥德，失所以用兵之要矣。今因其请救而抚之，利莫大焉。且四方之寇，

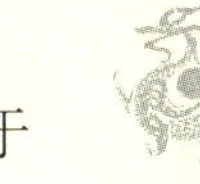

莫大于河北；河北平，则六军盛而天下震。”太祖曰：“善。”乃许谭平，次于黎阳。明年攻邺，克之，表毗为议郎。

【释译】

辛毗，字佐治，颍川阳翟县人。他的先人于光武帝建武年间从陇西迁来。辛毗和哥哥辛评追随袁绍。曹操任司空，征聘辛毗，辛毗不从。到袁尚在平原进攻袁谭之时，袁谭派辛毗到曹操处求援。曹操正要征讨荆州，兵马驻扎在西平。辛毗见到曹操，曹操十分高兴。不久，曹操又改变主意决定还是先平定荆州，让袁谭、袁尚自行残杀。几天后，曹操设宴，辛毗观察曹操脸色，知道有了变化，于是，把心里的疑问告诉了郭嘉。郭嘉又转告给曹操。曹操问辛毗：“袁谭可信吗？他能打败袁尚吗？”辛毗回答说：“我们不必讨论信与诈的问题，只论其形势就够了。袁氏兄弟相互攻战，从不想他人可以乘虚而入，只认为天下可由他们自己定夺。而今袁谭向您求救，其势已见竭；袁尚明知袁谭如困兽犹斗，却不能攻取，说明袁尚也已精疲力竭。互相杀伐，兄弟火并，领地各占一半。由于连年争战，士兵铠甲里生了虱子，又遇上旱灾和蝗灾，国库没有一点储备，行军打仗，士兵身上也无干粮，真是上有天灾，下有人祸。无论是智者还是愚者，都知道他们会彻底失败。这是天亡袁氏呵！兵法说，没有粮食，即使是坚固的城堡和精良的武装，也无法攻占。现在若攻打邺城。袁尚就要回师援救，若回师援救，而袁谭又随后穷追。以丞相的声威，迎击困疲之敌，如秋风扫落叶一样。上天把消灭袁尚的机会交给您，您不利用时机却要攻打荆州。荆州物产丰富百姓安稳，坚固得没有空子可钻。仲虺说过：‘攻取乱亡之地。’而今二袁不做长远考虑却自相图谋，百姓没有粮食储存，打仗的人没有粮食可带，很快就要灭亡了。袁氏统治下的百姓生命无法保障，现在不去安抚他们，却要等到来年；来年如果收成好，袁氏觉察到灭亡就要来临而改行德政，丞相就失去了用兵的机会。现在借此机会安抚那里的百姓，可取得最大的利益。况且如今的敌对势力，没有比河北袁氏再大的了；河北平定了，明公的军力就会大大增强而震慑天下。”曹操说：“很好。”便接受了袁谭的请求，兵马开到黎阳。第二年攻克邺城，上表任辛毗为议郎。

【人物解读】

辛毗（？～公元235年），本居陇西（郡治在今甘肃临洮县），是三国时期一个有胆有识的治世之才。他能够洞察时势，深谋远虑，性情耿直坦率，刚正不阿。东汉建武年间，其先人东迁。当初，辛毗跟其兄追随袁绍。曹操任司空时，征召辛毗，他不受命。官渡战后，辛毗追随袁绍的儿子袁谭。公元204年，曹操攻下邺城，上表推荐辛毗任议郎，后为丞相长史。公元220年，曹丕即皇帝位，以辛毗为侍中，赐爵关内侯，后赐广平亭侯。魏明帝即位，封辛毗颖乡侯，食邑三百户，后为卫尉。公元234年，屯兵渭南，司马懿上表魏明帝。魏明帝任辛毗为大将军军师，加使持节号。诸葛亮病逝后，辛毗返回，仍任卫尉。不久，逝世，谥肃侯。

【世人对其评价】

陈寿《三国志》："辛毗、杨阜，刚亮公直，正谏匪躬，亚乎汲黯之高风焉。"

毕轨："尚书仆射王思精勤旧吏，忠亮计略不如辛毗，毗宜代思。"

刘放、孙资："毗实亮宜，然性刚而专。"

杨阜

【原典】

杨阜字义山，天水冀人也。以州从事为牧韦端使诣许，拜安定长史。阜还，关右诸将问袁、曹胜败孰在，阜曰："袁公宽而不断，好谋而少决；不断则无威，少决则失后事，今虽强，终不能成大业。曹公有雄才远略，决机无疑，法一而兵精，能用度外之人，所任各尽其力，必能济大事者也。"长史非其好，遂去官。而端征为太仆，其子康代为刺史，辟阜为别驾。察孝廉，辟丞相府，州表留参军事。

马超之战败渭南也，走保诸戎。太祖追至安定，而苏伯反河间，将引军东还。阜时奉使，言于太祖曰："超有信、布之勇，甚得羌、胡心，西州畏之。若大军还，不严为之备，陇上诸郡非国家之有也。"太祖善之，而军还仓

卒，为备不周。超率诸戎渠帅以击陇上郡县，陇上郡县皆应之，惟冀城奉州郡以固守。超尽兼陇右之众，而张鲁又遣大将杨昂以助之，凡万余人，攻城。阜率国士大夫及宗族子弟胜兵者千余人，使从弟岳于城上作偃月营，与超接战，自正月至八月拒守而救兵不至。州遣别驾阎温循水潜出求救，为超所杀，于是刺史、太守失色，始有降超之计。阜流涕谏曰："阜等率父兄子弟以义相励，有死无二；田单之守，不固于此也。弃垂成之功，陷不义之名，阜以死守之。"遂号哭。刺史、太守卒遣人请和，开城门迎超。超入，拘岳于冀，使杨昂杀刺史、太守。

【释译】

杨阜，字义山，天水冀县人。以州从事身份替州刺史韦端出使许昌，被任为安定郡长史。杨阜回来后，关西众将领问他袁绍与曹操谁胜谁败，杨阜说："袁绍外宽而内忌，多得而少断。太宽容就没有威信，少决断就会失去机会。现在虽然看似强大，终究成不了大业。曹操雄才伟略，果敢决断，政令统一，兵马精良，能破格用人，所任用之人都能各尽其力，定能成就大事。"他对长史这个职位不感兴趣，于是，辞官而去。韦端被任为太仆，他的儿子韦康代替他任刺史，征召杨阜任别驾从事史。后杨阜被举为孝廉，要征召到丞相府去任职。州里上表请留下他参谋军事。

马超在渭南战败，逃到边塞胡人那里。曹军追到安定，苏伯又在河间反叛，曹操要率军东还。此时，杨阜作为使节正在曹营，对曹操说："马超有韩信、黥布的勇猛，极得羌、胡等族人的拥戴，西境的人都敬畏他。如果大军回师，不做严密的防守，恐怕陇上诸郡就不再是国家所有了。"曹操深表赞同。但是，曹军仓促撤离，没来得及做更周密的部署，马超就率各部胡人攻击陇上诸郡县，各郡县都纷纷响应，只有冀城在固守。马超集陇右兵马与张鲁所派大将杨昂约万余人一起攻城。杨阜率郡吏和宗族子弟中能上阵的有千人，又让堂弟杨岳在城上修筑偃月营，与马超交战，从正月至八月一直坚守而救兵也没来。州府派别驾从事阎温顺着城边的河水潜游出去搬救兵，被马超抓住杀死。刺史和太守们吓得脸色都变了，暗中串联开始有了投降马超的想法。杨阜留着泪劝道："我杨阜与家乡父老兄弟以忠义互勉，至死没有二心，即使田单的即墨，也不能比冀城更坚固。放弃了就要落下不义的恶名，请誓死坚守。"说完大哭。刺史和太守还是派人请和，开城门迎接马超。马超进城后，把杨岳拘捕，又让杨昂杀死州刺史和郡太守。

【人物解读】

杨阜，生卒年不详，三国时期名臣。建安初年，任凉州从事，旋拜安定长史，任刺史后辟为别驾，改任州参军；后因讨马超有功，赐爵关内侯。征汉中时，杨阜担任益州刺史，回来后又担任武都太守。魏文帝曹丕、魏明帝曹叡在位时，在宫中任职。杨阜从政后，一是有卓识远见，任凉州从事时，代表刺史去许都见曹操，在客观分析了袁绍和曹操双方的形势后认为曹操必胜，事实证明了他的正确判断。马超叛曹后，杨阜力谏要严加防备，曹操虽然极口赞成，但设防措施不力，导致陇上郡县除凉州刺史、汉阳郡太守以下官吏率领士大夫及杨氏亲友千余人固守冀城，余均响应马超。杨阜等死战马超，身中五伤，亲友七人战死，终大破马超。二是刚正不阿，对朝廷弊政多有争谏：任武都太守时，一次曹洪置酒后会，令舞女裸体披纱，踏鼓歌舞，被杨阜斥责而退，全场肃然起敬；魏明帝搜求美女，扩建宫阙，杨阜六次进言进谏明帝应勤政爱民。三是勤政廉洁，杨阜在宫内担任少府之职，专管宝器、珍膳、衣物等，而他死后家无余财。皇帝让杨阜的孙子杨豹继任了少府之职。原甘谷县文昌宫西侧尚有杨氏家祠，内悬"两代尚书"匾额，即指杨阜和杨豹而言。

【世人对其评价】

陈寿《三国志》："杨阜刚亮公直，正谏匪躬，亚乎汲黯之高风焉。"

刘晔："阜有公辅之节。"

卷二十六　满田牵郭传
第二十六·满宠·郭淮

满宠

【原典】

满宠字伯宁，山阳昌邑人也。年十八，为郡督邮。时郡内李朔等各拥部曲，害于平民，太守使宠纠焉。朔等请罪，不复抄略。守高平令。县人张苞为郡督邮，贪秽受取，干乱吏政。宠因其来在传舍，率吏卒出收之，诘责所犯，即日考竟，遂弃官归。

太祖临兖州，辟为从事。及为大将军，辟署西曹属，为许令。时曹洪宗室亲贵，有宾客在界，数犯法，宠收治之。洪书报宠，宠不听。洪白太祖，太祖召许主者。宠知将欲原，乃速杀之。太祖喜曰："当事不当尔邪?"故太尉杨彪收付县狱，尚书令荀彧、少府孔融等并属宠："但当受辞，勿加考掠。"宠一无所报，考讯如法。数日，求见太祖，言之曰："杨彪考讯无他辞语。当杀者宜先彰其罪；此人有名海内，若罪不明，必大失民望，窃为明公惜之。"太祖即日赦出彪。初，彧、融闻考掠彪，皆怒，及因此得了，更善宠。

时袁绍盛于河朔，而汝南绍之本郡，门生宾客布在诸县，拥兵拒守。太祖忧之，以宠为汝南太守。宠募其服从者五百人，率攻下二十余壁，诱其未降渠帅，于坐上杀十余人，一时皆平。得户二万，兵二千人，令就田业。

【释译】

满宠，字伯宁，山阳昌邑县人。十八岁时，做郡督邮。当时郡里的李朔等人，拥有私兵，为害百姓。太守派满宠去抚慰他们。李朔等人向官府认罪，不再去掠夺百姓。满宠代理高平县令。后来，郡督邮高平县人张苞贪污贿赂，扰乱了吏政，满宠趁他住在县驿馆中时，率属吏和士兵把他抓了起来，审问他犯的罪恶，张苞受刑而死，满宠便弃官回家了。

曹操任兖州牧时，招聘他任从事。后来，曹操为大将军，又聘他暂代西曹属官，任许县县令。曹洪是曹操的亲戚，地位显贵，可他的门客在许县境内却多次犯法，满宠把这个门客抓起来治罪。曹洪写信向满宠求情，满宠不予理睬。曹洪就把这件事告诉了曹操，曹操召见许县办案的官吏。满宠知道曹操要赦免这个罪犯，就立即把他杀了。曹操高兴地说："处理事情就应该这样啊！"前太尉杨彪被逮捕交付许县监狱审讯，尚书令荀彧、少府孔融等人都嘱咐满宠说："对杨彪只能听取他的供词，不能用刑拷打。"满宠不答复他们，照旧依法审问。几天后，满宠求见曹操，说："经过拷问杨彪没有交代出什么犯罪事实。要杀一个人首先应当公布他的罪行；这个人在海内很有名气，如果罪证不确定就被处死，定会大失民心，我为您感到惋惜。"曹操当即便把杨彪释放了。起初，荀彧、孔融听说满宠拷问杨彪，都很生气，等到听说囚禁拷问杨彪的事得以了结，便对满宠赞赏有加了。

当时，袁绍在河北势力很强盛，袁绍的家乡在汝南，门生宾客分布在各个县，都拥兵据守。曹操对此很担忧，便委任满宠为汝南郡太守。满宠招募了五百多个服从自己的人，率领他们攻下二十多个壁垒，又引诱还没有投降的头目，在筵席上杀死十多个人，汝南郡很快平定了。得到百姓两万多户，士兵两千多人，满宠命令他们都从事农耕生产。

【人物解读】

满宠（？～公元242年），三国时曹魏名臣。建安十三年，从太祖征荆州。大军还，留宠行奋威将军，屯当阳。数扰东陲，复召宠还为汝南太守，赐爵关内侯。围襄阳，宠助征南将军屯樊城拒之。羽急攻樊城，宠力战有功，羽遂退。进封安昌亭侯。文帝即王位，迁扬武将军。破吴于江陵有功，更拜伏波将军，屯新野。大军南征，宠破水贼，进封南乡侯。黄初三年，假宠节钺。五年，拜前将军。明帝即位，进封昌邑侯。太和二年，领豫州刺史。三年春，退孙权。四年，拜宠征东将军。后数退吴军，并射杀权弟子孙泰。景初二年，以宠年老徵还，迁为太尉。正始三年薨，谥曰景侯。

【世人对其评价】

陈寿《三国志》："满宠立志刚毅，勇而有谋。"

郭淮

【原典】

郭淮字伯济，太原阳曲人也。建安中举孝廉，除平原府丞。文帝为五官将，召淮署为门下贼曹，转为丞相兵曹议令史，从征汉中。太祖还，留征西将军夏侯渊拒刘备，以淮为渊司马。渊与备战，淮时有疾不出。渊遇害，军中扰扰，淮收散卒，推荡寇将军张郃为军主，诸营乃定。其明日，备欲渡汉水来攻。诸将议众寡不敌，备便乘胜，欲依水为陈以拒之。淮曰："此示弱而不足挫敌，非算也。不如远水为陈，引而致之，半济而后击，备可破也。"既陈，备疑不渡，淮遂坚守，示无还心。以状闻，太祖善之，假郃节，复以淮为司马。文帝即王位，赐爵关内侯，转为镇西长史。又行征羌护军，护左将军张郃、冠军将军杨秋讨山贼郑甘、卢水叛胡，皆破平之。关中始定，民得安业。

【释译】

郭淮，字伯济，太原阳曲县人。建安年间举为孝廉，被授予平原郡府丞之职。曹丕任五官中郎将时，调他任门下贼曹属官，又改任丞相府兵曹议令史，跟随曹操征讨汉中。曹操返回时，留下征西将军夏侯渊抵御刘备，郭淮任夏侯渊司马。夏侯渊和刘备交战时，郭淮正生病没有出征。夏侯渊阵亡，军中惶恐不安，郭淮召集散兵，推举荡寇将军张郃为军中主帅，各营才安定下来。第二天，刘备准备渡汉水来攻。将领们认为寡不敌众，刘备也将会乘胜追击，打算在汉水边布阵抵御。郭淮说："这是向敌示弱而不能挫败他们，不是好办法。不如远离汉水列阵，诱敌前来，趁他们渡过一半时进行攻击，刘备可破。"阵摆好后，刘备犹豫不敢贸然渡江，郭淮便坚守以示不退的决心。又上书向曹操报告，曹操很赞同，授张郃假节，仍让郭淮任司马。曹丕继魏王后，赐他关内侯的爵位，转任镇西将军长史；又兼任征羌护军，协助左将军张郃、冠军将军杨秋讨伐山贼郑甘和卢水一带叛乱的胡人，都击败平定了他们。自此，关中安定，民安居乐业。

【人物解读】

郭淮（？～公元255年），三国时期名将，以善于谋划且行事精密而著称。早年曾任夏侯渊军的司马，后来一直留在魏国西方负责防守西部边境，并且多次平定少数民族叛乱。在北伐及北伐初期，郭淮参加了几乎所有的对蜀抵御战争，并因功不断被提升，最后受命总督雍、凉两州军事，官位升至车骑将军，死后被追封为大将军。

【世人对其评价】

陈寿《三国志》："郭淮方策精详，垂问秦、雍。"

曹芳："昔汉川之役，几至倾覆。淮临危济难，功书王府。在关右三十余年，外征寇虏，内绥民夷。比岁以来，摧破廖化，禽虏句安，功绩显著，朕甚嘉之。"

卷二十七　徐胡二王传
第二十七·徐邈·王基

徐邈

【原典】

徐邈（miǎo）字景山，燕国蓟人也。太祖平河朔，召为丞相军谋掾，试守奉高令，入为东曹议令史。魏国初建，为尚书郎。时科禁酒，而邈私饮至于沉醉。校事赵达问以曹事，邈曰："中圣人。"达白之太祖，太祖甚怒。度辽将军鲜于辅进曰："平日醉客谓酒清者为圣人，浊者为贤人，邈性修慎，偶醉言耳。"竟坐得免刑。后领陇西太守，转为南安。文帝践阼，历谯相，平阳、安平太守，颍川典农中郎将，所在著称，赐爵关内侯。车驾幸许昌，问邈曰："颇复中圣人不？"邈对曰："昔子反毙于谷阳，御叔罚于饮酒，臣嗜同二子，不能自惩，时复中之。然宿瘤以丑见传，而臣以醉见识。"帝大笑，顾左右曰："名不虚立。"迁抚军大将军军师。

明帝以凉州绝远，南接蜀寇，以邈为凉州刺史，使持节领护羌校尉。至，值诸葛亮出祁山，陇右三郡反，邈辄遣参军及金城太守等击南安贼，破之。河右少雨，常苦乏谷，邈上修武威、酒泉盐池以收虏谷，又广开水田，募贫民佃之，家家丰足，仓库盈溢。乃支度州界军用之余，以市金帛犬马，通供中国之费。以渐收敛民间私仗，藏之府库。然后率以仁义，立学明训，禁厚葬，断淫祀，进善黜恶，风化大行，百姓归心焉。西域流通，荒戎入贡，皆邈勋也。讨叛羌柯吾有功，封都亭侯，邑三百户，加建威将军。邈与羌、胡从事，不问小过；若犯大罪，先告部帅，使知，应死者乃斩以徇，是以信服畏威。赏赐皆散与将士，无入家者，妻子衣食不充；天子闻而嘉之，随时供给其家。弹邪绳枉，州界肃清。

【释译】

徐邈，字景山，燕国蓟县人。曹操平定河北，任命徐邈为丞相军谋掾，试任奉高县令，又调任东曹议令史。魏国初建，任尚书郎。当时法令禁酒，但徐邈常私饮以致大醉。校事赵达询问政事，徐邈回答说："中圣人"。赵达把这话禀报曹操，曹操大怒。度辽将军鲜于辅劝说道："平常喝醉酒的人称清酒为圣人，浊酒为贤人。徐邈性情谨慎，这只是一时的醉话罢。"由此免于刑罚。后兼任陇西太守，又调任南安太守。曹丕即位，徐邈历任谯相，平阳、安平太守，颍川典农中郎将，所在之处，都留下好名声，赐封关内侯。文帝巡视许昌，问徐邈说："还经常中圣人吗？"徐邈回答说："从前子反在谷阳喝醉，夜里逃跑，御叔饮酒被罚以重赋，臣的嗜好与二人相同，不能自禁，因而时常饮酒。宿瘤因长得丑而被载入史册，我则因醉酒而被皇上记得。"文帝大笑，对身边的人说："果然名不虚传。"调任抚军大将军军师。

明帝因凉州地处边远，南边与蜀国相连，便以徐邈为凉州刺史，使持节领护羌校尉。到任时，正值诸葛亮出祁山，陇右三郡造反。徐邈马上派参军和金城太守等攻击南安反贼，打败了他们。河右少雨，常为粮食缺乏而苦恼。徐邈在北面的武威、酒泉修建盐池，来换取胡人的谷物，又广开水田，招募贫民来租种，使家家富足，仓库里都装满了粮食。还拿出全州内剩余的军费，买黄金、丝绸、名犬、好马，供中原朝廷使用。他又逐渐收缴民间私人武器，收藏在官府的武库中，然后，用仁义引导民众，建立学校，阐明圣人的教诲，禁止厚葬，废除不合章法的祭祀，选拔善良，罢黜恶徒，良好的风气得以风行，老百姓都一心向着他。西域与中原沟通后，远方的少数民族纷纷前来进贡，这都是徐邈的功劳。因讨伐叛乱的羌人柯吾有功，封都亭侯，食邑三百户，加授建威将军。徐邈与羌、胡共事，不计较他们的小错；如犯了大罪，就先告知他们部落的首领，让他们知道后，把该处死的人斩首示众，因此羌、胡人对他都很信服敬畏。他得到的赏赐都分给将士　从来没有拿回自己家，妻子儿女吃穿都不足。天子知道后嘉奖他，按时供给他家用。他镇压邪恶惩治犯罪，所辖州县清静无事，秩序井然。

【人物解读】

徐邈（公元171～249年），字景山，燕国蓟（今北京市附近）人。三国时曹魏重臣。最初任丞相军谋掾、奉高县令、尚书郎、陇西太守等职。曹丕称帝后，任谯国相、安平太守、颍川典农中郎将。每任一官，皆政绩卓著，被赐爵关内侯，迁抚军大将军军师。后被委以重任，出任凉州刺史，持节，领护羌校尉。在西北时兴修水利、广开水田，募贫民租之，致使仓库盈溢。同时移风易俗，整顿吏治。对诸胡羌戎恩威并施，皆愿入贡曹魏。是以州界肃靖，西域畅通。正始元年还朝任大司农，后迁司隶校尉，使百僚敬畏。后拜光禄大夫，迁司空，固辞不受。嘉平元年卒，终年七十八。谥穆侯。

【世人对其评价】

陈寿《三国志》："徐邈清尚弘通，可谓国之良臣，时之彦士矣。"

卢钦："徐公志高行絜，才博气猛。其施之也，高而不狷，洁而不介，博而守约，猛而能宽。圣人以清为难，而徐公之所易也。""徐公雅尚自若，不与俗同，故前日之通，乃今日之介也。是世人之无常，而徐公之有常也。"

曹芳："显贤表德，圣王所重；举善而教，仲尼所美。故司空徐邈服职前朝，历事四世，出统戎马，入赞庶政，忠清在公，忧国忘私，不营产业，身没之后，家无余财，朕甚嘉之。"

王基

【原典】

王基字伯舆，东莱曲城人也。少孤，与叔父翁居。翁抚养甚笃，基亦以孝称。年十七，郡召为吏，非其好也，遂去，入琅邪界游学。黄初中，察孝廉，除郎中。是时青土初定，刺史王凌特表请基为别驾，后召为秘书郎，凌复请还。顷之，司徒王朗辟基，凌不遣。朗书劾州曰："凡家臣之良，则升于公辅，公臣之良，则入于王职，是故古者侯伯有贡士之礼。今州取宿卫之臣，留秘阁之吏，所希闻也。”凌犹不遣。凌流称青土，盖亦由基协和之辅也。大将军司马宣王辟基，未至，擢为中书侍郎。

明帝盛修宫室，百姓劳瘁。基上疏曰：“臣闻古人以水喻民，曰‘水所以载舟，亦所以覆舟’。故在民上者，不可以不戒惧。夫民逸则虑易，苦则思难，是以先王居之以约俭，俾不至于生患。昔颜渊云东野子之御，马力尽矣而求进不已，是以知其将败。今事役劳苦，男女离旷，愿陛下深察东野之弊，留意舟水之喻，息奔驷于未尽，节力役于未困。昔汉有天下，至孝文时唯有同姓诸侯，而贾谊忧之曰：‘置火积薪之下而寝其上，因谓之安也。’今寇贼未殄，猛将拥兵，检之则无以应敌，久之则难以遗后，当盛明之世，不务以除患，若子孙不竞，社稷之忧也。使贾谊复起，必深切于曩时矣。”

【释译】

王基，字伯舆，东莱曲城县人。小时成为孤儿，和叔父王翁住在一起，王翁抚养他十分尽心，王基也因孝敬叔父而被人称赞。十七岁时，郡里招聘他为小吏，王基的兴趣爱好不在这方面，就辞去职务到琅邪郡寻师求学。黄初年间，被荐举为孝廉，任为郎中。当时青州一带刚刚平定，刺史王凌特地上奏朝廷请求任命王基担任他的别驾，后来，朝廷召王基进京任秘书郎，王凌又请求让王基回青州任职。不久，司徒王朗征召王基，王凌不放他走。王朗上书弹劾王凌说：“凡家臣中的优秀人才，要送给公卿宰辅；公卿宰辅属下的优秀人才，则入侍给皇上为天子朝臣，所以，古代诸侯有进贡人才的礼仪。如今州里却取宿卫朝廷的官员，强留秘阁官吏，这是很少听说的事呀。”王凌仍然不放王基。王凌美名流传青州，与王基的协助和辅佐有关。大将军司马懿征召王基，还没到任，朝廷又提升他为中书侍郎。

明帝大修宫室，百姓劳苦，王基上疏说：“臣听说古人把百姓比作水，说：‘水所以载舟，亦所以覆舟。’因而，万民之上的天子不能不引以为戒。百姓安逸，一切事情就会顺利；如果困顿，就会作难。所以，先王的居处很简朴，是为了防止祸患发生。从前颜渊见东野子驾驭马匹，马已用尽气力而东野子仍驱赶不止，因此，颜渊知道他就要出事。如今劳役繁重，男旷女怨，望陛下深思东野子之弊，留意舟、水之喻，让那些还没有力竭的马匹休息一下，让还没有困倦的百姓省减劳役。汉代到汉文帝时，只有同姓的诸侯，为此，贾谊忧虑说：‘火在柴上已经点燃，还有人躺在上边睡觉，这能说是安全吗？’今敌未灭，猛将拥兵，若约束他们就无以应敌，长久下去则帝位难以传续。当此盛明之世，不致力于消除祸患，倘若子孙再不争气，国家就危险了。如果让贾谊再生，也一定要发表比过去更深刻的感慨。”

【人物解读】

王基（？～公元 261 年），魏末名将。军事上对战局的分析极其准确，甚至出现过因为反复请战以致对上抗命违诏、对下力排众议的奇事。同时王基善于用兵，曾以奇兵夺取孙吴粮仓，俘获大量敌军及军事物资。内政上，王基具有优秀的治理能力，青州刺史王凌因为有王基的帮助得以受到青州人士的称赞，以致发生王凌坚决不把王基放回中央的怪事。王基治理的州郡号称“为政清严有威惠，明设防备”，以致“敌不敢犯”。王基治理的江夏，号称“明制度，整军农，兼修学校，南方称之”。学术上，王基深通郑玄之学，并敢于与当时以经学知识丰富著称的王肃辩论。王基又是一位孝子，自小与叔父相依为命，在其功成名就后，还特意分出自己的封邑给堂兄弟以报答叔父的养育之恩。王基还是一位正直清廉的臣子，他长期担任要职却治身清素、不营私产，死后家无私财。他在目睹大兴土木后敢于上书直谏。而他的上级专制导致国内风化大坏，王基也敢于不畏强权撰写《时要论》加以讥讽。综上所述，王基是一位内外兼修、德才兼备的人物。

【世人对其评价】

陈寿《三国志》："王基学行坚白……掌统方任，垂称著绩。"

司马炎："故司空王基既著德立勋，又治身清素，不营产业，久在重任，家无私积，可谓身没行显，足用励俗者也。"

司马昭："将军深算利害，独秉固志，上违诏命，下拒众议，终至制敌禽贼，虽古人所述，不是过也。""确然共尽理实，诚感忠爱，每见规示，辄敬依来指。"

王朗："宿卫之臣，秘阁之吏。"

卷二十八　王田丘诸葛邓钟传第二十八·诸葛诞·钟会

诸葛诞

【原典】

诸葛诞字公休，琅邪阳都人，诸葛丰后也。初以尚书郎为荥阳令，入为吏部郎。人有所属托，辄显其言而承用之，后有当否，则公议其得失以为褒贬，自是群僚莫不慎其所举。累迁御史中丞、尚书，与夏侯玄、邓飏等相善，收名朝廷，京都翕然。言事者以诞、飏等修浮华，合虚誉，渐不可长。明帝恶之，免诞官。会帝崩，正始初，玄等并在职。复以诞为御史中丞、尚书，出为扬州刺史，加昭武将军。

王淩之阴谋也，太傅司马宣王潜军东伐，以诞为镇东将军、假节都督扬州诸军事，封山阳亭侯。诸葛恪兴东关，遣诞督诸军讨之，与战，不利。还，徙为镇南将军。

后毌丘俭、文钦反，遣使诣诞，招呼豫州士民。诞斩其使，露布天下，令知俭、钦凶逆。大将军司马景王东征，使诞督豫州诸军，渡安风津向寿春。俭、钦之破也，诞先至寿春。寿春中十余万口，闻俭、钦败，恐诛，悉破城门出，流迸山泽，或散走入吴。以诞久在淮南，乃复以为镇东大将军、仪同三司、都督扬州。吴大将孙峻、吕据、留赞等闻淮南乱，会文钦往，乃帅众将钦径至寿春；时诞诸军已至，城不可攻，乃走。诞遣将军蒋班追击之，斩赞，传首，收其印节。进封高平侯，邑三千五百户，转为征东大将军。

【释译】

诸葛诞，字公休，琅邪阳都县人，诸葛丰后裔。起初以尚书郎的资格任荥阳县令，后入京任吏部郎。别人请他推荐，他就公开请托人的话并接受他予以试用，是否适当，则由众人公开评议他们的得失来作为奖惩的依据，从此，众官员无不慎重地对待自己的荐举。后来，又多次升迁至御史中丞、尚书，与夏侯玄、邓飏等人交好，在朝野内外取得了名声，京都人士都争相趋附他们。谏官们认为诸葛诞、邓飏等人虚夸浮华，追求名誉，应该有所抑制。明帝厌恶他们，罢免了诸葛诞的官职。不久，明帝去世。正始初年，夏侯玄等人又被重用，仍用诸葛诞为御史中丞、尚书，后出任扬州刺史，加昭武将军。

王淩密谋废立皇帝，太傅司马懿暗动大军东下讨伐，任命诸葛诞为镇东将军，持节杖，都督扬州各军，封山阳亭侯。东吴大将诸葛恪围攻东关，朝廷派诸葛诞统领大军迎战，失利。退还后，改任镇南将军。

后毌丘俭、文钦反叛，派使臣到诸葛诞处，想让他召集豫州军民参与反叛。诸葛诞斩杀使者，又向天下发布公告，揭露毌丘俭、文钦的叛逆罪行。大将军司马师东征，派诸葛诞都统豫州兵马，渡安风津向寿春进发，毌丘俭、文钦被打败，诸葛诞先到寿春，寿春城中十万多人，听说毌丘俭、文钦兵败，恐怕被杀，全都破城门而出，有的流散到山林大泽之中，有的逃到东吴。朝廷因诸葛诞久在淮南，于是，又任命他为镇东大将军，给他的仪仗如同三司一样，都督扬州。东吴大将孙峻、吕据、留赞等听说淮南已乱，正好文钦逃往东吴，于是派文钦率诸将夺取寿春。此时诸葛诞已抵达寿春，东吴军队无法攻城，于是退走。诸葛诞派大将蒋班追击，杀死留赞，首级传送京城，又收其印节。诸葛诞被封为高平侯，食邑三千五百户，又擢升为征东大将军。

【人物解读】

诸葛诞（？~公元258年），字公休，琅邪阳都（今山东沂南）人。三国后期曹魏的重要将领，汉司隶校尉诸葛丰之后，诸葛亮的族弟。在魏官至征东大将军。曾与司马师一同平定毌丘俭、文饮的叛乱。之后因与被诛的夏侯玄、邓飏交厚，且见到王淩、毌丘俭等人的覆灭而心有不安，于甘露二年（公元257年）起兵，并得到东吴的支援，但于次年被镇压，诸葛诞被大将军司马胡奋所斩，夷三族。诸葛诞麾下数百人，全部拒绝投降而被杀。

【世人对其评价】

陈寿《三国志》："诸葛诞严毅威重，钟会精练策数，咸以显名，致兹荣任，而皆心大志迂，不虑祸难，变如发机，宗族涂地，岂不谬惑邪！"

干宝："数百人拱手为列，每斩一人，辄降之，竟不变，至尽，时人比之田横。"

《魏书》："诞赏赐过度。有犯死者，亏制以活之。"

钟会

【原典】

钟会字士季，颍川长社人，太傅繇小子也。少敏惠夙成。中护军蒋济著论，谓"观其眸子，足以知人"。会年五岁，繇遣见济，济甚异之，曰："非常人也。"及壮，有才数技艺而博学，精练名理，以夜续昼，由是获声誉。正始中，以为秘书郎，迁尚书、中书侍郎。高贵乡公即尊位，赐爵关内侯。

毌丘俭作乱，大将军司马景王东征，会从，典知秘事。卫将军司马文王为大军后继。景王薨于许昌，文王总统六军，会谋谟帷幄。时中诏敕尚书傅嘏，以东南新定，权留卫将军屯许昌为内外之援，令嘏率诸军还。会与嘏谋，使嘏表上，辄与卫将军俱发，还到雒水南屯住。于是朝廷拜文王为大将军、辅政，会迁黄门侍郎，封东武亭侯，邑三百户。

甘露二年，征诸葛诞为司空，时会丧宁在家，策诞必不从命，驰白文王。文王以事已施行，不复追改。及诞反，车驾住项，文王至寿春，会复从行。

初，吴大将全琮，孙权之婚亲重臣也，琮子怿、孙静、从子端、翩、缉等，皆将兵来救诞。怿兄子辉、仪留建业，与其家内争讼，携其母，将部曲数十家渡江，自归文王、会建策，密为辉、仪作书，使辉、仪所亲信赍入城告怿等，说吴中怒怿等不能拔寿春，欲尽诛诸将家，故逃来归命。怿等恐惧，遂将所领开东城门出降，皆蒙封宠，城中由是乖离。寿春之破，会谋居多，亲待日隆，时人谓之子房。军还，迁为太仆，固辞不就。以中郎在大将军府管记室事，为腹心之任。以讨诸葛诞功，进爵陈侯，屡让不受。诏曰："会典综军事，参同计策，料敌制胜，有谋谟之勋，而推宠固让，辞指款实，前后累重，志不可夺。夫成功不处，古人所重，其听会所执，以成其美。"迁司隶校尉。虽在外司，时政损益，当世与夺，无不综典。嵇康等见诛，皆会谋也。

【释译】

钟会，字士季，颍川长社县人，太傅钟繇的小儿子。年少时就聪慧早熟。中护军蒋济曾经撰文，说"观其眸子，足以知人"。钟会五岁时，钟繇让他去见蒋济，蒋济见了他很是惊奇，说："这个孩子绝非常人!"成年后，有才略技艺，又博学多闻精研名理，夜以继日地用功读书，因此，获得了声誉。正始年间，任为秘书郎，后升为尚书中书侍郎。高贵乡公（即魏少帝）即位后，赐爵关内侯。

毌丘俭叛乱，大将军司马师率军东征，钟会随从，负责机要文书。卫将军司马昭为大军后援。司马师死于许昌，司马昭总统各路兵马，钟会在军府帐下出谋划策。其时，天子从宫中发布诏书给尚书傅嘏说，因东南刚刚平定，暂留卫将军司马昭守许昌为朝廷外援，今傅嘏率诸军还朝。钟会给傅嘏出谋，让傅嘏上表，又自主与司马昭一起出发，回到雒水南屯驻扎。于是，朝廷拜司马昭为大将军，辅佐朝政。钟会升迁为黄门侍郎，封东武亭侯，食邑三百户。

甘露二年，朝廷征召诸葛诞为司空，当时，钟会母丧在家守孝，估计诸葛诞不会听从朝廷任命，便驰马禀告了司马昭。司马昭因任命已下，所以不便追回改变。待到诸葛诞叛乱时，皇帝停驻在项城，司马昭到达寿春，钟会又随从同行。

当初，吴将全琮，是与孙权有姻亲关系的重臣，全琮儿子全怿、孙子全静、侄儿全端、全翩、全缉等都率兵来救诸葛诞。全怿兄长的儿子全辉、全仪留在建业，因与家人发生争执，就带着母亲，率家丁几十家渡过长江，归顺了司马昭。钟会出计，密代全辉、全仪写了一封信，让全辉、全仪亲信的人带信进城告诉全怿等人，说吴国朝廷对全怿等没有攻下寿春十分恼怒，想把众将领的家属全部杀掉，所以全辉、全仪逃走归顺了司马昭。全怿等人都很恐惧，就率部下打开管辖的东城门，出来投降。这些人都受到封赏。寿春城中因此分离不和。攻破寿春，钟会谋划最多，因此，越来越得到司马昭的宠信。当时人们叫他张良。大军回师后，升为太仆，坚决辞让不就职。后以中郎官在大将军府任记室，为司马昭心腹。因讨伐诸葛诞有功，钟会被封为陈侯，反复辞让。皇帝下诏说：“钟会参与军事，料敌制胜，有谋划的功绩，但不受封赏，言辞恳切，先后数次，志向不变。凡居功不傲的人，古来就受人尊重。现在就听从钟会的请求，成全他的美德。”升迁为司隶校尉。虽在外任职，但朝廷大小事，官吏任免等，钟会无不参与。嵇康等人被杀，都是钟会出的计谋。

【人物解读】

钟会（公元225～264年），三国时魏国谋士、将领。自幼才华横溢，敏慧夙成，受其父影响，在书法上有独到成就，梁武帝萧衍称其书“有十二意，意多奇妙”。上至皇帝、下至群臣都对他非常赏识。景元年间，钟会独力支持司马昭的伐蜀计划，从而发动伐蜀之战。灭蜀后，钟会大力结交西蜀名士，打击邓艾等人，打算自立政权，但由于手下官兵不支持钟会的行动而发动兵变，钟会与姜维等人皆死于兵乱之中。

【世人对其评价】

陈寿：“王淩风节格尚，毌丘俭才识拔干，诸葛诞严毅威重，钟会精练策数，咸以显名，致兹荣任，而皆心大志迂，不虑祸难，变如发机，宗族涂地，岂不谬惑邪”、“寿春之破，会谋居多，亲待日隆，时人谓之子房。”

蒋济：“非常人也。”

辛宪英：“会在事纵恣，非特久处下之道。”

曹髦：“会典综军事，参同计策，料敌制胜，有谋谟之勋，而推宠固让，辞指款实，前后累重，志不可夺。”

司马师：“此真王佐材也！”

荀勖：“钟会虽受恩，然其性未可许以见得思义，不可不速为之备。”

司马昭夫人：“钟会见利忘义，好为事端，宠过必乱，不可大任。”

裴楷：“钟会‘如观武库森森，但见矛戟在前。’”

傅嘏：“子志大其量，而勋业难为也。可不慎哉！”

张怀瓘：“书有父风，稍备筋骨，兼美行、草，尤工隶书。遂逸致飘然，有凌云之志。”

卷二十九　方技传第二十九·华佗

华佗

【原典】

华佗字元化，沛国谯人也，一名旉（fū）。游学徐土，兼通数经。沛相陈珪举孝廉，太尉黄琬辟，皆不就。晓养性之术，时人以为年且百岁而貌有壮容。又精方药，其疗疾，合汤不过数种，心解分剂，不复称量，煮熟便饮，语其节度，舍去辄愈。若当灸，不过一两处，每处不过七八壮，病亦应除。若当针，亦不过一两处，下针言“当引某许，若至，语人”。病者言“已到”，应便拔针，病亦行差。若病结积在内，针药所不能及，当须刳割者，便饮其麻沸散，须臾便如醉死无所知，因破取。病若在肠中，便断肠湔洗，缝腹膏摩，四五日差，不痛，人亦不自寤，一月之间，即平复矣。

故甘陵相夫人有娠六月，腹痛不安，佗视脉，曰：“胎已死矣。”使人手摸知所在，在左则男，在右则女。人云“在左”，于是为汤下之，果下男形，即愈。

县吏尹世苦四支烦，口中干，不欲闻人声，小便不利。佗曰：“试作热食，得汗则愈；不汗，后三日死。”即作热食而不汗出，佗曰：“藏气已绝于内，当啼泣而绝。”果如佗言。

府吏兒寻、李延共止，俱头痛身热，所苦正同。佗曰：“寻当下之，延当发汗。”或难其异，佗曰：“寻外实，延内实，故治之宜殊。”即各与药，明旦并起。

盐渎严昕与数人共候佗，适至，佗谓昕曰：“君身中佳否？”昕曰：“自如

常。”佗曰：“君有急病见于面，莫多饮酒。”坐毕归，行数里，昕卒头眩堕车，人扶将还，载归家，中宿死。

故督邮顿子献得病已差，诣佗视脉，曰：“尚虚，未得复，勿为劳事，御内即死。临死，当吐舌数寸。”其妻闻其病除，从百余里来省之，止宿交接，中间三日发病，一如佗言。

督邮徐毅得病，佗往省之。毅谓佗曰：“昨使医曹吏刘租针胃管讫，便苦咳嗽，欲卧不安。”佗曰：“刺不得胃管，误中肝也，食当日减，五日不救。”遂如佗言。

东阳陈叔山小男二岁得疾，下利常先啼，日以羸困。问佗，佗曰：“其母怀躯，阳气内养，乳中虚冷，儿得母寒，故令不时愈。”佗与四物女宛丸，十日即除。

彭城夫人夜之厕，虿螫其手，呻呼无赖。佗令温汤近热，渍手其中，卒可得寐，但旁人数为易汤，汤令暖之，其旦即愈。

军吏梅平得病，除名还家，家居广陵，未至二百里，止亲人舍。有顷，佗偶至主人许，主人令佗视平，佗谓平曰：“君早见我，可不至此。今疾已结，促去可得与家相见，五日卒。”应时归，如佗所刻。

佗行道，见一人病咽塞，嗜食而不得下，家人车载欲往就医。佗闻其呻吟，驻车往视，语之曰：“向来道边有卖饼家蒜齑大酢，从取三升饮之，病自

当去。”即如佗言，立吐蛇一枚，县车边，欲造佗。佗尚未还，小儿戏门前，逆见，自相谓曰：“似逢我公，车边病是也。”疾者前入座，见佗北壁悬此蛇辈约以十数。

【释译】

华佗，字元化，沛国谯县人，又名旉。在徐州一带游历求学，通晓数种经籍。沛国相陈珪荐举其为孝廉，太尉黄琬征辟，他不去。华佗精通养生之方，当时人以为他年龄已经将近一百岁，却有年轻人的容貌。他精于医方用药，给人治疗疾病时，不过配制几味药物；对药物的分量心中有数，从不重复称量，煮熟了就让病人饮服，告诉病人服药的次数和注意事项，这样，药服完病就好了。如需艾灸，只选一两处穴位，每处不过灸七八次，病痛便消除了；如需扎针，也不过选一两处穴位，并告诉病人：“针到达了应有反应，针若已到达，就告诉我。”病人说：“已经到了。”随即拔针，病随之消除。若体内患病，扎针服药的效用达不到患处，需动手术切除的，便让病人服下麻沸散，一会儿工夫病人就像醉了一样什么都不知道，于是，华佗就破腹取患。病患如在肠里，就开肠清洗，再将腹部缝合，敷上药膏，四五天后，伤口便痊愈了，不再疼痛，病人自己也没有感觉。一个月左右，伤口就会完全长好。

原甘陵相的夫人怀孕六个月，腹部痛得厉害。华佗诊脉，说：“胎儿已死。”又让人用手摸胎儿的位置，如在左是男胎，在右则是女胎。那人说：“胎位在左。”于是，让孕妇吃打胎药，果然生下一男胎。夫人的病就好了。

县吏尹世苦于四肢疲劳，口中干渴，不愿听见人声，小便困难。华佗说：“试着吃些热饭，如能出汗，病就好了；如不出汗，三天后就没救了。”这人赶紧做热食吃，仍不出汗，华佗说：“元气已然耗尽，当哭泣而死。”果如华佗所料。

府吏兒寻、李延在一起住，都感到头痛、身上发热，所患的病痛一样。华佗说：“兒寻当催泻，李延应发汗。”有人质问他为什么治疗方法不同，华佗说：“兒寻外实内虚，李延内实外虚，所以治疗方法应有区别。”于是，分别给他们服药，第二天，两人就好起来了。

盐渎人严昕和另外几个人一起等候华佗。华佗一到，就对严昕说："你身体好吗？"严昕说："感觉和往常一样。"华佗说："你有急病已显露在脸上，不要多喝酒。"众人坐了一会儿就回去了。走了几里路，严昕忽然头昏从车上摔下来，别人将他送回家里，当天半夜就死了。

已故郡督邮顿子献的病已经治好，到华佗那里去诊脉。华佗说："您的身体还很虚，没有完全恢复，不要过于劳累，尤其禁绝同房，否则会死的。死时舌头会吐出几寸长。"他的妻子听说丈夫病已痊愈，从百里外来看他，当夜即行房事，三天后顿子献果然发病，诚如华佗所言。

郡督邮徐毅有病，华佗前往看望。徐毅对华佗说："昨天医曹吏刘租在我的中脘穴扎了针，可此后就咳嗽不止，想睡也睡不好。"华佗说："这是针没有扎准中脘穴，误伤了肝脏，您的饭量会一天天减少，五天后就没救了。"果如华佗所说。

东阳县陈叔山的小儿子两岁时得了病，腹泻并经常啼哭，一天天消瘦。他问华佗怎么办，华佗说："他母亲在怀他的时候，阳气内敛，乳汁虚冷，儿子得了母亲的寒气，所以才会这样。"华佗给了他四颗女宛丸，十天后，病就好了。

彭城夫人夜里去厕所，被毒虫蜇伤了手，呻吟不止，疼得难以忍受。华佗让人把药汤温热，让她把手浸泡汤中，马上就能入睡，但旁边需要有人多次给她换汤，以保持温度，到早晨疼痛便消除了。

军中一个叫梅平的办事官员因病被除名，他家住广陵郡，离家还差二百里，途中住在亲戚家。不久后，华佗偶到此处，主人让华佗给梅平看病。华佗对梅平说："您如果早点见到我，就不会这样。如今病已形成，赶紧回家还可以与家人相见，五天后会死。"梅平及时回到家里，一切如华佗所说。

华佗在路上行走，看见一人吃东西困难，想吃又吞不下，他的家人正用车拉着他去找大夫。华佗听见呻吟声，停车前去探视，对病人说："我过来的路边卖饼的人家，有蒜末醋汁，买三升喝下去，病就好了。"病人按华佗的说法去做，即从嘴里吐出一条蛇。他们把蛇悬挂在车边，就去拜访华佗。华佗还未回来，有小孩子在门前玩，看见来人，就说："车边挂着蛇的病人，想必已见过我爷爷了。"病人进屋后，见华佗屋内的北墙上悬挂着十几条这样的蛇。

【人物解读】

华佗（公元145~208年）东汉末医学家。华佗与董奉、张仲景被并称为"建安三神医"。其少时曾在外游学，钻研医术而不求仕途。精通内科、妇科、儿科、针灸各科，外科尤为擅长，行医足迹遍及安徽、山东、河南、江苏等地。他曾用"麻沸散"使病人麻醉后施行剖腹手术，是世界医学史上应用全身麻醉进行手术治疗的最早记载。又仿虎、鹿、熊、猿、鸟等禽兽的动态创作名为"五禽之戏"的体操，教导人们强身健体。后因不服曹操征召被杀，所著医书已佚。今亳州市有"华佗庵"等遗迹。关于华佗故里，学术界普遍认为是安徽省亳州市谯城区。1995年，时任中共中央总书记、国家主席、中央军委主席江泽民欣然为亳州亲笔写下了"华佗故里，药材之乡"的题词。

【世人对其评价】

陈寿《三国志》："华佗之医诊，非常之技矣。"

卷三十　乌丸鲜卑东夷传第三十·乌丸

乌丸

【原典】

汉末，辽西乌丸大人丘力居，众五千余落，上谷乌丸大人难楼，众九千余落，各称王，而辽东属国乌丸大人苏仆延，众千余落，自称峭王，右北平乌丸大人乌延，众八百余落，自称汗鲁王，皆有计策勇健。中山太守张纯叛入丘力居众中，自号弥天安定王，为三郡乌丸元帅，寇略青、徐、幽、冀四州，杀略吏民。灵帝末，以刘虞为幽州牧，募胡斩纯首，北州乃定。后丘力居死，子楼班年小，从子蹋顿有武略，代立，总摄三王部，众皆从其教令。袁绍与公孙瓒连战不决，蹋顿遣使诣绍求和亲，助绍击瓒，破之。绍矫制赐蹋顿、峭王、汗鲁王印绶，皆以为单于。

后楼班大，峭王率其部众奉楼班为单于，蹋顿为王，然蹋顿多画计策。广阳阎柔，少没乌丸、鲜卑中，为其种所归信。柔乃因鲜卑众，杀乌丸校尉邢举代之，绍因宠慰以安北边。后袁尚败奔蹋顿，凭其势，复图冀州。会太祖平河北，柔帅鲜卑、乌丸归附，遂因以柔为校尉，犹持汉使节，治广宁如旧。建安十一年，太祖自征蹋顿于柳城，潜军诡道，未至百余里，虏乃觉。尚与蹋顿将众逆战于凡城，兵马甚盛。太祖登高望虏陈，抑军未进，观其小动，乃击破其众，临阵斩蹋顿首，死者被野。速附丸、楼班、乌延等走辽东，辽东悉斩，传送其首。其余遗迸皆降。及幽州、并州柔所统乌丸万余落，悉徙其族居中国，帅从其侯王大人种众与征伐。由是三郡乌丸为天下名骑。

【释译】

汉末，辽西乌丸大人丘力居，统领五千多个聚居点，上谷郡乌丸大人难楼，统领九千多个聚居点，各自称王，而辽东属国乌丸大人苏仆延，统领一千多个聚居点，自称峭王，右北平郡乌丸大人乌延，统领八百多个聚居点，自称汗鲁王，他们都有计谋勇武。中山郡太守张纯反叛进入丘力居部众中，自号弥天安定王，被推举为三郡乌丸元帅，侵掠青、徐、幽、冀四州，杀掠官民。汉灵帝末年，任刘虞为幽州牧，招募胡人刺杀了张纯，幽州才安定下来。丘力居死后，儿子楼班年小，侄子蹋顿有武勇谋略，代替丘力居为王，总领三王部落，众人全都听从他的号令。袁绍与公孙瓒连连征战不能制服，蹋顿遣使到袁绍处请求和亲，并助袁绍打败公孙瓒。袁绍假托皇帝旨意，赐给蹋顿、峭王、汗鲁王印绶，任他们都为单于。

后来楼班长大了，峭王率领部下奉举楼班为单于，蹋顿为王。然而还是依仗蹋顿出谋划策。广阳人阎柔，少时流落乌丸、鲜卑部落，很得当地人的信任和尊重。阎柔利用鲜卑部众，杀死乌丸校尉邢举取而代之。袁绍抚慰阎柔安定了北疆。后来，袁尚败逃投奔蹋顿，凭借其势力，又夺回冀州。此时曹操已平定河北，阎柔帅鲜卑、乌丸归附。曹操任命阎柔为校尉，仍持汉朝符节，依旧以广宁为治所。建安十一年，曹操亲自去柳城征讨蹋顿，悄然从荒僻小路进兵，距敌不到百余里时才被他们发觉。袁尚与蹋顿率部众在凡城迎战，兵势很盛。曹操登高瞭望敌阵，命兵马不动，待看到他们有些松懈时才进攻击败了他们，在战阵上斩下蹋顿首级，敌尸遍野。速附丸、楼班、乌延等人逃往辽东，辽东把他们都杀了，并将首级传送给曹操。其余残部全都投降。将阎柔统辖的幽州、并州一百多聚落的乌丸部众，全部迁到中原居住，其他的侯王头领与部众一起随曹操征战。从此，三郡乌丸成为天下著名的骑兵。

【人物解读】

"乌桓、鲜卑即古所谓东胡。"东胡是我国古老的民族之一，史言商代初期东胡居商之北。春秋战国时，东胡西邻匈奴，南接燕国。秦开归国后，乘东胡不备，袭击破之，东胡却地千余里。三国官渡之战时，阎柔弃绍降操，曹操迁阎柔为护乌丸校尉。操征乌桓，阎柔将部曲及鲜卑所献名马以助军。曹操将柔所领万余落及乌桓降众一齐徙居内地。

【世人对其评价】

陈寿《三国志》："魏世匈奴遂衰，更有乌丸、鲜卑，爰及东夷，使译时通。"

蜀 书

东汉末年，刘备与河东关羽、涿县张飞结为兄弟，募兵参与镇压黄巾军。先后任安喜尉、高唐令、平原县令、平原相、徐州牧、镇东将军、封宜城亭侯等，后封左将军、豫州牧。在官渡之战时，为曹操所败，逃至新野。公元208年三顾茅庐，得诸葛亮（孔明）辅助，联合孙权，大败曹操于赤壁，又南收荆州四郡。后来接刘璋邀请入川抗拒张鲁，后吞并益州。建安二十四年己亥（公元219年），刘备自立为汉中王，与曹操、孙权成鼎足之势。

卷三十一　刘二牧传第一·刘焉·刘璋

刘焉

【原典】

刘焉字君郎，江夏竟陵人也，汉鲁恭王之后裔，章帝元和中徙封竟陵，支庶家焉。焉少仕州郡，以宗室拜中郎，后以师祝公丧去官。居阳城山，积学教授，举贤良方正，辟司徒府，历雒阳令、冀州刺史、南阳太守、宗正、太常。焉睹灵帝政治衰缺，王室多故，乃建议言："刺史、太守，货赂为官，割剥百姓，以致离叛。可选清名重臣以为牧伯，镇安方夏。"焉内求交阯牧，欲避世难。议未即行，侍中广汉董扶私谓焉曰："京师将乱，益州分野有天子气。"焉闻扶言，意更在益州。会益州刺史郤俭赋敛烦扰，谣言远闻，而并州杀刺史张壹，凉州杀刺史耿鄙，焉谋得施。出为监军使者，领益州牧，封阳城侯，当收俭治罪；扶亦求为蜀郡西部属国都尉，及太仓令巴西赵韪去官，俱随焉。

是时益州逆贼马相、赵祇等于绵竹县自号黄巾，合聚疲役之民，一二日中得数千人，先杀绵竹令李升，吏民翕集，合万余人，便前破雒县，攻益州杀俭，又到蜀郡、犍为，旬月之间，破坏三郡。相自称天子，众以万数。州从事贾

龙领家兵数百人在犍为东界，摄敛吏民，得千余人，攻相等，数日破走，州界清静。龙乃选吏卒迎焉。焉徙治绵竹，抚纳离叛，务行宽惠，阴图异计。张鲁母始以鬼道，又有少容，常往来焉家，故焉遣鲁为督义司马，住汉中，断绝谷阁，杀害汉使。焉上书言"米贼断道，不得复通"，又托他事杀州中豪强王咸、李权等十余人，以立威刑。犍（qián）为太守任岐及贾龙由此反攻焉，焉击杀岐、龙。

【释译】

刘焉字君郎，江夏竟陵县人。汉鲁恭王后裔，于章帝元和年间改封到竟陵，宗族旁支就在那里安家。刘焉年轻时曾在州郡任职，因宗室身份被任中郎，后因老师祝恬去世离职。刘焉居阳城山，探究学问并教授学生，被举荐为孝廉，征聘到司徒府，历任洛阳令、冀州刺史、南阳太守、宗正、太常卿等职。刘焉目睹当时朝政衰败，王室多事，便建议说："刺史、太守为官贪利，盘剥百姓，以致民众离叛。应选用清廉大臣任州郡长官，以安定全国。"刘焉暗中设法谋取交阯牧之职，想借此躲避世乱。他的建议未能实行，任侍中的广汉人董扶私下对刘焉说："京都将要发生变乱，益州有天子气。"刘焉听了董扶的话后，便想改赴益州任职。时逢益州刺史郤俭横征暴敛，百姓怨愤，远近皆闻，并州刺史张壹、凉州刺史耿鄙被当地百姓杀死，刘焉如愿出任监军，兼任益州牧，封阳城侯并准备将郤俭治罪；董扶也请求出任蜀郡西部属国都尉，正巧太仓令巴西人赵韪被免官，董扶便随刘焉而上任。

当时，益州叛贼马相、赵祗等人在绵竹自称黄巾军，聚集疲于劳役的百姓，一两天内就得到几千人，首先杀了绵竹县令李升，民吏聚集，共一万多人。又攻破雒县，杀了益州刺史郤俭，再进攻蜀郡、犍为，不足一月的时间，三郡均遭破坏。马相自称天子，部众数以万计。州从事贾龙率领家兵数百人在犍为东界，召集吏民一千多人，进攻马相等人，只几天，就战败他们并将之赶走，州内又恢复秩序。贾龙便选派手下迎接刘焉。刘焉将州治所迁移到绵竹县，抚慰招纳叛离民众，力行宽惠政策，暗中打算割据称雄。张鲁的母亲起初在绵竹地区传播五斗米道，又显得比较年轻，常常往来于刘焉家，所以刘焉任张鲁为督义司马，前往汉中，切断栈道，杀害朝廷的使者。刘焉向朝廷上书说“道路被五斗米道的人阻断，无法再通”，又制造借口杀了益州豪强王咸、李权等十多人，来建立自己的威信。犍为郡太守任岐和贾龙因此又反攻刘焉，刘焉击杀了任岐与贾龙。

【人物解读】

刘焉（？～公元194年），汉室宗亲，东汉末年益州牧，汉末群雄之一刘璋之父。刘焉为汉鲁恭王之后裔，以汉朝宗室身份，拜为中郎，历任雒阳令、冀州刺史、南阳太守、宗正、太常等官。后因益州刺使郤俭在益州大事聚敛，贪婪成风，加上当时天下大乱，刘焉欲取得一安身立命之所，割据一方。于是刘焉向朝廷求为益州牧，封阳城侯，前往益州整饬吏治。后郤俭为黄巾贼所杀，刘焉进入益州，派张鲁盘踞。张鲁截断交通，斩杀汉使，从此益州与中央道路不通。刘焉进一步对内打击地方豪强，巩固自身势力，益州因而处于半独立的状态。后卒于任上，其子刘璋继领益州牧。

【世人对其评价】

陈寿《三国志》：“昔魏豹闻许负之言则纳薄姬于室，刘歆见图谶之文则名字改易，终于不免其身，而庆钟二主。此则神明不可虚要，天命不可妄冀，必然之验也。而刘焉闻董扶之辞则心存益土，听相者之言则求婚吴氏，遽造舆服，图窃神器，其惑甚矣。”

刘璋

【原典】

璋，字季玉，既袭焉位，而张鲁稍骄恣，不承顺璋，璋杀鲁母及弟，遂为仇敌。璋累遣庞羲等攻鲁，数为所破。鲁部曲多在巴西，故以羲为巴西太守，领兵御鲁。后羲与璋情好携隙，赵韪称兵内向，众散见杀，皆由璋明断少而外言入故也。璋闻曹公征荆州，已定汉中，遣河内阴溥致敬于曹公。加璋振威将军，兄瑁平寇将军。瑁狂疾物故。璋复遣别驾从事蜀郡张肃送叟兵三百人并杂御物于曹公，曹公拜肃为广汉太守。璋复遣别驾张松诣曹公，曹

公时已定荆州，走先主，不复存录松，松以此怨。会曹公军不利于赤壁，兼以疫死。松还，疵毁曹公，劝璋自绝，因说璋曰："刘豫州，使君之肺腑，可与交通。"璋皆然之，遣法正连好先主，寻又令正及孟达送兵数千助先主守御，正遂还。后松复说璋曰："今州中诸将庞羲、李异等皆恃功骄豪，欲有外意，不得豫州，则敌攻其外，民攻其内，必败之道也。"璋又从之，遣法正请先主。璋主簿黄权陈其利害，从事广汉王累自倒县于州门以谏，璋一无所纳，敕在所供奉先主，先主入境如归。先主至江州，北由垫江水诣涪，去成都三百六十里，是岁建安十六年也。璋率步骑三万余人，车乘帐幔，精光耀日，往就与会先主所将将士，更相之适，欢饮百余日。璋资给先主，使讨张鲁，然后分别。

【释译】

刘璋，字季玉，承袭刘焉的官位后，张鲁渐傲放纵，不服从刘璋，刘璋便杀了张鲁的母亲和弟弟，于是，二人成为仇敌。刘璋派遣庞羲等人多次攻打张鲁，都被张鲁打败。张鲁的部众大多是巴西郡人，刘璋便任庞羲为巴西郡太守，领兵抵御张鲁。后来，庞羲与刘璋产生了矛盾；赵韪又举兵进攻刘璋，但因部众离散而被杀，这都是由于刘璋缺乏见识，又偏听偏信的缘故。刘璋听说曹操征伐荆州，已经平定了汉水中部，便派遣河内人阴溥向曹操致敬。朝廷加封刘璋为振威将军，任刘璋兄刘瑁为平寇将军。后刘瑁得疯病死去。刘璋又派遣别驾从事蜀郡人张肃送三百名蜀兵和日用物品给曹操，曹操任命张肃为广汉太守。刘璋又派遣别驾张松去见曹操，此时曹操已平定荆州，赶走了刘备，就没有任用张松，因此，张松对曹操不满。正值曹军赤壁失利，又瘟疫流行，士兵死亡很多。张松回来后，不断发泄对曹操的不满，劝刘璋与曹操断绝关系，并进一步劝刘璋说："刘备与您同族是您贴心可靠的人，可以和他交往。"刘璋认为他说的都对，派法正与刘备联系结交，不久，又派遣法正与孟达带数千士兵帮助刘备防守，法正很快就回来了。后来，张松又劝刘璋说："如今州将中如庞羲、李异等都居功自傲，已有离意，如果得不到刘备的帮助，倘若敌人从外面进攻，又有人在内部叛乱，你一定会遭到失败。"刘璋又听从了张松的话，派法正去请刘备。主簿黄权力阻刘璋并陈说其弊，益州从事、广汉人王累也自己倒吊于州府的大门上来劝谏刘璋，刘璋全都不听，并下令，刘备所到之处当地都要供给粮草，使刘备进入益州就像回到自己家一样。刘备到达江州，又由垫江水路到达涪县，距成都只有三百六十里，这是建安十六年。刘璋率步兵骑兵三万多人，车辆帐篷在阳光下闪耀，前往涪城迎接刘备，刘备手下将士，也与对方相互拜访，欢宴一百多天。刘璋给刘备很大的资助，让他去讨伐张鲁，然后与他分别。

【人物解读】

刘璋（？～公元220年），江夏竟陵（今湖北天门）人。东汉末年时代割据军阀之一。刘璋为益州牧刘焉之子，父亲死后，继承父亲的地位，成为益州牧。刘璋为人懦弱多疑，汉中张鲁骄纵，不听刘璋号令，于是刘璋杀张鲁母弟，双方成为仇敌，刘璋派兵攻击张鲁，战败。后益州内乱，平定后，又有曹操将前来袭击的消息。在内外交逼之下，刘璋听信手下张松、法正之言，迎接刘备入益州，想借刘备之力，抵抗张鲁、曹操。不料此举引狼入室，刘备反手攻击刘璋，法正又为刘备内应，刘璋不得已于公元214年投降，被流放至荆州。后来孙权杀关羽，得荆州，以刘璋为益州牧，驻于秭归，但是他很快就病死了。

【世人对其评价】

陈寿《三国志》："璋才非人雄，而据土乱世，负乘致寇，自然之理，其见夺取，非不幸也。"

张璠："刘璋愚弱而守善言，斯亦宋襄公、徐偃王之徒，未为无道之主也。"

卷三十二　先主传第二·刘备

刘备

【原典】

先主姓刘，讳备，字玄德，涿郡涿县人，汉景帝子中山靖王胜之后也。胜子贞，元狩六年封涿县陆城亭侯，坐酎金失侯，因家焉。先主祖雄，父弘，世仕州郡。雄举孝廉，官至东郡范令。

先主少孤，与母贩履织席为业。舍东南角篱上有桑树生高五丈余，遥望见童童如小车盖，往来者皆怪此树非凡，或谓当出贵人。先主少时，与宗中诸小儿于树下戏，言："吾必当乘此羽葆盖车。"叔父子敬谓曰："汝勿妄语，灭吾门也！"年十五，母使行学，与同宗刘德然、辽西公孙瓒俱事故九江太守同郡卢植。德然父元起常资给先主，与德然等。元起妻曰："各自一家，何能常尔邪！"元起曰："吾宗中有此儿，非常人也。"而瓒深与先主相友。瓒年长，先主以兄事之。先主不甚乐

读书，喜狗马、音乐、美衣服。身长七尺五寸，垂手下膝，顾自见其耳。少语言，善下人，喜怒不形于色。好交结豪侠，年少争附之。中山大商张世平、苏双等赀累千金，贩马周旋于涿郡，见而异之，乃多与之金财。先主由是得用合徒众。

灵帝末，黄巾起，州郡各举义兵，先主率其属从校尉邹靖讨黄巾贼有功，除安喜尉。督邮以公事到县，先主求谒，不通，直入缚督邮，杖二百，解绶系其颈着马柳，弃官亡命。顷之，大将军何进遣都尉毌丘毅诣丹杨募兵，先主与俱行，至下邳遇贼，力战有功，除为下密丞。复去官。后为高唐尉，迁为令。为贼所破，往奔中郎将公孙瓒，瓒表为别部司马，使与青州刺史田楷以拒冀州牧袁绍。数有战功，试守平原令，后领平原相。郡民刘平素轻先主，耻为之下，使客刺之。客不忍刺，语之而去。其得人心如此。

袁绍攻公孙瓒，先主与田楷东屯齐。曹公征徐州，徐州牧陶谦遣使告急于田楷，楷与先主俱救之。时先主自有兵千余人及幽州乌丸杂胡骑，又略得饥民数千人。既到，谦以丹杨兵四千益先主，先主遂去楷归谦。谦表先主为豫州刺史，屯小沛。谦病笃，谓别驾糜竺曰："非刘备不能安此州也。"谦死，竺率州人迎先主，先主未敢当。下邳陈登谓先主曰："今汉室陵迟，海内倾覆，立功立事，在于今日。彼州殷富，户口百万，欲屈使君抚临州事。"先主曰："袁公路近在寿春，此君四世五公，海内所归，君可以州与之。"登曰："公路骄豪，非治乱之主。今欲为使君合步骑十万，上可以匡主济民，成五霸之业，下可以割地守境，书功于竹帛。若使君不见听许，登亦未敢听使君也。"北海相孔融谓先主曰："袁公路岂忧国忘家者邪？冢中枯骨，何足介意。今日之事，百姓与能，天与不取，悔不可追。"先主遂领徐州。袁术来攻先主，先主拒之于盱眙、淮阴。曹公表先主为镇东将军，封宜城亭侯，是岁建安元年也。先主与术相持经月，吕布乘虚袭下邳。下邳守将曹豹反，间迎布。布虏先主妻子，先主转军海西。杨奉、韩暹（xiān）寇徐、扬间，先主邀击，尽斩之。先主求和于吕布，布还其妻子。先主遣关羽守下邳。

先主还小沛，复合兵得万余人。吕布恶之，自出兵攻先主，先主败走归曹公。曹公厚遇之，以为豫州牧。将至沛收散卒，给其军粮，益与兵使东击布。布遣高顺攻之，曹公遣夏侯惇往，不能救，为顺所败，复虏先主妻子送

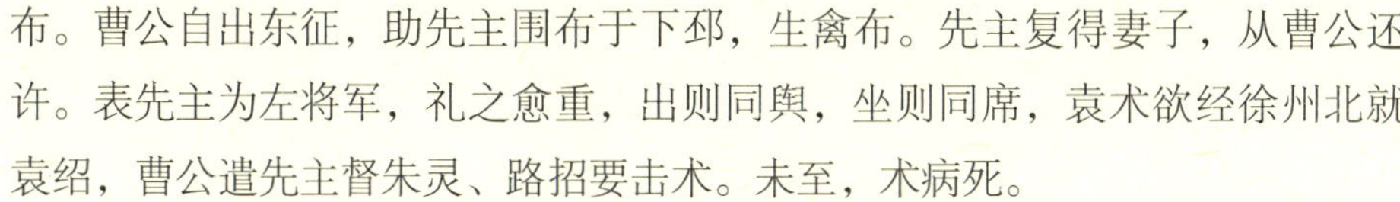

布。曹公自出东征，助先主围布于下邳，生禽布。先主复得妻子，从曹公还许。表先主为左将军，礼之愈重，出则同舆，坐则同席，袁术欲经徐州北就袁绍，曹公遣先主督朱灵、路招要击术。未至，术病死。

先主未出时，献帝舅车骑将军董承辞受帝衣带中密诏，当诛曹公。先主未发。是时曹公从容谓先主曰：“今天下英雄，唯使君与操耳。本初之徒，不足数也。”先主方食，失匕箸。遂与承及长水校尉种辑、将军吴子兰、王子服等同谋。会见使，未发。事觉，承等皆伏诛。

【释译】

先主刘备，字玄德，涿郡涿县人，汉景帝的儿子中山靖王刘胜之后。刘胜的儿子刘贞在元狩六年被封为涿县陆城亭侯，因献酎金成色不足而被削去爵位，便在那里安了家。刘备的祖父刘雄、父亲刘弘，均在州郡做官。刘雄被举孝廉，官至东郡范县县令。

刘备年少丧父，与母亲靠贩草鞋和织席为生。所居院子东南篱笆边上长有一棵桑树，高五丈多，远远望去，枝叶浓密，状如车盖。来往的人都觉得此树长得奇特，有人说，这家一定会出贵人。刘备幼时，和同族的孩子们在树下玩耍，说：“将来我定要乘坐这种羽葆盖车。”叔父刘子敬对他说：“不要胡说，这是要灭九族的！”刘备十五岁时，母亲让他去游学，他和同族的刘德然、辽西郡的公孙瓒一起就学于前九江太守同郡人卢植门下。德然的父亲刘元起经常资助刘备，把他和德然一样看待。元起的妻子说："都已各立门户，怎么能经常这样呢！"元起说："刘氏族中只有这个孩子，非同常人。"公孙瓒和刘备很要好，公孙瓒年长，刘备以兄长之礼待他。刘备不喜欢读书，而喜欢狗马、音乐、好衣服。他身长七尺五寸，臂长过膝，眼能视耳。平时寡言，好为人下，喜怒不露于声色。喜欢结交行侠仗义的人，年轻人都争着与他相交。中山商人张世平、苏双等积累起千金家财，有一次到涿郡贩马，遇见刘备，觉得他是个奇才，就赠给他很多钱。刘备便用这笔钱聚集起一支人马。

汉灵帝末年，黄巾军闹事，各州郡都兴起义兵，刘备率其部属跟随校尉邹靖讨伐黄巾军有功，被授予安喜县尉。郡督邮因公到安喜县，刘备去求见却遭到拒绝，他就径直闯进，把督邮捆绑起来，打了二百杖，解下自己的印信，挂在督邮脖子上，并把他绑在拴马桩上，弃官而走。不久，大将军何进派都尉毌丘毅到丹杨招兵，刘备与他同去，于下邳遇盗贼，刘备奋力搏战有功，被任命为下密县丞，他又弃职位而去。后来，任高唐县尉，又升为高唐县令，因被黄巾军击败，便去投奔中郎将公孙瓒。公孙瓒上表举荐他任别部司马，让他与青州刺史田楷一起去抵御冀州牧袁绍。多次立下战功，试用为平原县令，后来兼任平原相。郡中人刘平一向轻视刘备，耻于受他的管辖，就派刺客去刺杀他。刺客不忍下手，告诉刘备后便走了。刘备就是这样深得人心。

袁绍进攻公孙瓒，刘备和田楷领兵向东驻扎齐地。曹操攻打徐州，徐州牧陶谦派人向田楷求救，田楷和刘备一起去援救。当时刘备已有兵一千多人，还有幽州乌丸各部族的骑兵，又招来几千饥民。到徐州后，陶谦把丹杨郡四千兵增拨给刘备，于是，刘备离开田楷，归附陶谦。陶谦上表请封刘备为豫州刺史，屯驻小沛。陶谦病危时，对别驾糜竺说："除了刘备，再没有人能安定徐州了。"陶谦死后，糜竺率本州绅民迎接刘备，刘备不敢接受。下邳人陈登劝告刘备说："今汉室衰微，天下将覆，建功立业，就在今日。徐州殷实富裕，户有百万，望您屈尊主持州事。"刘备说："袁公路近在寿春，其家四代五公，人心归附，您尽可以将州事托付于他。"陈登说："袁公路傲慢自负，非治世之才。如今我们想给您聚集十万步骑兵，若成功，上可辅佐皇帝，救济人民，成就五霸大业；下可以割据称雄，功垂青史。如果您不肯应允，我也就不敢再听从您的了。”北海国相孔融也劝说刘备道：“袁公路难道是一个忧国忘家之人吗？他不过是坟墓中的一堆枯骨，实在不值一提。现在的形势是：百姓拥戴贤主，上天欲付您徐州，您若不接受，将来一定会后悔。”于是，刘备就接管了徐州。袁术派兵攻打，刘备率军在盱眙、淮阴阻击。曹操上表举荐刘备为镇东将军，封宜城亭侯，这年是汉献帝建安元年。刘备与袁术相持月余，吕布乘虚袭击下邳，下邳守将曹豹反叛，暗中迎接吕布。吕布俘获刘备的妻儿，刘备军驻扎海西。杨奉、韩暹侵扰徐州、扬州一带，刘备领兵截击，将他们全都消灭。刘备向吕布请求和解，吕布放还他的妻子和儿子。刘备派关羽镇守下邳。

刘备回到小沛，又聚兵一万多人。吕布对此不满，亲自出兵攻打，刘备兵败，逃走归降曹操。曹操厚待他，任他为豫州牧。刘备打算回沛县收集散兵，曹操给他军粮，又增兵让他向东进攻吕布。吕布派遣高顺拦截，曹操派夏侯惇前往救援，但被高顺打败。高顺又俘获刘备的妻子儿女送到吕布处。曹操亲自带兵东征，把吕布包围在下邳，活捉了他。刘备又得回妻子儿女，随曹操回到许昌。曹操上表任刘备为左将军，礼遇更重，出同车，坐同席。

袁术想经徐州北上投袁绍，曹操派刘备率朱灵、路招截击袁术。还没到，袁术病死。

刘备还没有出发时，汉献帝的岳父、车骑将军董承接受了献帝藏在衣带里的密令，要诛杀曹操，刘备也参与此事但没有行动。曹操在酒宴上对刘备说："天下英雄，唯使君与操尔，本初之流何足挂齿。"刘备心中一惊，吓得掉了筷子。后与董承和长水校尉种辑、将军吴子兰、王子服等人一起谋划，正好碰到被派出征袁术，后来事情败露，董承等人都被处死。

【人物解读】

蜀汉昭烈帝刘备（公元 161 ~ 223 年），据说是汉中山靖王的后代，三国时期蜀国开国皇帝，庙号烈祖。作为一个优秀的政治家、军事家，刘备的优点是多方面的，如爱民爱才、宽厚仁义、知人善任、待人公正真诚。他能将一大批优秀的政治、军事人才收为己用，最典型的例子就是诸葛亮。诸葛亮在大权在握时，念念不忘完成刘备的遗志，最后在北伐的战争中"鞠躬尽瘁，死而后已"。刘备的政治品格特点，是中国传统的政治思想的体现。孔、孟的政治主张强调"德治"，强调"仁政"，告诫统治者要"以德服人"，要用自己的人格和高尚的道德来影响臣民，征服百姓。刘备在复杂的政治斗争实践中，领略到遵循儒家政治思想对于角逐天下的重要性，十分注意自身品德人格的修养，树立贤德之君的风范，临终时仍不忘留下遗诏告诫刘禅："勿以恶小而为之，勿以善小而不为。惟贤惟德，能服于人。"正是这个"惟贤惟德，能服于人"的基本政治理念，铸成了刘备一生受人敬重的政治品格，成就了刘备的一生霸业。

【世人对其评价】

陈寿《三国志》："先主之弘毅宽厚，知人待士，盖有高祖之风，英雄之器焉。及其举国托孤于诸葛亮，而心神无贰，诚君臣之至公，古今之盛轨也。机权干略，不逮魏武，是以基宇亦狭。然折而不挠，终不为下者，抑揆彼之量必不容己，非唯竞利，且以避害云尔。"

诸葛亮："刘公雄才盖世，据有荆土，莫不归德，天人去就。""刘豫州王室之胄，英才盖世，众士慕仰，若水之归海，若事之不济，此乃天也，安能复为之下乎。”

陆逊：“刘备天下知名，曹操所惮，今在境界，此强对也。”

周瑜：“刘备以枭雄之姿。”

曹操：“方今收英雄时也，杀一人而失天下之心，不可。”“夫刘备，人杰也，今不击，必为后患，将生忧寡人。”“刘备，吾俦也。但得计少晚。”

刘晔：“刘备，人杰也，有度而迟。”

刘巴：“备，雄人也，入必为害，不可内也。”

袁绍：“刘玄德弘雅有信义，今徐州乐戴之，诚副所望也。”

程昱：“观刘备有雄才而甚得众心，终不为人下，不如早图之。”

陈登：“雄姿杰出，有王霸之略，吾敬刘玄德。”

孙胜、贾诩：“刘备雄才。”

郭嘉：“备有雄才而甚得众心。张飞、关羽者，皆万人之敌也，为之死用。嘉观之，备终不为人下，其谋未可测也。古人有言：‘一日纵敌，数世之患。’宜早为之所。”

张松：“刘豫州，使君之宗室而曹公之深雠也，善用兵，若使之讨鲁，鲁必破。鲁破，则益州强，曹公虽来，无能为也。”

傅干：“刘备宽仁有度，能得人死力。”

孙权：“非刘豫州莫可以当曹操者。”

钟会：“益州先主以命世英才，兴兵朔野，困踬冀、徐之郊，制命绍、布之手，太祖拯而济之，与隆大好。”

张辅：“刘备威而有恩，勇而有义，宽宏而有大略。”

习凿齿：“先主虽颠沛险难而信义愈明，势逼事危而言不失道。追景升之顾，则情感三军；恋赴义之士，则甘与同败。观其所以结物情者，岂徒投醪抚寒含蓼问疾而已哉！其终济大业，不亦宜乎！”

卷三十三　后主传第三·刘禅

刘禅

【原典】

后主讳禅，字公嗣，先主子也。建安二十四年，先主为汉中王，立为王太子。及即尊号，册曰："惟章武元年五月辛巳，皇帝若曰：太子禅，朕遭汉运艰难，贼臣篡盗，社稷无主，格人群正，以天明命，朕继大统。今以禅为皇太子，以承宗庙，祗肃社稷。使使持节丞相亮授印绶，敬听师傅，行一物而三善皆得焉，可不勉与！"三年夏四月，先主殂于永安宫。五月，后主袭位于成都，时年十七。尊皇后曰皇太后。大赦，改元。是岁魏黄初四年也。

建兴元年夏，牂牁太守朱褒拥郡反。先是，益州郡有大姓雍闿反，流太守张裔于吴，据郡不宾，越嶲夷王高定亦背叛。是岁，立皇后张氏。遣尚书郎邓芝固好于吴，吴王孙权与蜀和亲使聘，是岁通好。

二年春，务农殖谷，闭关息民。

三年春三月，丞相亮南征四郡，四郡皆平。改益州郡为建宁郡，分建宁、永昌郡为云南郡，又分建宁、牂牁为兴古郡。十二月，亮还成都。

四年春，都护李严自永安还住江州，筑大城。

五年春，丞相亮出屯汉中，营沔北阳平石马。

六年春，亮出攻祁山，不克。冬，复出散关，围陈仓，粮尽退。魏将王双率军追亮，亮与战，破之，斩双，还汉中。

七年春，亮遣陈式攻武都、阴平，遂克定二郡。冬，亮徙府营于南山下原上，筑汉、乐二城。是岁，孙权称帝，与蜀约盟，共交分天下。

八年秋，魏使司马懿由西城，张郃由子午，曹真由斜谷，欲攻汉中。丞

相亮待之于城固、赤坂，大雨道绝，真等皆还。是岁，魏延破魏雍州刺史郭淮于阳溪。徙鲁王永为甘陵王，梁王理为安平王，皆以鲁、梁在吴分界故也。

九年春二月，亮复出军围祁山，始以木牛运。魏司马懿、张郃救祁山。夏六月，亮粮尽退军，郃追至青封，与亮交战，被箭死。秋八月，都护李平废徙梓潼郡。

十年，亮休士劝农于黄沙，作流马木牛毕，教兵讲武。

十一年冬，亮使诸军运米，集于斜谷口，治斜谷邸阁。是岁，南夷刘胄反，将军马忠破平之。

十二年春二月，亮由斜谷出，始以流马运。秋八月，亮卒于渭滨。征西大将军魏延与丞相长史杨仪争权不和，举兵相攻，延败走；斩延首，仪率诸军还成都。大赦。以左将军吴壹为车骑将军，假节督汉中。以丞相留府长史蒋琬为尚书令，总统国事。

十三年春正月，中军师杨仪废徙汉嘉郡。夏四月，进蒋琬位为大将军。

十四年夏四月，后主至湔，登观坂，看汶水之流，旬日还成都。徙武都氐王苻健及氐民四百余户于广都。

十五年夏六月，皇后张氏薨。

延熙元年春正月，立皇后张氏。大赦，改元。立子璿为太子，子瑶为安定王。冬十一月，大将军蒋琬出屯汉中。

二年春三月，进蒋琬位为大司马。

三年春，使越嶲太守张嶷平定越嶲郡。

四年冬十月，尚书令费祎至汉中，与蒋琬咨论事计，岁尽还。

五年春正月，监军姜维督偏军，自汉中还屯涪县。

六年冬十月，大司马蒋琬自汉中还，住涪。十一月，大赦。以尚书令费祎为大将军。

七年闰月，魏大将军曹爽、夏侯玄等向汉中，镇北大将军王平拒兴势围，大将军费祎督诸军往赴救，魏军退。夏四月，安平王理卒。秋九月，祎还成都。

八年秋八月，皇太后薨。十二月，大将军费祎至汉中，行围守。

九年夏六月，费祎还成都。秋，大赦。冬十一月，大司马蒋琬卒。

十年，凉州胡王白虎文、治无戴等率众降，卫将军姜维迎逆安抚，居之于繁县。是岁，汶山平康夷反，维往讨，破平之。

十一年夏五月，大将军费祎出屯汉中。秋，涪陵属国民夷反，车骑将军邓芝往讨，皆破平之。

十二年春正月，魏诛大将军曹爽等，右将军夏侯霸来降。夏四月，大赦。秋，卫将军姜维出攻雍州，不克而还。将军句安、李韶降魏。

十三年，姜维复出西平，不克而还。

十四年夏，大将军费祎还成都。冬，复北驻汉寿。大赦。

【释译】

后主叫禅，字公嗣，先主刘备之子。建安二十四年，刘备做了汉中王，刘禅被立为皇太子。等到刘备称皇帝尊号后，册命称："章武元年五月辛巳，皇帝说：太子禅，朕遭遇到汉朝国运最艰难时期，贼臣篡盗汉皇帝权力，使国家社稷没有了主人，有远见的人和众多负责的官员，因为上天有明确的命令，拥护我继承了帝位，现在以禅为皇太子，来承继王室宗庙，恭敬地侍奉社稷国家，遣使持节，由丞相亮授予皇太子印绶。太子要恭敬地听从丞相的教诲和帮助，太子做一事而得三善，怎能不努力呢！"章武三年夏四月，先主刘备在永安宫去世。五月，后主刘禅在成都继承皇位，当时才十七岁。刘禅尊称刘备的皇后为皇太后。大赦天下，改年号建兴。这一年是魏文帝黄初四年。

后主建兴元年夏天，牂牁郡太守朱褒据本郡反叛。此前，益州豪强世族雍闿反叛，将太守张裔放逐吴国，占据本郡，不服管辖。越巂夷王高定也同时反叛。这年，后主册立张飞之女张氏为皇后。派尚书郎邓芝出使吴国，巩固两国友好关系，吴主孙权与蜀国和睦，并派使臣回访，这年两国往来不断。

二年春天，大力发展农业，关闭关隘，使百姓休养生息。

建兴三年春三月，丞相诸葛亮南征益州、永昌、越夷、牂牁四郡，四郡都被平定。改益州为建宁郡，分出建宁、永昌郡的部分县设置云南郡，又分出建宁、牂牁的部分县设置兴古郡。十二月，诸葛亮返回成都。

建兴四年春，都护李严从永安回江州驻守，修筑大城。

建兴五年春，丞相诸葛亮出兵屯驻汉中，在沔水北修建了阳平关、石马城。

建兴六年春，诸葛亮出兵祁山，未能攻克。冬天，又出兵散关，包围陈仓县，因为粮尽退兵。魏将王双率兵追击诸葛亮，诸葛亮打败了王双军队，斩了王双，退回汉中。

建兴七年春，诸葛亮派陈式进攻武都、阴平，攻克且平定了这两个郡。冬天，诸葛亮将丞相府迁至终南山下的平原上，修筑了汉、乐二城。这一年，孙权称帝，与蜀国结盟，共同平分天下。

建兴八年秋，魏国派司马懿从西城进发，张郃从子午道进发，曹真由斜谷进发，进攻汉中。丞相诸葛亮在城固、赤坂集兵马迎战。时逢天降大雨，道路不通。曹真等全部退回。这年，魏延在阳溪打败了魏国的雍州刺史郭淮。后主改封鲁王刘永为甘陵王、改封梁王刘理为安平王，这是由于鲁、梁二地在吴国界内的缘故。

建兴九年春二月，诸葛亮再次出兵祁山，开始用木牛运送粮草。魏国司马懿、张郃率兵救援祁山。夏六月，因粮食用尽，诸葛亮退兵回汉中。张郃追击，在青封与诸葛亮交战，中箭身亡。秋八月，都护李平被罢免，流放到梓潼郡。

建兴十年，诸葛亮停止作战，在黄沙鼓励农耕，并制造出木牛流马，教练士兵，讲授军事。

建兴十一年冬，诸葛亮让各军运粮集中在斜谷口，修建斜谷军库。这一年，南方夷人刘胄造反，将军马忠打败了他，平定了南方。

建兴十二年春二月，诸葛亮从斜谷出兵，用木牛流马运输粮草。秋八月，诸葛亮在渭滨去世。征西大将军魏延和丞相长史杨仪二人争夺兵权，各自发兵相互攻击，魏延失败后逃走，马岱斩了魏延的首级。杨仪率各军回到成都。大赦天下。任命左将军吴壹为车骑将军，持符节，督察汉中。任命丞相留府长史蒋琬为尚书令，总管国家事务。

建兴十三年春正月，中军师杨仪被免职流放到汉嘉郡。夏四月，朝廷升蒋琬为大将军。

建兴十四年夏四月，后主来到湔山，登上观坂看汶水，十多天后回到成都。迁徙武都氐王苻健和氐族百姓四百多户到广都县。

建兴十五年夏六月，皇后张氏去世。

延熙元年春正月，后主立张氏为皇后。发布大赦令，改年号为延熙。立儿子刘璿为皇太子，另一个儿子刘瑶为安定王。冬十一月，大将军蒋琬出兵屯驻汉中。

延熙二年春三月，升蒋琬为大司马。

延熙三年春，派遣越巂太守张嶷平定越巂郡。

延熙四年冬十月，尚书令费祎来到汉中，与蒋琬商议国计，年底回到成都。

延熙五年春正月，监军姜维督统一支兵马，由汉中回到涪县屯驻。

延熙六年冬十月，大司马蒋琬从汉中回来，住在涪县。十一月，朝廷发布大赦令。任尚书令费祎为大将军。

延熙七年闰二月，曹魏大将军曹爽、夏侯玄等进兵汉中，镇北大将军王平凭借兴势坚固的工事据守，大将军费祎督统各路军马前往救援，曹魏军退走。夏四月，安平王刘理去世。秋九月，费祎回到成都。

延熙八年秋八月，皇太后去世。十二月，大将军费祎到汉中，巡视防守的各军。

延熙九年夏六月，费祎回到成都。秋天，朝廷发布大赦令。冬十一月，大司马蒋琬去世。

延熙十年，凉州胡人首领白虎文、治无戴等人率部众降附，卫将军姜维迎接抚慰，让他们居住在繁县。这一年，汶山平康的少数民族反叛，姜维前往讨伐，平定了反叛者。

延熙十一年夏五月，大将军费祎出兵屯驻汉中。秋天，涪陵属国的百姓和少数民族反叛，车骑将军邓芝前往讨伐，把他们全都打败平定。

延熙十二年春正月，曹魏诛杀大将军曹爽等人，右将军夏侯霸前来投降。夏四月，朝廷大赦。秋天，卫将军姜维出兵攻打雍州，未能攻克，撤回。将军句安、李韶投降曹魏。

延熙十三年，姜维再次出兵进攻西平，未能攻克而回。

延熙十四年夏，大将军费祎回到成都。冬天，又向北驻扎在汉寿。大赦。

【人物解读】

刘禅（公元207～271年），刘备之子，于刘备去世后继位成为蜀国皇帝，军国大事先后全权委任于诸葛亮、蒋琬等人，自己庸碌无能，没有什么表现。在位前期，主要依靠诸葛亮治理国政。几次出兵北伐，攻打魏国，均遭失利。自诸葛亮死后，蒋琬和费祎辅政，他们遵行诸葛亮的既定方针，团结内部，又不轻易用兵，曾一度使蜀国维持着比较稳定的局面。蒋琬、费祎死后，姜维执政，多次对魏用兵无功，消耗了国力。而刘禅自诸葛亮死后，更加昏庸无道，贪图享乐，不理朝政，宦官黄皓乘机取宠弄权，结党营私，朝政日非，连姜维也因怕被害，自请到沓中（今甘肃甘南州舟曲西北）种麦以避祸。至此，蜀国的基础已大大动摇。公元263年，魏国分三路进攻蜀汉，魏将邓艾抄小路攻入蜀中，刘禅派诸葛亮之子阻击邓艾。诸葛瞻在绵竹战死，魏军进而逼近成都。这时，姜维率领的蜀军主力还在剑阁驻守，毫无损伤。后主一听敌军逼近，慌作一团，不知所措，急忙召集大臣商议。有人建议后主逃向南中地区（今四川南部及云、贵部分地区），但那里情况复杂，能否立足没有把握。有人建议东投孙吴，但孙吴也日益衰弱，自身难保。光禄大夫谯周力主降魏，后主竟采纳降魏的建议，反缚自己双手，出城投降邓艾，并根据邓艾的命令，下令蜀军全部投降。蜀汉灭亡。刘禅投降后，举家迁往洛阳，被封为安乐公，几年后去世。

【世人对其评价】

周寿昌："恐传闻失实，不则养晦以自全耳。"

孙中山："阿斗是很庸愚的，没有一点能耐。"

有人曰："扶不起的阿斗。"

卷三十四　二主妃子传第四·甘皇后

甘皇后

【原典】

先主甘皇后，沛人也。先主临豫州，住小沛，纳以为妾。先主数丧嫡室，常摄内事。随先主于荆州，产后主。值曹公军至，追及先主于当阳长坂，于时困逼，弃后及后主，赖赵云保护，得免于难。后卒，葬于南郡。章武二年，追谥皇思夫人，迁葬于蜀，未至而先主殂陨。丞相亮上言："皇思夫人履行修仁，淑慎其身。大行皇帝昔在上将，嫔妃作合，载育圣躬，大命不融。大行皇帝存时，笃义垂恩，念皇思夫人神柩在远飘飖，特遣使者奉迎。会大行皇帝崩，今皇思夫人神柩以到，又梓宫在道，园陵将成，安厝有期。臣辄与太常臣赖恭等议：《礼记》曰：'立爱自亲始，教民孝也；立敬自长始，教民顺也。'不忘其亲，所由生也。《春秋》之义，母以子贵。昔高皇帝追尊太上昭灵夫人为昭灵皇后，孝和皇帝改葬其母梁贵人，尊号曰恭怀皇后，孝愍皇帝亦改葬其母王夫人，尊号曰灵怀皇后。今皇思夫人宜有尊号，以慰寒泉之思，辄与恭等案谥法，宜曰昭烈皇后。《诗》曰：'谷则异室，死则同穴。'故昭烈皇后宜与大行皇帝合葬，臣请太尉告宗庙，布露天下，具礼仪别奏。"制曰可。

【释译】

先主甘皇后，沛县人。刘备到豫州，在小沛纳她为妾。刘备几次丧正妻，甘皇后常常主掌家庭事务。后跟随刘备到荆州，生下刘禅。逢曹军南下进攻，在当阳县长坂追上刘备，因情势危急，刘备抛下甘皇后与刘禅逃走，靠赵云保护，才幸免于难。后来，甘皇后去世，葬在南郡。章武二年，被追谥为皇思夫人，准备迁移蜀地安葬，灵柩还没运到，刘备就去世了。丞相诸葛亮上奏刘禅说："皇思夫人善良仁慈，谨慎自律，先帝为上将之时，与她婚配，诞育陛下，可惜夫人不幸早逝。先帝生前对她情深义重，思念夫人灵柩远在异地，派专人前去迎取改葬。正逢先帝去世，如今，皇思夫人灵柩已经运到，先帝梓棺也正在运回途中，陵地即将建成，安葬之日已经不远了。臣与太常赖恭等人商议：《礼记》说：'行仁爱应从父母开始，这是教百姓孝敬；尚恭敬从长子做起，这是教百姓恭顺'。不忘记父母，因为父母生下自己。《春秋》大义，母因子女而显贵。过去，高祖皇帝给其母昭灵夫人追加尊号为昭灵皇后，孝和皇帝改葬母亲梁贵人，追加尊号为恭怀皇后，孝愍皇帝也改葬了母亲王夫人，加尊号为灵怀皇后。现在，皇思夫人也应追加尊号，以示对亡灵的思念。臣与赖恭等人查考谥法，宜追加谥号为昭烈皇后。《诗经》说：'生不同衾，死亦同穴。'所以昭烈皇后应与先皇合葬，臣请求陛下派太尉到宗庙禀告先祖，然后向天下公布，具体的礼仪另外上奏。"后主刘禅表示同意。

【人物解读】

甘氏（公元188～209年），汉昭烈帝刘备的皇后，是三国时代著名的美女之一。据说刘备命中克妻，在老家曾"数丧嫡室"。刘备起兵后，于沛城娶甘氏为夫人。后来，甘夫人随刘备到荆州，生子阿斗（即后来的蜀后主）。公元208年，曹军进攻荆州，刘备抛却妻小突围。赵云保护着幼主阿斗和甘夫人，杀出重围，才使刘备唯一的儿子幸免于难。甘氏曾被多次俘虏，但都能安然脱险，回到刘备身边。公元209年，甘夫人病逝，时年二十二岁，葬于南郡（今湖北江陵县北）。公元222年，追谥"皇思夫人"，迁葬于蜀。公元223年四月，刘备病死于白帝城，追谥甘夫人为"昭烈皇后"。八月刘备与甘皇后合葬于惠陵。

【世人对其评价】

当时群僚们赞："神智妇人。"

卷三十五 诸葛亮传第五·诸葛亮

诸葛亮

【原典】

诸葛亮字孔明，琅邪阳都人也。汉司隶校尉诸葛丰后也。父珪，字君贡，汉末为太山郡丞。亮早孤，从父玄为袁术所署豫章太守，玄将亮及亮弟均之官。会汉朝更选朱皓代玄。玄素与荆州牧刘表有旧，往依之。玄卒，亮躬耕陇亩，好为《梁父吟》。身长八尺，每自比于管仲、乐毅，时人莫之许也。惟博陵崔州平，颍川徐庶元直与亮友善，谓为信然。

时先主屯新野。徐庶见先主，先主器之，谓先主曰："诸葛孔明者，卧龙也，将军岂愿见之乎?"先主曰："君与俱来。"庶曰："此人可就见，不可屈致也。将军宜枉驾顾之。"由是先主遂诣亮，凡三往，乃见。因屏人曰："汉室倾颓，奸臣窃命，主上蒙尘。孤不度德量力，欲信大义于天下，而智术短浅，遂用猖獗，至于今日。然志犹未已，君谓计将安出?"亮答曰："自董卓已来，豪杰并起，跨州连郡者不可胜数。曹操比于袁绍，则名微而众寡，然操遂能克绍，以弱为强者，非惟天时，抑亦人谋也。今操已拥百万之众，挟天子而令诸侯，此诚不可与争锋。孙权据有江东，已历三世，国险而民附，贤能为之用，此可以为援而不可图也。荆州北据汉、沔，利尽南海，东连吴会，西通巴、蜀，此用武之国，而其主不能守，此殆天所以资将军，将军岂有意乎？益州险塞，沃野千里，天府之土，高祖因之以成帝业。刘璋暗弱，张鲁在北，民殷国富而不知存恤，智能之士思得明君。将军既帝室之胄，信义著于四海，总揽英雄，思贤如渴，若跨有荆、益，保其岩阻，西和诸戎，南抚夷越，外结好孙权，内修政理；天下有变，则命一上将将荆州之军以向宛、洛，将军身率益州之众出于秦川，百姓孰敢不箪食壶浆以迎将军者乎？诚如是，则霸业可成，汉室可兴矣。”先主曰：“善！”于是与亮情好日密。关羽、张飞等不悦，先主解之曰：“孤之有孔明，犹鱼之有水也。愿诸君勿复言。”羽、飞乃止。

刘表长子琦，亦深器亮。表受后妻之言，爱少子琮，不悦于琦。琦每欲与亮谋自安之术，亮辄拒塞，未与处画。琦乃将亮游观后园，共上高楼，饮宴之间，令人去梯，因谓亮曰：“今日上不至天，下不至地，言出子口，入于吾耳，可以言未？”亮答曰：“君不见申生在内而危，重耳在外而安乎？”琦意感悟，阴规出计。会黄祖死，得出，遂为江夏太守。俄而表卒，琮闻曹公来征，遣使请降。先主在樊闻之，率其众南行，亮与徐庶并从，为曹公所追破，获庶母。庶辞先主而指其心曰：“本欲与将军共图王霸之业者，以此方寸之地也。今已失老母，方寸乱矣，无益于事，请从此别。”遂诣曹公。

【释译】

诸葛亮，字孔明，琅邪阳都人，汉朝司隶校尉诸葛丰的后代。父亲诸葛珪，字君贡，汉末曾任泰山郡丞。诸葛亮早年丧父，叔父诸葛玄时任袁术的豫章太守，带着诸葛亮和其弟诸葛均一起去上任。正值朝廷另派朱皓去豫章，代替诸葛玄。诸葛玄与荆州牧刘表有交情，便前去依附刘表。诸葛玄去世后，诸葛亮耕种垄上，喜诵《梁父吟》。他身高八尺，常以管仲、乐毅自比，时人不以为然。只有博陵人崔州平、颍川人徐庶与诸葛亮交好，认为此比不虚。

当时刘备正领兵驻扎新野。徐庶去拜见刘备，刘备十分器重他，徐庶对刘备说：“诸葛孔明确是条‘卧龙’啊！将军愿不愿意见他呢？”刘备说：

“你和他一起来吧。”徐庶说：“此人只能俯求，不能随便将他招来。将军应屈尊亲去拜访才是。”于是，刘备便去拜访诸葛亮，去了三次，才得以相见。刘备屏退左右，对诸葛亮说：“汉朝日益衰败，奸臣窃取大权，皇帝流荡在外，蒙受风尘之苦。我虽然德薄力微，却很想为皇室效命，但因我缺少智谋，而遭到挫败，以致今日仍无作为。但我志向未泯，您看我该如何是好?”诸葛亮回答说：“自董卓乱国以来，各地豪杰纷纷涌来，割据一方者不胜枚举。曹操与袁绍相比，名望低而兵力弱，但曹操还是打败了袁绍，其原因不仅仅是靠天时之利，也是靠智谋取胜。现在，曹操已拥有百万大军，挟天子以号令诸侯，无法与之较量。孙权据江东之地，已历三代，地势险要，百姓归附，善用人才，对他只能合作，而不能谋取。荆州北有汉水、沔水，向南可取两广物源，东与吴郡会稽相连，西又连通巴蜀。此兵家必争之要地，但刘表守不住这块地方，这可能是上天赋予将军的，将军可有这个打算吗?益州险要，沃野千里，物产丰饶，高祖凭此建立帝业。刘璋羸弱，张鲁又在北威胁着他，虽人口众多、国家富裕，却不知恩惠百姓，有才智之人都希望有一个贤明君主。将军既是汉室后代，仁义名声四海皆知，招纳天下英雄，渴望得到贤士，如据有荆、益二州，凭天险以卫领土，西与各夷狄和睦相处，南安抚少数民族，外与孙权结好，内修仁政；一旦天下局势出现变化，命一位将领率荆州兵马向宛县、洛阳进军，将军则亲率益州兵众由秦川东出，老百姓谁能不用竹篮盛食、以壶盛水来迎接将军呢?若能这样，那么，霸业可成，汉室亦可重兴

了。”刘备说：“好！”此后，与诸葛亮的友情日益加深。关羽、张飞因此不太高兴，刘备对他们说：“我有孔明，如鱼得水。希望你们不要再说了。”关羽、张飞这才不说什么了。

刘表的长子刘琦，也十分器重诸葛亮。刘表听信后妻之言，喜欢小儿子刘琮，不喜欢刘琦。刘琦常向诸葛亮请教保全自己的办法，诸葛亮总是以家事外人不涉为由予以拒绝。一次刘琦与诸葛亮游览后园，一同登上高楼，饮酒中间，刘琦让侍者将楼梯搬走，乘机对诸葛亮说：“现在上不着天，下不着地，话从您口说出，只进我耳，可以向您求教了吧？”诸葛亮回答说：“你不见申生在国内就危险，重耳逃亡在外就安全吗？”刘琦心里顿时领悟，便时时暗中寻找外出的机会。遇上江夏太守黄祖战死，刘琦请求出任江夏太守。不久，刘表去世，刘琮听说曹操前来征讨，便派使者向曹操请降。刘备在樊城听到消息后，率众向南走，诸葛亮与徐庶一同随从，被曹操追上打败，曹操俘获了徐庶的母亲。徐庶指着自己的心向刘备告辞说：“本想凭心与将军共图王霸之业，如今却失去老母，我心已乱，于将军大事无补，就此请向将军告别。”于是到曹操那儿去了。

【人物解读】

诸葛亮（公元181～234年），三国时期杰出的政治家、战略家、发明家、军事家。在世时被封为武乡侯，谥曰忠武侯；后来的东晋政权为了推崇诸葛亮的军事才能，特追封他为武兴王。代表作有《前出师表》、《后出师表》、《诫子书》等。发明木牛流马、孔明灯等，成都有武侯祠。

【世人对其评价】

陈寿《三国志》：“诸葛亮之为相国也，抚百姓，示仪轨，约官职，从权制，开诚心，布公道；尽忠益时者虽仇必赏，犯法怠慢者虽亲必罚，服罪输情者虽重必释，游辞巧饰者虽轻必戮；善无微而不赏，恶无纤而不贬；庶事精练，物理其本，循名责实，虚伪不齿；终于邦域之内，咸畏而爱之，刑政虽峻而无怨者，以其用心平而劝戒明也。可谓识治之良才，管、萧之亚匹矣。然连年动众，未能成功，盖应变将略，非其所长欤！”

刘备：“孤之有孔明，犹鱼之有水也。”“君才十倍曹丕，必能安国，终定大事。若嗣子可辅，辅之；如其不才，君可自取。”

刘晔：“诸葛亮明于治而为相。”

马良：“尊兄应期赞世，配业光国，魄兆远矣。夫变用雅虑，审贵垂明，于以简才，宜适其时。若乃和光悦远，迈德天壤，使时闭于听，世服于道，齐高妙之音，正郑、卫之声，并利于事，无相夺伦，此乃管弦之至，牙、旷之调也。

贾诩：“诸葛亮善治国。”

司马徽：“儒生俗士，岂识时务？识时务者在乎俊杰。此间自有卧龙、凤雏。”

徐庶：“此人可就见，不可屈致也。将军宜枉驾顾之。”“诸葛孔明者，卧龙也。”

张温：“然诸葛亮达见计数，必知神虑屈申之宜，加受朝廷天覆之惠，推亮之心，必无疑贰。”

司马懿：“真乃天下奇才也!”“亮志大而不见机，多谋而少决，好兵而无权，虽提卒十万，已堕吾画中，破之必矣。”

杨戏：“忠武英高，献策江滨，攀吴连蜀，权我世真。受遗阿衡，整武齐文，敷陈德教，理物移风，贤愚竞心，佥忘其身。诞静邦内，四裔以绥，屡临敌庭，实耀其威，研精大国，恨于未夷。”

王通：“若诸葛亮不死，则礼乐大兴。”

孙樵：“武侯死殆五百载，迄今梁汉之民，歌道遗烈，庙而祭者如在，其爱于民如此而久也。”

康熙帝：“诸葛亮云：鞠躬尽瘁，死而后已。为人臣者，惟诸葛亮能如此耳。”

赵藩：“能攻心则反侧自消，从古知兵非好战；不审势即宽严皆误，后来治蜀要深思。”

吕温：“大勋未集，天夺其魄。至诚无忘，炳在日月，烈气不散。长为雷雨。”

毛泽东：“其始误于隆中对，千里之遥而二分兵力。其终则关羽、刘备、诸葛亮三分兵力，安得不败。”

卷三十六　关张马黄赵传第六·关羽·张飞·马超·黄忠·赵云

关羽

【原典】

关羽字云长，本字长生，河东解人也。亡命奔涿郡。先主于乡里合徒众，而羽与张飞为之御侮。先主为平原相，以羽、飞为别部司马，分统部曲。先主与二人寝则同床，恩若兄弟。而稠人广坐，侍立终日，随先主周旋，不避艰险。先主之袭杀徐州刺史车胄，使羽守下邳城，行太守事，而身还小沛。

建安五年，曹公东征，先主奔袁绍。曹公禽羽以归，拜为偏将军，礼之甚厚。绍遣大将颜良攻东郡太守刘延于白马，曹公使张辽及羽为先锋击之。羽望见良麾盖，策马刺良于万众之中，斩其首还，绍诸将莫能当者，遂解白马围。曹公即表封羽为汉寿亭侯。初，曹公壮羽为人，而察其心神无久留之意，谓张辽曰："卿试以情问之。"既而辽以问羽，羽叹曰："吾极知曹公待我厚，然吾受刘将军厚恩，誓以共死，不可背之。吾终不留，吾要当立效以报曹公乃去。”辽以羽言报曹公，曹公义之。及羽杀颜良，曹公知其必去，重加赏赐。羽尽封其所赐，拜书告辞，而奔先主于袁军。左右欲追之，曹公曰：“彼各为其主，勿追也。”

【释译】

关羽，字云长，本字长生，河东解县人，逃亡来到涿郡。刘备在乡里聚集兵力，关羽和张飞为他上阵抵御外侮。刘备做平原相时，关羽、张飞任别部司马，分别率领一部兵士。刘备与他二人同榻而眠，情如兄弟。而在广众之前，他二人则整天侍立于刘备左右，跟随刘备南征北战，从不避艰险。刘备袭杀徐州刺吏车胄后，派关羽镇守下邳城，代理太守职务，自己回到小沛驻扎。

建安五年，曹操东征，刘备大败，投奔袁绍。曹操活捉了关羽，拜关羽为偏将军，给他特别的礼遇。袁绍派大将颜良在白马进攻东郡太守刘延，曹操派张辽和关羽为先锋进击颜良。关羽远远望见颜良的旗帜和伞盖，挥刀催马冲入万军之中斩颜良首级回来，袁将无人可以抵挡，从而解除了袁军的白马之围。曹操立即上表封关羽为汉寿亭侯。起初，曹操认为关羽威武雄壮可堪大用，但又观察他的神态和言行，看出他没有长留下来的意思，便对张辽说：“您诚恳地去了解一下他的想法。”于是，张辽来问关羽，关羽感叹地说：“我深感曹公待我不薄，然而，我受刘将军大恩，誓同生死。我终究不会留在这里，但一定要立功报效曹公后再走。”张辽把关羽的话告诉了曹操，曹操为关羽的义气而感叹。等到关羽斩杀颜良，曹操知道他要离开，就对他重加赏赐。关羽把所有赏赐品全都封存留下，写信告辞，然后投奔在袁军中的刘备去了，曹操的将军们想去追赶，曹操说：“此是各为其主，不要追了。”

【人物解读】

关羽（？～公元220年），东汉末年著名将领。自刘备于乡里聚众起兵开始追随刘备，是刘备最为信任的将领之一，曾任政权，爵至汉寿亭侯，谥曰“壮缪侯”。在关羽去世后，其形象逐渐被后人神化，一直是历来民间祭祀的对象，被尊称为“关公”；又经历代朝廷褒封，清代时被奉为“忠义神武灵佑仁勇威显关圣大帝”，崇为“武圣”，与“文圣”孔子齐名；还被称作“关夫子”；最后被封为“盖天古佛”。佛教中称其为“伽蓝菩萨”。《三国演义》中，描述了“温酒斩华雄”、“千里走单骑（过五关斩六将）”、“单刀赴宴”、“水淹七军”等佳话，亦有“大意失荆州”、“走麦城”等憾事！

关羽有美须髯，万人之敌、忠义双全；好读书，能诵读如流。投降曹营时，虽受尽礼遇，但仍心向刘备。为人善待士卒。更曾刮骨疗毒，事缘一次被毒箭射伤左臂，每到阴雨，骨间疼痛，医师华佗说要刮骨去毒才可病愈，关羽即伸臂给医师华佗，开始刮骨，血流到盘，但关羽却一面食肉饮酒，神态自若，似乎没有疼痛的感觉。

【世人对其评价】

诸葛亮：“孟起兼资文武，雄烈过人，一世之杰，黥、彭之徒，当与益德并驱争先，犹未及髯之绝伦逸群。”

傅干：“勇而有义，皆万人之敌，而为之将。”

吕蒙：“斯人长而好学，读《左传》略皆上口，梗亮有雄气，然性颇自负，好凌人。”“今东西虽为一家，而关羽实熊虎也，计安可不豫定？”

郭嘉、程昱称关羽、张飞：“万人敌。”

温恢：“关羽骁锐。”

罗贯中：“汉末才无敌，云长独出群，神威能奋武，儒雅更知文。天日心如镜，《春秋》义薄云，昭然垂万古，不止冠三分！”

张飞

【原典】

张飞字益德，涿郡人也，少与关羽俱事先主。羽年长数岁，飞兄事之。先主从曹公破吕布，随还许，曹公拜飞为中郎将。先主背曹公依袁绍、刘表。表卒，曹公入荆州，先主奔江南。曹公追之，一日一夜，及于当阳之长阪。先主闻曹公卒至，弃妻子走，使飞将二十骑拒后。飞据水断桥，瞋目横矛曰：“身是张益德也，可来共决死！”敌皆无敢近者，故遂得免。先主既定江南，以飞为宜都太守、征虏将军，封新亭侯，后转在南郡。先主入益州，还攻刘璋，飞与诸葛亮等溯流而上，分定郡县。至江州，破璋将巴郡太守严颜，生获颜。飞呵颜曰：“大军至，何以不降而敢拒战？”颜答曰：“卿等无状，侵夺我州，我州但有断头将军，无有降将军也。”飞怒，令左右牵去斫头，颜色不变，曰：“斫头便斫头，何为怒邪！”飞壮而释之，引为宾客。飞所过战克，与先主会于成都。益州既平，赐诸葛亮、法正、飞及关羽金各五百斤，银千斤，钱五千万，锦千匹，其余颁赐各有差，以飞领巴西太守。

【释译】

张飞，字益德，涿郡人，年轻时和关羽一起追随刘备。关羽年龄大张飞几岁，张飞像对待兄长那样对他。刘备随曹操打败了吕布，并一同回到许昌，曹操任命张飞为中郎将。刘备背离曹操先后去依附袁绍、刘表。刘表死后，曹操进入荆州，刘备逃往江南。曹操追击了一天一夜，在当阳县长坂坡追上刘备。刘备扔下妻子、儿女逃跑了，命张飞率二十名骑兵在后面抵挡追兵。张飞占据河岸，拆断桥梁，怒目横枪，说：“我是张益德，谁敢过来和我决一死战！”曹军全都不敢近前，刘备等人得以脱险。刘备平定了荆州以南各郡，任张飞为宜都太守、征虏将军，封新亭侯，后又转任南郡太守。刘备进入益州，回军又攻打刘璋，张飞与诸葛亮分兵平定沿途郡县。张飞到达江州，攻破刘璋将领巴郡太守严

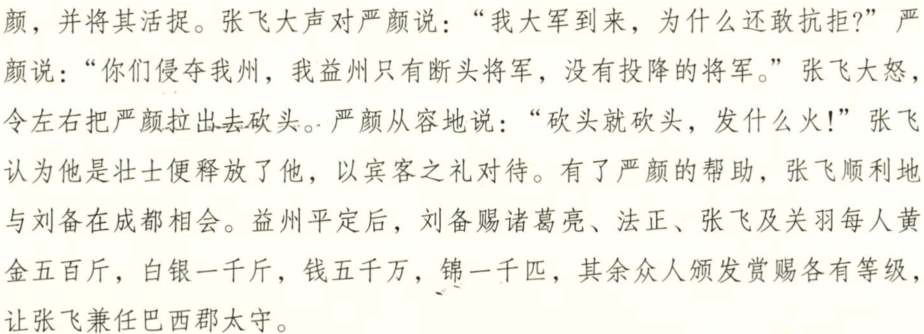

颜，并将其活捉。张飞大声对严颜说：“我大军到来，为什么还敢抗拒?”严颜说：“你们侵夺我州，我益州只有断头将军，没有投降的将军。”张飞大怒，令左右把严颜拉出去砍头。严颜从容地说：“砍头就砍头，发什么火!”张飞认为他是壮士便释放了他，以宾客之礼对待。有了严颜的帮助，张飞顺利地与刘备在成都相会。益州平定后，刘备赐诸葛亮、法正、张飞及关羽每人黄金五百斤，白银一千斤，钱五千万，锦一千匹，其余众人颁发赏赐各有等级，让张飞兼任巴西郡太守。

【人物解读】

张飞（？～公元221年），三国时期重要将领。在传统文化中，张飞以其鲁莽和疾恶如仇而著称，虽然此形象主要来源于小说和戏剧等民间艺术，但已深入人心。历史评价张飞为人勇猛，曾率二十骑兵于长坂坡吓退曹军。而且书法不错，擅画美人，现今仍有其墨宝、画像留下。张飞对有学问的人很礼遇，如刘巴初降，张飞立即到其家拜访，但刘巴没有和他说过一句话，张飞虽然气愤，但没有抱怨一句。张飞也惜英雄重英雄，如捉到严颜时，严颜宁死不屈，张飞敬重其为人，将严颜待为宾客。可是张飞脾气暴躁，对士兵非常严厉。刘备时常劝张飞：“卿刑杀既过差，又日鞭挝健儿，而令在左右，此取祸之道也。”但张飞不听。果然张飞就是死在其部下之手。其尸体躯干被埋葬在阆中，头颅埋葬在云阳，并分别建有张桓侯祠与张桓侯庙。

【世人对其评价】

陈寿《三国志》：“关羽、张飞皆称万人之敌，为世虎臣。羽报效曹公，飞义释严颜，并有国士之风。然羽刚而自矜，飞暴而无恩，以短取败，理数之常也。”

魏收：“崔公，古之关张也。”

周瑜：“熊虎之将。”

有诗赞曰：“长坂坡头杀气生，横枪立马眼圆睁。一声好似轰雷震，独退曹家百万兵。”“力斩邓茂黄巾散，鞭挞督邮虎威显。虎牢关前三百合，无敌温侯心胆寒。大破徐州占古城，招兵集粮佐炎汉。当阳巧用疑兵计，曹骑五千皆丧胆。征虏将军兵入川，江州义释老严颜。智至成都见兄长，大军安定诸郡县。计败张郃定汉中，阆中开辟兵屯田。大汉未兴身先死，车骑千古留遗憾。”

马超

【原典】

马超字孟起，扶风茂陵人也。父腾，灵帝末与边章、韩遂等俱起事于西州。初平三年，遂、腾率众诣长安。汉朝以遂为镇西将军，遣还金城，腾为征西将军，遣屯郿。后腾袭长安，败走，退还凉州。司隶校尉钟繇镇关中，移书遂、腾，为陈祸福。腾遣超随繇讨郭援、高干于平阳，超将庞德亲斩援首。后腾与韩遂不和，求还京畿。于是征为卫尉，以超为偏将军，封都亭侯，领腾部曲。

超既统众，遂与韩遂合从，及杨秋、李堪、成宜等相结，进军至潼关。曹公与遂、超单马会语，超负其多力，阴欲突前捉曹公，曹公左右将许褚瞋目眄之，超乃不敢动。曹公用贾诩谋，离间超、遂，更相猜疑，军以大败。超走保诸戎，曹公追至安定，会北方有事，引军东还。杨阜说曹公曰：“超有信、布之勇，甚得羌、胡心。若大军还，不严为其备，陇上诸郡非国家之有也。”超果率诸戎以击陇上郡县，陇上郡县皆应之，杀凉州刺史韦康，据冀城，有其众。超自称征西将军，领并州牧，督凉州军事。康故吏民杨阜、姜叙、梁宽、赵衢等，合谋击超。阜、叙起于卤城，超出攻之，不能下；宽、衢闭冀城门，超不得入。进退狼狈，乃奔汉中依张鲁。鲁不足与计事，内怀於邑，闻先主围刘璋于成都，密书请降。

【释译】

马超，字孟起，扶风茂陵人，父亲马腾，东汉灵帝末年与边章、韩遂等人一起在凉州起兵。初平三年，韩遂、马腾率兵到长安。朝廷任韩遂为镇西将军，派他回金城；任马腾为征西将军，派他驻郿县。后来，马腾袭击长安，失败，退回凉州。司隶校尉钟繇镇守关中，给韩遂、马腾发公文，陈述利害。

马腾就派马超随钟繇到平阳讨伐郭援、高干，马超部将庞德斩杀郭援。后来，马腾与韩遂不和，要求回到京城。于是，朝廷就任马腾为卫尉，任命马超为偏将军，封都亭侯，统领马腾的兵马。

马超统领兵马后，又与韩遂联合，并联络杨秋、李堪、成宜等人，进军到潼关。曹操单骑与韩遂、马超临阵交谈，马超依己力猛，暗中打算冲上去擒拿曹操，曹操身边的将领许褚怒视着马超，马超没敢动手。曹操采纳贾诩之计，离间韩遂和马超的关系，使他们相互猜疑，西凉兵因此大败。马超到西戎族部落安身，曹操一直追赶到安定。时值北方战事发生，曹操便率军东归。杨阜劝曹操说："马超有韩信、英布的勇猛，很得羌、胡拥护。如果大军退回，这里没有了防备，那么，陇西各郡就不再是咱们国家的地方了。"马超果然率领戎族各部攻打陇西，各郡都纷纷响应，马超杀死了凉州刺史韦康，占据冀城并夺得那里的全部人马。马超自称征西将军，兼任并州牧、总督凉州军事。韦康的老部下杨阜、姜叙、梁宽、赵衢等联合攻打马超。杨阜、姜叙在卤城起兵，马超出冀城进攻，没能取胜；梁宽、赵衢关闭了冀城城门，使马超进退两难，只得带兵投奔汉中去依附张鲁。后见张鲁不足以与他共谋大事，因此郁闷不乐。听说刘备在成都围攻刘璋，就秘密写信请求归降。

【人物解读】

马超（公元 176 ~222 年），后汉征西将军马腾长子，蜀骠骑将军之一。曹操诱杀腾，超、遂举西凉兵报仇，酣战许褚。因操离间超、遂，事败，往汉中投张鲁。鲁使超救刘璋与先主战，超与张飞大战百余合。后受张鲁谋士诬陷，投先主，威使刘璋降备。拜平西将军、前都亭侯，后升左将军。先主称帝，以马超为骠骑将军，领凉州牧，镇守西境。后诸葛亮北伐，往扫超墓。

【世人对其评价】

陈寿《三国志》："马超阻戎负勇，以覆其族，惜哉！能因穷致泰，不犹愈乎！"

诸葛亮："孟起兼资文武，雄烈过人，一世之杰，黥、彭之徒，当与益德并驱争先。"

杨阜："超有信、布之勇，甚得羌、胡心。""马超背父叛君，虐杀州将，

岂独阜之忧责，一州士大夫皆蒙其耻。”

杨侃：“昔魏武与韩遂、马超据潼关相拒，遂、超之才，非魏武敌也，然而胜负久不决者，扼其险要故也。”

孙盛：“是以周、郑交恶，汉高请羹，隗嚣捐子，马超背父，其为酷忍如此之极也。”

张鲁部下：“有人若此不爱其亲，焉能爱人？”

杨戏：“骠骑奋起，连横合从，首事三秦，保据河、潼。宗计于朝，或异或同，敌以乘衅，家破军亡。乖道反德，托凤攀龙。”

王商：“超勇而不仁，见得不思义，不可以为唇齿。”

黄忠

【原典】

黄忠字汉升，南阳人也。荆州牧刘表以为中郎将，与表从子磐共守长沙攸县。及曹公克荆州，假行裨将军，仍就故任，统属长沙太守韩玄。先主南定诸郡，忠遂委质，随从入蜀。自葭萌受任，还攻刘璋，忠常先登陷陈，勇毅冠三军。益州既定，拜为讨虏将军。建安二十四年，于汉中定军山击夏侯渊。渊众甚精，忠推锋必进，劝率士卒，金鼓振天，欢声动谷，一战斩渊，渊军大败。迁征西将军。是岁，先主为汉中王，欲用忠为后将军，诸葛亮说先主曰：“忠之名望，素非关、马之伦也，而今便令同列。马、张在近，亲见其功，尚可喻指；关遥闻之，恐必不悦，得无不可乎！”先主曰：“吾自当解之。”遂与羽等齐位，赐爵关内侯。明年卒，追谥刚侯。子叙，早没，无后。

【释译】

黄忠，字汉升，南阳人。荆州牧刘表任命他为中郎将，与刘表的侄子刘磐一起驻守长沙郡的攸县。曹操平定荆州后，黄忠代理副将军，仍任原职，归长沙太守韩玄统辖。刘备南下平定各郡，黄忠就归附了刘备，随之一起入蜀。在葭萌受命回军攻打刘璋，黄忠经常身先士卒冲锋陷阵，勇猛刚毅为蜀军之首。益州平定后，被任命为讨虏将军。建安二十四年，在汉中定军山攻击夏侯渊。夏侯渊兵马精锐，每次征战黄忠都冲在最前面，带头鼓励士兵，进军鼓声振于天，呐喊声震动山谷，一战就斩杀了夏侯渊，其军队被打得大败，黄忠被晋升为征西将军。这一年，刘备立为汉中王，想以黄忠为后将军，诸葛亮劝说刘备："黄忠的名望无法与关羽、马超相比，如今要让他们官位相等。马超、张飞都亲眼看到黄忠的战功，还可以向他们说明；关羽远在荆州，恐怕不会高兴，能否取消这一任命呢?"刘备说："我自会向他说清楚。"于是，黄忠取得了与关羽等人相同的官位，封爵关内侯。第二年，黄忠去世，追加谥号为刚侯、儿子黄叙，少年早丧，没有后人。

【人物解读】

黄忠（？～公元220年），原在荆州刘表麾下任职，与刘表侄子共守长沙。及曹操南侵荆州，仍担故任，假行裨将军，统属于长沙太守韩玄手下。赤壁之战后，刘备征荆南四郡。武陵太守金旋、长沙太守韩玄、桂阳太守赵范及零陵太守刘度投降。黄忠随韩玄投靠刘备，并随刘备军队入川。后刘备与刘璋决裂，黄忠受任进攻成都，作战时不顾年迈，身先事卒、勇冠三军。公元219年，刘备北攻汉中时，老将黄忠在战役中，对着曹军将领的精英部队，仍带领士卒奋勇杀敌，更斩杀魏国名将夏侯渊，大败曹军，被升为征西将军。同年，刘备称汉中王，改封黄忠为后将军，赐关内侯，与张飞、马超、关羽同位。次年，黄忠病逝，追谥刚侯。黄忠与严颜、廖化共称为蜀汉三老将。现在四川成都西郊营门口黄忠村，建有"黄忠墓"。

【世人对其评价】

陈寿《三国志》："忠常先登陷阵，勇毅冠三军"。"黄忠、赵云强挚壮猛，并作爪牙，其灌、滕之徒欤?"

关羽："大丈夫终不与老兵同列!"

诸葛亮："忠之名望，素非关、马之伦也，而今便令同列。马、张在近，亲见其功，尚可喻指；关遥闻之，恐必不悦，得无不可乎!"

杨戏："将军敦壮，摧锋登难，立功立事，于时之干。"

赵云

【原典】

赵云字子龙，常山真定人也。本属公孙瓒，瓒遣先主为田楷拒袁绍，云遂随从，为先主主骑。及先主为曹公所追于当阳长阪，弃妻子南走，云身抱弱子，即后主也，保护甘夫人，即后主母也，皆得免难。迁为牙门将军。先主入蜀，云留荆州。

先主自葭萌还攻刘璋，召诸葛亮。亮率云与张飞等俱溯江西上，平定郡县。至江州，分遣云从外水上江阳，与亮会于成都。成都既定，以云为翊军将军。建兴元年，为中护军、征南将军，封永昌亭侯，迁镇东将军。五年，随诸葛亮驻汉中。明年，亮出军，扬声由斜谷道，曹真遣大众当之。亮令云与邓芝往拒，而身攻祁山。云、芝兵弱敌强，失利于箕谷，然敛众固守，不至大败。军退，贬为镇军将军。

七年卒，追谥顺平侯。

【释译】

赵云，字子龙，常山真定人。原为公孙瓒部下，公孙瓒派刘备帮助田楷抵御袁绍，赵云随从，为刘备主管骑兵。等到刘备被曹操在当阳长阪追上的时候，刘备丢下妻子儿女向南逃走，赵云身抱阿斗，就是后主，保护着甘夫人，也就是后主的母亲，使他们全都免于灾难。被升为牙门将军。刘备进入益州，赵云留在荆州。

刘备从葭萌回攻刘璋，召诸葛亮入蜀援助。诸葛亮率领赵云和张飞等人一起分兵西上，一路平定郡县。到江州时，派赵云由岷江而上至江阳，与诸葛亮在成都会合。成都平定后，任命赵云为翊军将军。建兴元年，赵云官至中护军、征南将军，被封为永昌亭侯，后又升为镇东将军。建兴五年，赵云跟随诸葛亮驻守汉中。第二年，诸葛亮出兵进攻魏国，扬言过斜谷道，曹真派大军在此抵挡。诸葛亮命赵云和邓芝前去迎战，自己则率军进攻祁山。赵

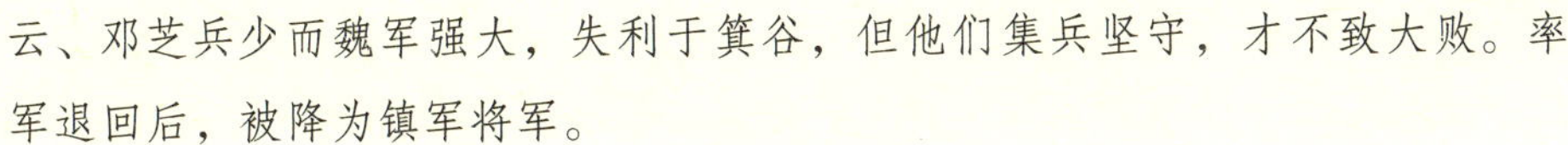

云、邓芝兵少而魏军强大，失利于箕谷，但他们集兵坚守，才不致大败。率军退回后，被降为镇军将军。

建兴七年，赵云去世，追加谥号为顺平侯。

【人物解读】

赵云（？~公元229年），字子龙，常山真定人。功绩卓著，有勇有谋，善始善终，曾以数十骑拒曹操大军，被刘备誉为“一身都是胆”。初从公孙瓒，后归刘备。取荆州，刘备败于长阪，他力战救护刘备妻儿。刘备得益州，任为翊军将军，从攻。建兴六年（公元228年），从攻关中，分兵拒主力，终寡不敌众，退回汉中。次年（公元229年）卒，追谥为顺平侯。

【世人对其评价】

刘备：“子龙一身都是胆也。”

刘禅：“云昔从先帝，功积既著。朕以幼冲，涉涂艰难，赖恃忠顺，济于危险。夫所以叙元勋也，外议云宜谥。”

姜维：“云昔从先帝，劳绩既著，经营天下，遵奉法度，功效可书。当阳之役，义贯金石。忠以卫上，君念其赏；礼以厚下，臣忘其死。死者有知，足以不朽；生者感恩，足以殒身。谨按谥法，柔贤慈惠曰顺，执事有班曰平，克定祸乱曰平，应谥云曰顺平侯。”

朱黼：“可谓深切著明。知天下大体矣。”

王士骐：“光明洞达，可为滥赏之戒。观云本末，自是大臣局量，不但名将而已。”

陈造：“皆可为法矣，彼皆大不得已，所谓出死入生转败为功者。”

李光地：“赵云张嶷不独有将畧，其见事明决持重老成，实古重臣之选。”

牛运震：“赵云别传载云从先主本末及辞赐田谏东征，皆卓然识大体。”

杨时伟：“子龙心贯金石，义薄云天，不减关张。”

李贤：“智勇兼全。子龙可谓有古大臣之风。”

沈国元：“而赵云之辞田宅请灭魏，皆有古大臣识量，宁得仅以名将律之。”

张溥：“其明大义，断大策，同于鲁肃，然度先主不能听也。”

计大受：“时则不愧诸葛忠武之大节。而有古大臣之风烈已。”

徐奋鹏：“子龙不特浑身是胆，殆浑身是智，为三分之完人欤。”

乾隆帝：“使如赵云所言，居河、渭上流，以伐逆寇，汉事未必无成。”

卢弼：“樊氏国色，而子龙不取，贤于关羽之乞娶秦宜禄妻去远矣。”

卷三十七　庞统法正传第七·庞统·法正

庞统

【原典】

庞统字士元，襄阳人也。少时朴钝，未有识者。颍川司马徽清雅有知人鉴，统弱冠往见徽，徽采桑于树上，坐统在树下，共语自昼至夜。徽甚异之，称统当为南州士之冠冕，由是渐显。后郡命为功曹。性好人伦，勤于长养。每所称述，多过其才，时人怪而问之，统答曰："当今天下大乱，雅道陵迟，善人少而恶人多。方欲兴风俗，长道业，不美其谭即声名不足慕企，不足慕企而为善者少矣。今拔十失五，犹得其半，而可以崇迈世教，使有志者自励，不亦可乎？"吴将周瑜助先主取荆州，因领南郡太守。瑜卒，统送丧至吴，吴人多闻其名。及当西还，并会昌门，陆绩、顾劭、全琮皆往。统曰："陆子可谓驽马有逸足之力，顾子可谓驽牛能负重致远也。"谓全琮曰："卿好施慕名，有似汝南樊子昭。虽智力不多，亦一时之佳也。"绩、劭谓统曰："使天下太平，当与卿共料四海之士。"深与统相结而还。

先主领荆州，统以从事守耒阳令，在县不治，免官。吴将鲁肃遗先主书曰："庞士元非百里才也，使处治中、别驾之任，始当展其骥足耳。"诸葛亮亦言之于先主，先主见与善谭，大器之，以为治中从事。亲待亚于诸葛亮，遂与亮并为军师中郎将。亮留镇荆州。统随从入蜀。

【释译】

庞统，字士元，襄阳人。年轻时质朴鲁钝，没有人了解他。颍川人司马徽清高文雅，有知人之明。庞统刚成年时去拜访他，当时，司马徽正在树上采桑叶，他让庞统坐在树下，二人从白天一直谈到晚上。司马徽十分惊奇，说庞统称得上是南郡士人中出类拔萃的人物，由此，庞统的名声才逐渐显露出来。后来，郡里任他为功曹。庞统喜评人物，常弘扬和爱护他人的长处。每当称道别人时，往往夸大其人之能。时人奇怪而去问他，庞统说："当今天下大乱，正气衰败，善人少而恶人多。正需要振兴风俗、扶助正道，不把他们说得好一些，其名声就不足以使人仰慕；名声不使人仰慕，行善的人就少了。如今赞扬十人而错五个，仍然看对了一半，有这一半人就可以促进世风教化，使有志者自我激励，不也是可行的吗？"东吴将领周瑜助刘备夺取了荆州，因此担任了南郡太守。周瑜去世，庞统送丧来到吴国。吴国许多人都听说过他的名声。等到庞统西返荆州时，吴地士人会聚昌门，陆绩、顾劭、全琮都去了。庞统说："陆先生虽如劣马却足力迅疾，顾先生如弱牛却能负重致远。"又对全琮说："你喜好施舍，爱慕名声，与汝南樊子昭相似。虽智力不足，也是一时人杰。"陆绩、顾劭对庞统说："现在若是太平之世，真应该与您一起品评天下人士。"他们与庞统结下了深厚的友谊。

刘备任荆州牧，庞统以从事身份试任耒阳县令，因政绩不佳，被免官。吴国鲁肃致书刘备说："庞士元非百里庸才，以治中、别驾的职务，方能展示其人杰的才能。"诸葛亮也向刘备推荐，刘备才与庞统相见，深谈后对他极为器重，任命他为治中从事。刘备对他的亲信倚重仅次于诸葛亮，又任他与诸葛亮同为军师中郎将。诸葛亮留下镇守荆州，庞统随刘备入蜀。

【人物解读】

庞统（公元179～214年），东汉末年刘备帐下谋士，官拜军师中郎将。才智与诸葛亮齐名，道号"凤雏"。益州牧刘璋与先主会涪，统进策除之，先主不从。璋既还成都，先主当为璋北征汉中，统复说三计。先主然其中计，即斩怀、沛，还向成都，所过辄克。在进围雒县时，统率众军攻城，不幸被流矢击中去世，时年三十六岁。先主痛惜，言则流涕。拜统父议郎，迁谏议大夫，诸葛亮亲为之拜。追赐统为关内侯，谥曰靖侯。庞统死后，葬于落凤坡。现于四川省德阳市罗江县城西的鹿头山白马关处，有国家重点文物保护单位——庞统祠墓。

【世人对其评价】

陈寿《三国志》:"庞统雅好人流,经学思谋,于时荆、楚谓之高俊。""儗之魏臣,统其荀彧之仲叔。"

诸葛亮:"庞统、廖立,楚之良才,当赞兴世业者也。"

鲁肃:"庞士元非百里才也,使处治中、别驾之任,始当展其骥足耳。"

司马徽:"南州士之冠冕。德公诚知人,此实盛德也。"

杨戏:"军师美至,雅气晔晔,致命明主,忠情发臆,惟此义宗,亡身报德。"

法正

【原典】

法正字孝直,扶风郿(méi)人也。祖父真,有清节高名。建安初,天下饥荒,正与同郡孟达俱入蜀依刘璋,久之,为新都令,后召署军议校尉。既不任用,又为其州邑俱侨客者所谤无行,志意不得。益州别驾张松与正相善,忖璋不足与有为,常窃叹息。松于荆州见曹公还,劝璋绝曹公而自结先主。璋曰:"谁可使者?"松乃举正,正辞让,不得已而往。正既还,为松称说先主有雄略,密谋协规,愿共戴奉,而未有缘。后因璋闻曹公欲遣将征张鲁之有惧心也,松遂说璋宜迎先主,使之讨鲁,复令正衔命。正既宣旨,阴献策于先主曰:"以明将军之英才,乘刘牧之懦弱;张松,州之股肱,以响应于内;然后资益州之殷富,冯天府之险阻,以此成业,犹反掌也。"先主然之,溯江而西,与璋会涪。北至葭萌,南还取璋。

【释译】

法正,字孝直,扶风郿县人。祖父法真,有清廉和高尚的名声。建安初年,天下发生饥荒,法正与同郡人孟达一同来到蜀地,投靠刘璋。过了很久,法正才被任命为新都县令,后被召回成都,任代理军议校尉一职。他既不受重用,又遭到客居蜀地的同乡的排挤诽谤,说他品行不好,因而很不得志。益州别驾张松与法正交好,考虑到跟随刘璋很难有所作为,常暗自叹息。张松奉命去拜见曹操归来后，劝说刘璋与曹操断绝关系，和刘备结盟。刘璋问："谁可以充当使者？"张松就举荐了法正。法正推让，最后，不得已才接受命令前往荆州。法正归来，向张松夸赞刘备有雄才大略，两人私下密议，打算一同拥戴刘备，只是一时找不到适当的机会。后来，刘璋听说曹操要派兵进攻汉中的张鲁，便心生恐惧。张松乘机劝说刘璋，迎请刘备入蜀，让刘备来讨伐张鲁。刘璋同意，再次让法正出使荆州。法正向刘备转达了刘璋的意图后，又向刘备献计说："以您的英明才干对付刘璋的暗弱，再有张松这样的益州重臣为内应，就可取得益州。以益州的殷富为依靠，以益州险地为屏障，成就大事易如反掌。"刘备认为很对，便率兵马逆长江西上，与刘璋在涪县相会，后北至葭萌。但不久以后，刘备与刘璋关系破裂，刘备率兵向南进攻刘璋。

【人物解读】

法正（公元176～220年），东汉末年名士，本为刘璋部下，但既不受重用，又受同事诽谤。在出使拜访过刘备后，暗中与张松策划拥戴刘备，并利用再次出使刘备的机会，私下向刘备提出借机取蜀的计划。且在刘备征蜀过程中准确预测了刘璋不会采用郑度之计。建安十九年（公元214年）刘备成功取蜀，法正被赐予高位，地位仅次于诸葛亮。建安二十二年（公元217年），法正分析形势，鼓动刘备进攻汉中，并建奇策斩杀夏侯渊。刘备自立为汉中王后，法正被任命为汉中尚书令、护军将军。法正的奇谋妙策，诸葛亮也为之惊奇。次年，法正去世，终年四十五岁。法正之死令刘备十分感伤，连泣数日。

【世人对其评价】

陈寿《三国志》："法正著见成败，有奇画策算，然不以德素称也。""诸葛亮与正，虽好尚不同，以公义相取。"

诸葛亮："主公之在公安也，北畏曹公之强，东惮孙权之逼，近则惧孙夫人生变于肘腋之下；当斯之时，进退狼跋，法孝直为之辅翼，令翻然翱翔，不可复制。"

曹操："吾收奸雄略尽，独不得法正邪？"

杨戏："翼侯良谋，料世兴衰，委质于主，是训是谘，暂思经算，睹事知机。"

卷三十八　许麋孙简伊秦传第八·许靖·麋竺

许靖

【原典】

许靖字文休，汝南平舆人。少与从弟劭俱知名，并有人伦臧否之称，而私情不协。劭为郡功曹，排摈靖不得齿叙，以马磨自给。颍川刘翊为汝南太守，乃举靖计吏，察孝廉，除尚书郎，典选举。灵帝崩，董卓秉政，以汉阳周毖为吏部尚书，与靖共谋议，进退天下之士，沙汰秽浊，显拔幽滞。进用颍川荀爽、韩融、陈纪等为公、卿、郡守，拜尚书韩馥为冀州牧，侍中刘岱为兖州刺史，颍川张咨为南阳太守，陈留孔伷为豫州刺史，东郡张邈为陈留太守，而迁靖巴郡太守，不就，补御史中丞。馥等到官，各举兵还向京都，欲以诛卓。卓怒毖曰："诸君言当拔用善士，卓从诸君计，不欲违天下人心。而诸君所用人，至官之日，还来相图。卓何用相负！"叱毖令出，于外斩之。靖从兄陈相玚，又与伷合规，靖惧诛，奔伷。伷卒，依扬州刺史陈祎。祎死，吴郡都尉许贡、会稽太守王朗素与靖有旧，故往保焉。靖收恤亲里，经纪振赡，出于仁厚。

【释译】

许靖，字文休，汝南平舆县人。年轻时与堂弟许劭都有名望，都有喜评各类人物的名声，但兄弟间感情却不和。许劭任本郡功曹，排挤许靖，使他得不到录用，许靖只得用马为人磨粮来养活自己。颍川人刘翊担任汝南太守，举荐许靖为计吏，后被举孝廉，任尚书郎，掌管官员的选用。汉灵帝死后，董卓掌政，任命汉阳人周毖为吏部尚书，让他和许靖一同商议，举贬天下官员。选取颍川人荀爽、韩融、陈纪等人担任公、卿、郡守，任命尚书韩馥为冀州牧，侍中刘岱为兖州刺史，颍川人张咨为南阳太守，陈留人孔伷为豫州刺史，东郡人张邈为陈留太守。又升迁许靖为巴郡太守，许靖没有赴任，被补为御史中丞。韩馥等人到任后，就纷纷起兵向京都洛阳进军，以武力讨伐董卓。董卓愤怒地对周毖说："你们劝我提拔贤能，我不想违背人心听从了你们的话。而你们所举荐的这些人，刚上任就回头攻打我，我有哪里对不起你们！"便喝令把周毖斩首。陈国丞相许玚是许靖的从兄，与孔伷合讨董卓，许靖怕因此被杀，便逃出京城投奔孔伷。孔伷死后，许靖又投奔扬州刺史陈祎。陈祎死后，因吴郡都尉许贡、会稽太守王朗与许靖有旧交，许靖便到他们那里以求自保。许靖在吴、会以仁慈厚善之心收容抚恤亲戚同乡，对老弱进行供养。

【人物解读】

许靖（公元149～222年），字文休，三国时代人物评论家，许劭的堂兄、许玚的堂弟、许钦之父、许游祖父。另外，他的族叔、族兄弟都曾位列三公。年轻时代就与堂弟许劭并为世人所知，不过与许劭关系不佳，所以当许劭担任汝南功曹时（功曹，郡的人事长官），令许靖得不到录用。之后刘翊来了做太守，才推举许靖为孝廉，任尚书郎。先后投靠豫州刺史孔伷、扬州（与今日之扬州市无关）刺史陈祎、吴郡都尉许贡、会稽太守王朗；王朗被孙策击败后，又逃往交州避难。后来受到益州牧刘璋邀请，受任为巴郡、广汉太守，在原蜀郡太守王商过世之后，又转任蜀郡太守。刘备自称汉中王时，被任命为太傅，公元221年刘备称帝时，更升任为司徒（之一），仅次于丞相诸葛亮，诸葛亮对他很敬服。病逝于蜀汉昭烈帝章武二年（公元222年），享年七十四岁。

【世人对其评价】

陈寿《三国志》："许靖夙有名誉，既以笃厚为称，又以人物为意，虽行事举动，未悉允当，蒋济以为'大较廊庙器'也。"

裴松之："文休名声夙著，天下谓之英伟，虽末年有瑕，而事不彰彻，若不加礼，何以释远近之惑乎！”

法正：“天下有获虚誉而无其实者，许靖是也。”

王商：“文休倜傥瑰玮，有当世之具，足下当以为指南。”

杨戏：“司徒清风，是咨是臧，识爱人伦，孔音锵锵。”

袁徽：“许文休英才伟士，智略足以计事。自流宕已来，与群士相随，每有患急，常先人后己，与九族中外同其饥寒。其纪纲同类，仁恕恻隐，皆有效事，不能复一二陈之耳。”

糜竺

【原典】

糜竺字子仲，东海朐（qú）人也。祖世货殖，僮客万人，赀产巨亿。后徐州牧陶谦辟为别驾从事。谦卒，竺奉谦遗命，迎先主于小沛。建安元年，吕布乘先主之出拒袁术，袭下邳，虏先主妻子。先主转军广陵海西，竺于是进妹于先主为夫人，奴客二千，金银货币以助军资；于时困匮，赖此复振。后曹公表竺领嬴郡太守，竺弟芳为彭城相，皆去官，随先主周旋。先主将适荆州，遣竺先与刘表相闻，以竺为左将军从事中郎。益州既平，拜为安汉将军，班在军师将军之右。竺雍容敦雅，而干翮非所长。是以待之以上宾之礼，未尝有所统御。然赏赐优宠，无与为比。

芳为南郡太守，与关羽共事，而私好携贰，叛迎孙权，羽因覆败。竺面缚请罪，先主慰谕以兄弟罪不相及，崇待如初。竺惭恚发病，岁馀卒。子威，官至虎贲中郎将。威子照，虎骑监。自竺至照，皆便弓马，善射御云。

【释译】

糜竺，字子仲，东海朐县人。祖先世代经商垦殖，奴仆上万人，家财殷富，资产千万。后来，徐州牧陶谦聘他为别驾从事。陶谦死后，糜竺遵照陶谦遗命，到小沛迎接刘备做徐州牧。建安元年，吕布乘刘备出征抵御袁术之时，袭击下邳，俘虏了刘备的妻儿。刘备率军转驻广陵、海西。糜竺将妹妹嫁与刘备做夫人，又送仆众两千及金银等物品，以助兵马费用。当时，刘备十分困乏，依靠这些得以重新振作。后曹操推荐糜竺代理嬴郡太守，糜竺的弟弟糜芳为彭城相。他们全都放弃了官职跟随刘备。刘备要去荆州，让糜竺先去知会刘表，并任糜竺为左将军从事中郎。益州被平定后，刘备拜糜竺为安汉将军，位在军师将军之上。糜竺雍容大度，敦厚文雅，但谋划策略非其所长。因此，刘备虽以上宾之礼待他，却从未让他带过军队。但是，给他的赏赐和宠幸却特别优厚，没人能与他相比。

糜芳任南郡太守，与关羽共守荆州，但二人关系不和。孙权偷袭荆州，糜芳叛变关羽而投降孙权，关羽因此被东吴杀害。糜竺把自己绑起来向刘备请罪，刘备安慰并告诉他，弟有罪，兄不受牵连，还像以前那样厚待他。糜竺却愧愤交加而得病，一年多后逝世。儿子糜威，官至虎贲中郎将。糜威的儿子糜照，任虎骑监。从糜竺到糜照，全都熟习弓骑技艺，擅长在奔驰时射箭。

【人物解读】

糜竺（？ ~公元220年），徐州富商，先祖世代经营垦殖，养有僮仆、食客近万人，资产上亿。糜竺雍容大方，敦厚文雅，善于骑马、射箭。可军事不是其所长，未试过统御军队。但刘备一直以礼待他，对他十分尊敬。当时刘备兵败给曹操，向南投靠刘表，刘备先遣糜竺与刘表见面，与简雍、孙乾同为从事中郎。公元214年，刘备入主益州，被拜为安汉将军，地位在军师将军之上，其待遇为蜀汉众臣中最高的。可惜，其弟在关羽北伐时，叛蜀归吴，致使关羽兵败被杀。糜竺自缚向刘备请罪，刘备反过来安慰他，认为弟之罪，兄不该连坐，对他礼待如初。但糜竺反觉内疚而郁病，一年多后就去世。

【世人对其评价】

陈寿《三国志》："糜竺、孙乾、简雍、伊籍，皆雍容风议，见礼于世。"

曹操："泰山郡界广远，旧多轻悍，权时之宜，可分五县为嬴郡，拣选清廉以为守将。偏将军糜竺，素履忠贞，文武昭烈，请以竺领嬴郡太守，抚慰吏民。"

杨戏："安汉雍容，或婚或宾，见礼当时，是谓循臣。"

卷三十九　董刘马陈董吕传第九·刘巴·董允

刘巴

【原典】

刘巴字子初，零陵烝阳人也。少知名，荆州牧刘表连辟，及举茂才，皆不就。表卒，曹公征荆州。先主奔江南，荆、楚群士从之如云，而巴北诣曹公。曹公辟为掾，使招纳长沙、零陵、桂阳。会先主略有三郡，巴不得反使，遂远适交阯，先主深以为恨。

巴复从交阯至蜀。俄而先主定益州，巴辞谢罪负，先主不责。而诸葛孔明数称荐之，先主辟为左将军西曹掾。建安二十四年，先主为汉中王，巴为尚书，后代法正为尚书令。躬履清俭，不治产业，又自以归附非素，惧见猜嫌，恭默守静，退无私交，非公事不言。先主称尊号，昭告于皇天上帝后土神祇，凡诸文诰策命，皆巴所作也。章武二年卒。卒后，魏尚书仆射陈群与丞相诸葛亮书，问巴消息，称曰刘君子初，甚敬重焉。

【释译】

刘巴，字子初，零陵烝阳县人，年轻时就很有名望。当时，荆州牧刘表曾三番五次召他为官，并荐举他为茂才，刘巴都没有接受。刘表死后，曹操进攻荆州。刘备逃向江南，荆、楚士人如云般跟随刘备，而刘巴却北投曹操。曹操任他为丞相府属官，派他去招降长沙、零陵、桂阳三郡。恰巧刘备取占了这三郡，刘巴无法回去交差，就远走交阯，刘备因此感到很遗憾。

刘巴后从交阯到蜀郡。不久，刘备占领益州，刘巴向刘备请罪，刘备没有责怪他。而且，诸葛亮还多次称赞和推荐他。刘备任刘巴为左将军西曹掾。建安二十四年，刘备立为汉中王，刘巴任尚书，后又代替法正为尚书令。他清廉俭朴，不治办财物，不买产业，又觉得不是开始就跟随刘备的，担心受到猜疑，所以，恭敬沉默，谨守"静"的原则，即使回到家里也不和他人私下交往，非公事不谈。刘备称皇帝尊号，向皇天后土祈祷行礼，把称帝一事告诉诸天神，所有祷文、诏诰、文书、命令等，都出自刘巴之手。章武二年，刘巴去世。此后不久，魏国的尚书仆射陈群给蜀丞相诸葛亮写信，打听刘巴的消息，把他称作刘君子初，非常敬重他。

【人物解读】

刘巴（公元 170～222 年），少以胆识才华闻名。刺史多次要提拔他，并举荐为"茂才"，刘表多次征召，皆辞不赴。曹操下荆州时期，刘巴归顺曹操，受命招纳长沙、零陵、桂阳三郡，不想三郡为刘备所得。刘巴入蜀后，刘备不久攻克西川，经诸葛亮推荐，任命刘巴为左将军西曹掾。刘备自立为汉中王后，刘巴为尚书，后代替法正为尚书令。刘巴为人节俭，不愿与人交往，只重公事。刘备登基时，所有文诰策命都出自刘巴之笔。诸葛亮、法正、刘巴、李严、伊籍共造蜀科；蜀科之制，由此五人所制。刘巴病亡后，魏国陈群亲自写信给诸葛亮问刘巴消息，对刘巴甚是敬重。

【世人对其评价】

陈寿《三国志》："刘巴履清尚之节。"

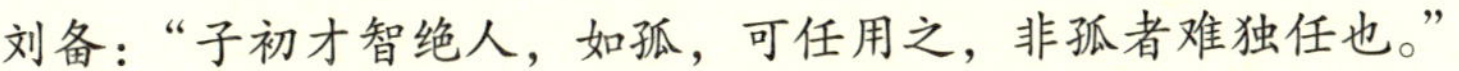

刘备："子初才智绝人，如孤，可任用之，非孤者难独任也。"

孙权："若令子初随世沉浮，容悦玄德，交非其人，何足称为高士乎？"

诸葛亮："运筹策于帷幄之中，吾不如子初远矣！"

杨戏："尚书清尚，敕行整身，抗志存义，味览典文，倚其高风，好侔古人。"

黎东方："刘巴，依照胡健中先生的意见，是一位值得重视的人物。他是荆州零陵郡燕阳县人，在曹操大军压境之时，别的荆州名士一窝蜂跟随刘备向南逃难，他却向北走，投奔了曹操，其后又接受曹操给他的任务，回家乡争取荆州南部四郡。终于流落到交阯，又来到了益州，偏偏遇到刘备拿下益州，终于被刘备的情义所感动，死心塌地，先后作"西曹掾"与尚书令，办了不少事，而对外保密。"

董允

【原典】

董允字休昭，掌军中郎将和之子也。先主立太子，允以选为舍人，徙洗马。后主袭位，迁黄门侍郎。丞相亮将北征，住汉中，虑后主富于春秋，朱紫难别，以允秉心公亮，欲任以宫省之事。上疏曰："侍中郭攸之、费祎、侍郎董允等，先帝简拔以遗陛下，至于斟酌规益，进尽忠言，则其任也。愚以为宫中之事，事无大小，悉以咨之，必能裨补阙漏，有所广益。若无兴德之言，则戮允等以彰其慢。"亮寻请祎为参军，允迁为侍中，领虎贲中郎将，统宿卫亲兵。攸之性素和顺，备员而已。献纳之任，允皆专之矣。允处事为防制，甚尽匡救之理。后主常欲采择以充后宫，允以为古者天子后妃之数不过十二，今嫔嫱已具，不宜增益，终执不听。后主益严惮之。尚书令蒋琬领益州刺史，上疏以让费祎及允，又表"允内侍历年，翼赞王室，宜赐爵土以褒勋劳"。允固辞不受。后主渐长大，爱宦人黄皓。皓便辟佞慧，欲自容入。允常上则正色匡主，下则数责于皓。皓畏允，不敢为非。终允之世，皓位不过黄门丞。

允尝与尚书令费祎、中典军胡济等共期游宴，严驾已办，而郎中襄阳董恢诣允修敬。恢年少官微，见允停出，逡巡求去，允不许，曰："本所以出者，欲与同好游谈也，今君已自屈，方展阔积，舍此之谈，就彼之宴，非所谓也。"乃命解骖，祎等罢驾不行。其守正下士，凡此类也。延熙六年，加辅国将军。七年，以侍中守尚书令，为大将军费祎副贰。九年，卒。

【释译】

董允，字休昭，掌军中郎将董和之子。先主刘备立刘禅为太子，董允任太子舍人，又迁做太子洗马。后主刘禅继位后，董允改任黄门侍郎。丞相诸葛亮要北征魏国，驻扎汉中，考虑到后主年纪尚小，辨别是非的能力不强，而董允持心公正，明察秋毫，便想委任他处理皇室和府衙政事，即向后主上疏说："侍中郭攸之、费祎、侍郎董允等人，是先帝选拔出留给陛下以辅佐朝政的，商讨国事，规划政务，向您进献忠言，都是他们的责任。我认为，宫中之事，不分大小，都应向他们咨询，一定有益于陛下做决断，把事情办好。如果他们没有昌德的言论和建议，就追究董允等人的责任，向大家说明他们的怠慢。"不久，诸葛亮又招费祎为丞相府参军，董允为侍中，兼任虎贲中郎将，统领禁卫军。因郭攸之性情温和，所以，他当侍中只是充数而已。而进献忠言、采纳正确意见的责任，则由董允来承担。董允在任上，采取了预防和制止奸邪的措施，尽一切努力来匡正和补救后主的过失。后主曾经打算选取美女扩充后宫，董允认为，古代天子后妃的数量不超过十二人，如今嫔妃的数量已经够了，不应再增加，并始终没有妥协。后主对董允越发敬畏。尚书令蒋琬兼任益州刺史时，上疏后主把他的职务让给费祎和董允。后又上表说"董允多年在宫内侍奉陛下，辅佐朝政，应该赐给他爵位和土地以褒奖他的功劳"。董允坚决推辞不接受。后主刘禅渐渐长大，宠爱宦官黄皓，黄皓又善于奉迎，谄媚而狡诈，想多方取悦后主以受重用。董允经常严肃地纠正后主的过失，又多次指责黄皓的不正当行为。因此，黄皓非常害怕董允，不敢做坏事。董允在世时，黄皓的官位只是黄门丞。

一次，董允和尚书令费祎、中典军胡济等人约好游宴，车马已经备好，

恰好郎中襄阳人董恢前来拜访董允。董恢年轻且官小，见董允准备出门，坐了一会儿便起身告辞。董允不让他走，说："只是想出门跟朋友们游玩闲谈，现在您屈尊来访，正好叙谈久别后的感受，舍弃这样的谈话，而去喝酒，那就不大像话了。"便下令解开车马。费祎等人也只好停车不去了。他坚持正道、礼贤下士都像上面说的一样。延熙六年，加封辅国将军。七年，以侍中任尚书令，辅助大将军费祎。延熙九年去世。

【人物解读】

董允（？~公元246年），南郡枝江（今湖北枝江）人。三国时期蜀汉官员，掌军中郎将董和之子。初为太子舍人。刘禅嗣位，迁黄门侍郎。诸葛亮北伐前，在《出师表》中推荐董允，董允对上匡正刘禅、对下斥责黄皓，使两人不敢胡作非为。董允多次推辞了他应得到的爵位、封土和高官。曹丕五路兵犯蜀汉，刘禅命黄门侍郎董允征询诸葛亮。诸葛亮北伐前上《出师表》推荐董允为侍中。诸葛亮死后，魏延与杨仪互相控告对方，董允保举杨仪而质疑魏延。又为了接见董恢而放弃了重要的游宴，都体现了董允为人正直、礼贤下士、不求高官厚禄的优秀品质。在蜀汉士民眼中，董允与诸葛亮、蒋琬、费祎并列为"四英"。董允死后，陈祗与黄皓逐渐把持朝政、迷惑刘禅，终于导致蜀汉灭亡。蜀汉人民都因此而追思董允。在整部《三国志》中，董允是极少数能够立传"子不系父，可别载姓"的人物之一，足见其人之优越。

【世人对其评价】

陈寿《三国志》："秉心公亮"。"董允匡主，义形于色，皆蜀臣之良矣"。

诸葛亮："侍中、侍郎郭攸之、费祎、董允等，此皆良实，志虑忠纯，是以先帝简拔以遗陛下。"

裴松之："以允名位优重，事迹逾父。"

蒋琬："允内侍历年，翼赞王室。"

常璩："时蜀人以诸葛亮、蒋琬、费祎及允为四相，一号四英也。"

卷四十　刘彭廖李刘魏杨传第十・魏延

魏延

【原典】

魏延字文长，义阳人也。以部曲随先主入蜀，数有战功，迁牙门将军。先主为汉中王，迁治成都，当得重将以镇汉川，众论以为必在张飞，飞亦以心自许。先主乃拔延为督汉中镇远将军，领汉中太守，一军尽惊。先主大会群臣，问延曰："今委卿以重任，卿居之欲云何？"延对曰："若曹操举天下而来，请为大王拒之；偏将十万之众至，请为大王吞之。"先主称善，众咸壮其言。先主践尊号，进拜镇北将军。建兴元年，封都亭侯。五年，诸葛亮驻汉中，更以延为督前部，领丞相司马、凉州刺史。八年，使延西入羌中，魏后将军费瑶、雍州刺史郭淮与延战于阳溪，延大破淮等，迁为前军师、征西大将军，假节，进封南郑侯。

延每随亮出，辄欲请兵万人，与亮异道会于潼关，如韩信故事，亮制而不许。延常谓亮为怯，叹恨己才用之不尽。延既善养士卒，勇猛过人，又性矜高，当时皆避下之，唯杨仪不假借延，延以为至忿，有如水火。十二年，亮出北谷口，延为前锋。出亮营十里，延梦头上生角，以问占梦赵直，直诈延曰："夫麒麟有角而不用，此不战而贼欲自破之象也。"退而告人曰："角之为字，刀下用也；头上用刀，其凶甚矣。"

秋，亮病困，密与长史杨仪、司马费祎、护军姜维等作身殁之后退军节度，令延断后，姜维次之；若延或不从命，军便自发。亮适卒，秘不发丧，仪令祎往揣延意指。延曰："丞相虽亡，吾自见在。府亲官属便可将丧还葬，

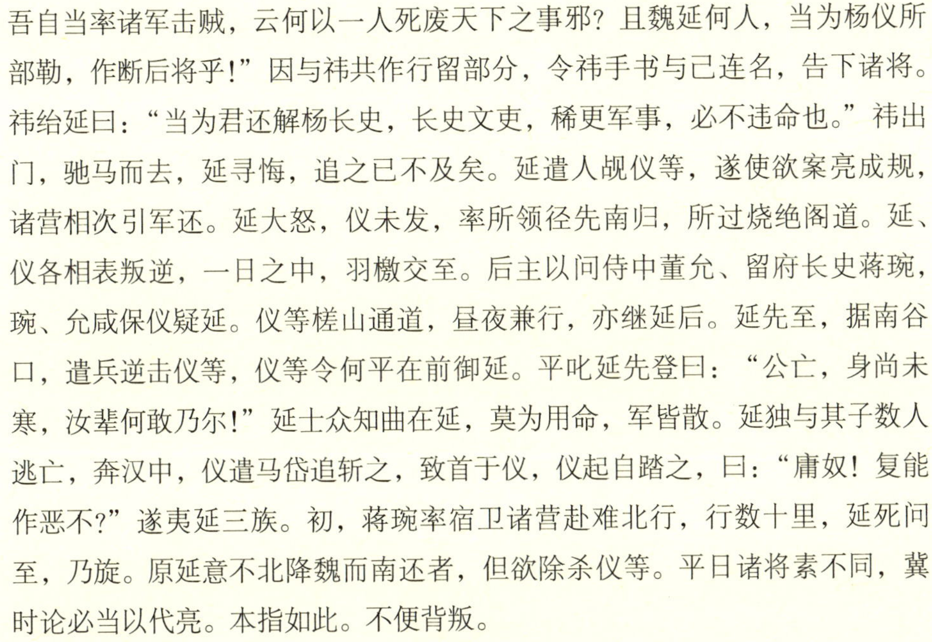

吾自当率诸军击贼，云何以一人死废天下之事邪？且魏延何人，当为杨仪所部勒，作断后将乎！”因与祎共作行留部分，令祎手书与己连名，告下诸将。祎绐延曰：“当为君还解杨长史，长史文吏，稀更军事，必不违命也。”祎出门，驰马而去，延寻悔，追之已不及矣。延遣人觇仪等，遂使欲案亮成规，诸营相次引军还。延大怒，仪未发，率所领径先南归，所过烧绝阁道。延、仪各相表叛逆，一日之中，羽檄交至。后主以问侍中董允、留府长史蒋琬，琬、允咸保仪疑延。仪等槎山通道，昼夜兼行，亦继延后。延先至，据南谷口，遣兵逆击仪等，仪等令何平在前御延。平叱延先登曰：“公亡，身尚未寒，汝辈何敢乃尔！”延士众知曲在延，莫为用命，军皆散。延独与其子数人逃亡，奔汉中，仪遣马岱追斩之，致首于仪，仪起自踏之，曰：“庸奴！复能作恶不？”遂夷延三族。初，蒋琬率宿卫诸营赴难北行，行数十里，延死问至，乃旋。原延意不北降魏而南还者，但欲除杀仪等。平日诸将素不同，冀时论必当以代亮。本指如此。不便背叛。

【释译】

魏延，字文长，义阳人。随刘备进入益州，多次立有战功，被升为牙门将军。刘备为汉中王，准备迁回成都时，要选用一个重要的将领镇守汉中。众人都以为是张飞，张飞自己也认为是这样。但刘备却提拔魏延为督汉中镇远将军，兼汉中太守，所有的人都感到很意外。刘备大会群臣，问魏延说：“如今我把镇守汉中的重任交给你，你打算怎么办？”魏延回答说：“如果曹操率领全国的军队来攻，我将为大王挡住他；如果他只派一个偏将率十万大军来，我将替你把他消灭。”刘备连连称好，众人也都认为魏延很有气魄。刘备称帝后，任魏延为镇北将军。建兴元年，封魏延为都亭侯。建兴五年，诸葛亮率军北伐驻扎在汉中，改任魏延为都前部，兼丞相司马、凉州刺史。建兴八年，诸葛亮派魏延率军西征进入羌地。曹魏后将军费瑶、雍州刺史郭淮与魏延在阳溪大战，魏延大破郭淮等军，因功被升为前军师、征西大将军、执节，晋封为南郑侯。

魏延每次跟诸葛亮出兵，都想自带一万兵马，与诸葛亮兵分两路，在潼关会师，像楚汉时的韩信那样，诸葛亮总是不允许。魏延以为诸葛亮胆怯，感叹自己的才能不能施展。魏延对士兵很好，自己又勇猛过人，不免心高气傲，当时有很多人都避让他，甘愿居他之下，只有杨仪对他不客气。魏延因此十分恼火，两人关系也势同水火。建兴十二年，诸葛亮出兵北谷口，魏延为先锋。他在离诸葛亮的营地十里处安下营寨，夜里，魏延梦见自己头上长角，便问以占梦闻名的赵直，赵直骗他说："麒麟有角而不必用它，这是不战而退兵的征兆。"私下里却告诉别人说："'角'字，刀下加用，头上有刀，是可怕的凶相。"

这年秋天，诸葛亮病重，他秘与长史杨仪、司马费祎、护军姜维等筹划他死后退军的安排，让魏延断后，姜维次之；若魏延不听从命令，不必管他兵马，自己行动。诸葛亮病逝后，秘不发丧，杨仪让费祎前去探听魏延的口气。魏延说："丞相虽死，我不是还在么！府中的家属和官员可如常安排丧事，由我率部去攻击敌人，怎么能因一个人的死而误国家大事呢？再说，我魏延是什么人，难道能听杨仪的指派，作断后的将领吗？"便要让费祎留下写文告，与自己联名告诉下面诸将兵马的安排。费祎骗他说："我还是回去把您的意见跟杨仪解释一下，长史是文官，不懂军事，一定不会反对您的。"费祎出门后便飞马而去，魏延马上就后悔了，但追他已来不及了。魏延派人去察看杨仪的动静，才知道他们完全按照诸葛亮的遗嘱，各营按顺序退兵。魏延大怒，抢在杨仪还没有出发前，率所部直接南归，把所经栈道全部烧毁。魏延、杨仪各自上表朝廷指责对方背叛，一天之内，紧急文书相继送到朝廷。后主刘禅问侍中董允、留府长史蒋琬谁对谁错，蒋琬、董允都担保杨仪而怀疑魏延。杨仪等人因栈道被破坏，便伐木开道，昼夜兼行，紧随魏延之后。魏延抢先占据了南谷口，出兵迎击杨仪等。杨仪命何平在前去抵御魏延。何平斥责魏延抢先撤退的行为说："丞相尸骨未寒，你们怎敢如此！"魏延的兵士们知道魏延理亏，没有人愿意为他卖命，全都散去。魏延与他的儿子等数人逃奔汉中。杨仪派马岱追上将其斩杀。魏延的首级被送到杨仪处，杨仪站起身踩着首级说："庸奴！看你还能做恶事吗？"于是，诛杀魏延三族。当初，蒋琬率宿卫军各营北上前往解救因诸葛亮去世而出现的危机，刚走了几十里地，就得到了魏延被杀死的消息，便回军了。推究魏延本意，其实他不是向北投降曹魏而是向南撤，只想杀掉杨仪等人。尽管平时诸将素来不赞同他，但他还是希望众人会推举他代替诸葛亮。他的本意并不是背叛。

【人物解读】

魏延（？~公元234年），初随刘备作战，智勇双全，勇冠三军，深得刘备信任，刘备称王后受封汉中太守。后诸葛亮北伐，任征西大将军，当时作为诸葛亮的左膀右臂，为蜀汉立下了汗马功劳。曾经向诸葛亮提出著名的奇袭长安"子午谷奇谋"，但未采纳。魏延深明大义，多立战功，在后期尤其为诸葛亮所倚重。但是性格上比较清高，有些叛逆，对自己的能力十分自信，时常发牢骚，不懂得处理官场上的人际关系，得罪了很多人，尤其是与杨仪势同水火。在诸葛亮死后，因为不甘心就此撤军以及不能容忍兵权落到死对头杨仪的手中，而擅自违背诸葛亮撤兵的遗令，率军烧毁栈道、攻击杨仪。最后被冤枉成谋反，遭受"夷三族"的悲惨后果。

【世人对其评价】

陈寿《三国志》："刘封处嫌疑之地，而思防不足以自卫。彭羕、廖立以才拔进，李严以干局达，魏延以勇略任，杨仪以当官显，刘琰旧仕，并咸贵重。览其举措，迹其规矩，招祸取咎，无不自己也。"

杨戏："文长刚粗，临难受命，折冲外御，镇保国境。不协不和，忘节言乱，疾终惜始，实惟厥性。"

卷四十一　霍王向张杨费传第十一·张裔

张裔

【原典】

张裔字君嗣，蜀郡成都人也。治《公羊春秋》，博涉《史》、《汉》。汝南许文休入蜀，谓裔干理敏捷，是中夏钟元常之伦也。刘璋时，举孝廉，为鱼复长，还州署从事，领帐下司马。张飞自荆州由垫江入，璋授裔兵，拒张飞于德阳陌下，军败，还成都。为璋奉使诣先主，先主许以礼其君而安其人也，裔还，城门乃开。先主以裔为巴郡太守，还为司金中郎将，典作农战之器。先是，益州郡杀太守正昂，耆率雍闿恩信著于南土，使命周旋，远通孙权。乃以裔为益州太守，径往至郡。闿遂趑趄不宾，假鬼教曰："张府君如瓠壶，外虽泽而内实粗，不足杀，令缚与吴。"于是遂送裔于权。

会先主薨，诸葛亮遣邓芝使吴，亮令芝言次可从权请裔。裔自至吴数年，流徙伏匿。权未之知也，故许芝遣裔。裔临发，权乃引见，问裔曰："蜀卓氏寡女，亡奔司马相如，贵土风俗何以乃尔乎？"裔对曰："愚以为卓氏之寡女，犹贤于买臣之妻。"权又谓裔曰："君还，必用事西朝，终不作田父于闾里也，将何以报我？"裔对曰："裔负罪而归，将委命有司。若蒙侥幸得全首领，五十八已前父母之年也，自此已后大王之赐也。"权言笑欢悦，有器裔之色。裔出阁，深悔不能阳愚，即便就船，倍道兼行。权果追之，裔已入永安界数十里，追者不能及。

既至蜀，丞相亮以为参军，署府事，又领益州治中从事。亮出驻汉中，裔以射声校尉领留府长史，常称曰："公赏不遗远，罚不阿近，爵不可以无功取，刑不可以贵势免，此贤愚之所以佥忘其身者也。”其明年，北诣亮谘事，送者数百，车乘盈路，裔还书与所亲曰：“近者涉道，昼夜接宾，不得宁息，人自敬丞相长史，男子张君嗣附之，疲倦欲死。”其谈啁流速，皆此类也。少与犍为杨恭友善，恭早死，遗孤未数岁，裔迎留，与分屋而居，事恭母如母。恭之子息长大，为之娶妇，买田宅产业，使立门户。抚恤故旧，振赡衰宗，行义甚至。加辅汉将军，领长史如故。建兴八年卒。子毣嗣，历三郡守监军。毣弟郁，太子中庶子。

【释译】

张裔，字君嗣，蜀郡成都人。曾研读《春秋公羊传》，博览《史记》、《汉书》。汝南人许靖到蜀地，说张裔办事勤勉，与中原钟繇是同类人。刘璋为益州牧时，张裔被推举为孝廉，任鱼复县长。后回益州府代理从事，兼任帐下司马。张飞从荆州由垫江进入蜀地，刘璋让张裔领一队人马，在德阳县陌下镇抵御张飞，战败后回到成都。他又为刘璋出使去见刘备，刘备答应礼待刘璋，妥善安置他的臣民。张裔返回，成都城门也就开了，刘璋投降。刘备命张裔为巴郡太守，后回成都任司金中郎将，督造农具、武器。此前，益州郡人杀了太守正昂，老资格首领雍闿又以德、信著称于南方，于是派人四处联络，与尚远在东方的孙权相互往来。刘备便任命张裔为益州太守，径往郡治所在。雍闿犹豫着不肯归服，又假借鬼教名义传出话来说：“张府君就像葫芦做的壶，外表光润里面粗糙，不值得一杀，把他绑起来送给东吴。”就把张裔押送到东吴。

刘备去世以后，诸葛亮派邓芝出使吴国，让邓芝谈完主要事情后请求东吴放还张裔。张裔在吴国几年，被流放隐居，孙权根本不知道这个人，所以，就答应邓芝放还张裔。张裔临走前，孙权召见他说：“蜀国卓氏的寡妇，竟然和司马相如私奔，贵国的风俗怎么这样？”张裔回答说：“我认为，卓氏的寡妇，仍然比朱买臣的妻子贤惠。”孙权又问他：“你回去后，必然要为蜀国效力，再也不会像农民那样困守在小巷里，你将用什么来报答我呢？”张裔又回答说：“我负罪回国，命运由朝廷安排。如能侥幸保住脑袋，那么，我五十八岁以前是父母给的生命，从今往后是大王您赏赐的生命。”孙权大笑，表示很器重张裔的才能。张裔一出孙权宫门，就十分后悔自己没能装傻，便迅速上船，加倍快行。果然孙权派人追他，这时，张裔已进入永安界几十里，追的人无法追上。

张裔回到成都，丞相诸葛亮任命他为参军，处理丞相府公务，又兼任益州治中从事。诸葛亮北上进驻汉中，张裔以射声校尉的身份兼任留府长史。他常称赞诸葛亮说："诸葛公赏赐不会漏掉远处的人，惩罚不会袒护身边的人，没有功劳得不到爵位，虽有权势免不掉刑罚，这就是不论贤愚都能够尽心尽力的原因啊！"第二年，他北上汉中向诸葛亮请示事情，有几百人前来送行，车辆挤满道路，他给亲近的人写信，说："近期就要上路，昼夜接待宾客，不得休息，人们尊敬的是丞相府长史这个职位而我又依附着这个官职，所以累得要死。"他就是这样谈吐诙谐，流畅敏捷。年轻时与犍为郡杨恭关系很好，杨恭死得早，留下的孩子才几岁，张裔就把杨恭的家眷接到自己家中，分屋居住，将杨恭的母亲当作自己的母亲一样侍奉。杨恭的儿子长大后，他又为他们娶妻，购买田产，让他们自立门户。抚恤老友的亲眷，救济衰落的家族，十分讲义气。加任辅汉将军，依旧兼任长史。建兴八年去世。儿子张毣承位，历任三个郡的郡守和监军。张毣的弟弟张郁，任太子中庶子。

【人物解读】

张裔（公元165～230年），蜀辅汉将军、丞相长史。

【世人对其评价】

陈寿《三国志》："张裔肤敏应机。"

杨洪："裔天姿明察，长于治剧，才诚堪之，然性不公平，恐不可专任。"

杨戏："辅汉惟聪，既机且惠，因言远思，切问近对，赞时休美，和我业世。"

许靖："裔干理敏捷，是中夏钟元常之伦也。"

卷四十二　杜周杜许孟来尹李谯郤传第十二·杜微

杜微

【原典】

杜微字国辅，梓潼涪人也。少受学于广汉任安。刘璋辟为从事，以疾去官。及先主定蜀，微常称聋，闭门不出。建兴二年，丞相亮领益州牧，选迎皆妙简旧德，以秦宓为别驾，五梁为功曹，微为主簿。微固辞，舆而致之。既致，亮引见微，微自陈谢。亮以微不闻人语，于坐上与书曰："服闻德行，饥渴历时，清浊异流，无缘咨觏。王元泰、李伯仁、王文仪、杨季休、丁君幹、李永南兄弟、文仲宝等，每叹高志，未见如旧。猥以空虚，统领贵州，德薄任重，惨惨忧虑。朝廷今年始十八，天姿仁敏，爱德下士。天下之人思慕汉室，欲与君因天顺民，辅此明主，以隆季兴之功，著勋于竹帛也。以谓贤愚不相为谋，故自割绝，守劳而已，不图自屈也。"微自乞老病求归，亮又与书答曰："曹丕篡弑，自立为帝，是犹土龙刍狗之有名也。欲与群贤因其邪伪，以正道灭之。怪君未有相诲，便欲求还于山野。丕又大兴劳役，以向吴、楚。今因丕多务，且以闭境勤农，育养民物，并治甲兵，以待其挫，然后伐之，可使兵不战民不劳而天下定也。君但当以德辅时耳，不责君军事，何为汲汲欲求去乎！"其敬微如此。拜为谏议大夫，以从其志。

【释译】

杜微，字国辅，梓潼涪县人。少年时曾跟广汉人任安学习。刘璋聘他为从事，后因病辞职。刘备平定蜀地，杜微则称双耳失聪，闭门不出。建兴二年，丞相诸葛亮兼任益州牧，所选录的属员都是很有德望的人：秦宓为别驾，五梁为功曹，杜微为主簿。杜微推辞，被诸葛亮用车子硬请去了。来到后，诸葛亮亲自接见，杜微表示歉意。诸葛亮因杜微听不到语声，就在坐席上与他笔谈，说："听说了您的德行我很敬佩，盼望着和您相见的心情如饥似渴，只因您我清浊异流，所以，一直无缘向您求教。王元泰、李伯仁、王文仪、杨季休、丁君干、李永南兄弟以及文仲宝等人都常赞您志行高洁，虽未谋面，却似故友。我徒具虚名，统领贵地，德行浅薄而所负责任重大，心中经常在担忧。皇上今年才十八岁，仁慈聪明，爱德惜才，礼贤下士。天下百姓都思恋汉室，想请先生与我一同依意顺民，辅助英主，振兴蜀汉大业，功勋永留青史。如果您认为贤愚不能共事，而与世隔绝，谨守己功，您这可是委屈了自己呵！"杜微称年老多病，请求辞官归家。诸葛亮又给他写信说："曹丕杀君篡位，自立为帝，其实，就像土龙草狗一样，徒有其名。我想与各位贤士以正义之道铲除这个邪恶奸诡之徒，可您却没有给予教诲，就要求回归山野，令人感到不解。现在，曹丕正征召劳役，准备攻打吴蜀。趁魏国多事之时，我想，暂不出兵而致力于发展农耕，使百姓得以休养生息，积蓄物资。同时，积极备战，待曹军疲惫时，再讨伐他们。这样，就可以不必打仗，百姓不劳苦而使天下平定。您只要以德行辅助当今国事，不求您过问军事，为什么还要急急忙忙地要求离开呢！"诸葛亮就是这样敬重杜微。杜微被任命为谏议大夫，以尊重他的志向。

【人物解读】

杜微，生卒年不详，少受学于广汉。刘璋辟为从事，称病去官。刘备平定蜀地，杜微则称双耳失聪，闭门不出。多次推辞不做官，后诸葛亮拜其为谏议大夫。

【世人对其评价】

陈寿《三国志》："杜微修隐静，不役当世，庶几夷、皓之属。"

卷四十三　黄李吕马王张传第十三·黄权·马忠

黄权

【原典】

黄权字公衡，巴西阆中人也。少为郡吏，州牧刘璋召为主簿。时别驾张松建议，宜迎先主，使伐张鲁。权谏曰："左将军有骁名，今请到，欲以部曲遇之，则不满其心，欲以宾客礼待，则一国不容二君。若客有泰山之安，则主有累卵之危。可但闭境，以待河清。"璋不听，竟遣使迎先主，出权为广汉长。及先主袭取益州，将帅分下郡县，郡县望风景附，权闭城坚守，须刘璋稽服，乃诣降先主。先主假权偏将军。及曹公破张鲁，鲁走入巴中，权进曰："若失汉中，则三巴不振，此为割蜀之股臂也。"于是先主以权为护军，率诸将迎鲁。鲁已还南郑，北降曹公，然卒破杜濩、朴胡，杀夏侯渊，据汉中，皆权本谋也。

先主为汉中王，犹领益州牧，以权为治中从事。及称尊号，将东伐吴，权谏曰："吴人悍战，又水军顺流，进易退难，臣请为先驱以尝寇，陛下宜为后镇。"先主不从，以权为镇北将军，督江北军以防魏师；先主自在江南。及吴将军陆议乘流断围，南军败绩，先主引退。而道隔绝，权不得还，故率将所领降于魏。有司执法，白收权妻子。先主曰："孤负黄权，权不负孤也。"待之如初。

【释译】

黄权，字公衡，巴西阆中人。青年时作巴西郡官吏，益州牧刘璋征召他为主簿。这时，别驾张松向刘璋建议，邀请刘备入川，去讨伐张鲁。黄权劝谏说："左将军刘备骁勇善战，现在请他来，如以部下待他，则不能使他满足，若以宾客之礼待他，那么，一国不坐二主。如果客人像泰山一样安稳，主人就如有危卵。现在，只能封闭国境等待黄河水清之日。"刘璋没有听从黄权的劝说，仍派遣使者迎接刘备，把黄权派往广汉任县长。刘备攻取益州后，各郡县望风归附。只有黄权闭城坚守，直到刘璋投降，才归附刘备。刘备让黄权代理偏将军。曹操打败张鲁，张鲁逃到巴中。黄权对刘备说："汉中失守，巴东、巴西和巴郡就会受到威胁，这是割去蜀国的大腿和胳膊啊。"于是，刘备任命黄权为护军，率各将领去支援张鲁。此时，张鲁已返回南郑，投降了曹操。但是刘备最终打败了杜濩、朴胡，杀了夏侯渊，占据了汉中，这都归功于黄权的计谋。

刘备任汉中王后，仍兼任益州州牧，任黄权为治中从事。刘备称帝后，欲东征讨伐吴国，黄权劝谏说："吴人勇猛善战，又有水军顺水而动，我们前进容易而后退就难，请允许我任先锋以探敌虚实，陛下在后镇守。"刘备不听，任黄权为镇北将军，统帅江北兵马防范魏军；刘备亲到长江以南。等到吴国将军陆议顺水突围以后，江南的蜀军大败，刘备率部撤退。然而，此时归路已断，黄权不能回到蜀国，因此，他就带领所辖人马投降了魏国。有关官吏要执行军法，向刘备报告要逮捕黄权的妻子儿女。刘备说："是我辜负了黄权，不是黄权辜负我。"刘备对待黄权的家属还像以前一样。

【人物解读】

黄权（？～公元240年），魏车骑将军。黄权年轻时为郡吏，后来州牧刘璋征召他为主簿。当时别驾张松建议，应该迎接刘备，使他讨伐张鲁。黄权劝谏，刘璋不听，派法正去迎接刘备，而将黄权外放为广汉长。刘备称汉中王，领益州牧，以黄权为治中从事。黄权在公元239年升为车骑将军，仪同三司。

【世人对其评价】

陈寿《三国志》：“黄权弘雅思量……咸以所长，显名发迹，遇其时也。”

刘备：“孤负黄权，权不负孤也”。“虽亡黄权，复得狐笃，此为世不乏贤也。”

徐众：“权既忠谏于主，又闭城拒守，得事君之礼。武王下车，封比干之墓，表商容之闾，所以大显忠贤之士，而明示所贵之旨。先主假权将军，善矣，然犹薄少，未足彰忠义之高节，而大劝为善者之心。”

杨戏：“镇北敏思，筹画有方，导师禳秽，遂事成章。偏任东隅，末命不祥，哀悲本志，放流殊疆。”

司马懿：“黄公衡，快士也，每坐起叹述足下（诸葛亮），不去口实。”

罗贯中：“降吴不可却降曹，忠义安能事两朝？堪叹黄权惜一死，紫阳书法不轻饶。”

马忠

【原典】

马忠字德信，巴西阆中人也。少养外家，姓狐，名笃，后乃复姓，改名忠。为郡吏，建安末举孝廉，除汉昌长。先主东征，败绩猇（xiāo）亭，巴西太守阎芝发诸县兵五千人以补遗阙，遣忠送往。先主已还永安，见忠与语，谓尚书令刘巴曰：“虽亡黄权，复得狐笃，此为世不乏贤也。”建兴元年，丞相亮开府，以忠为门下督。三年，亮入南，拜忠牂牁太守。郡丞朱褒反。叛乱之后，忠抚育恤理，甚有威惠。八年，召为丞相参军，副长史蒋琬署留府事。又领州治中从事。明年，亮出祁山，忠诣亮所，经营戎事。军还，督将军张嶷等讨汶山郡叛羌。十一年，南夷豪帅刘胄反，扰乱诸郡。征庲降都督张翼还，以忠代翼。忠遂斩胄，平南土，加忠监军、奋威将军，封博阳亭侯。初，建宁郡杀太守正昂，缚太守张裔于吴，故都督常驻平夷县。至忠，乃移治味县，处民夷之间。又越嶲郡亦久失土地，忠率将太守张嶷开复旧郡，由此就加安南将军，进封彭乡侯。延熙五年还朝，因至汉中，见大司马蒋琬，宣传诏旨，加拜镇南大将军。七年春，大将军费祎北御魏敌，留忠成都，平尚书事。祎还，忠乃归南。十二年卒，子脩嗣。

忠为人宽济有度量，但诙啁大笑，忿怒不形于色。然处事能断，威恩并立，是以蛮夷畏而爱之。及卒，莫不自致丧庭，流涕尽哀，为之立庙祀，迄今犹在。

【释译】

马忠，字德信，巴西阆中人。因幼时生活在外祖母家，随母姓狐，名笃，后来才恢复父姓，改名为忠。任郡吏，建安末年被荐举为孝廉，任汉昌县长。刘备征伐东吴，在猇亭失败。巴西郡太守阎芝派遣五千多名各县士兵补充兵源，让马忠送往营前。此时，刘备已返回永安，见到马忠，和他交谈后对尚书令刘巴说："我虽失去黄权，但又得到狐笃，世间真是不乏贤才呀。"建兴元年，丞相诸葛亮开府，以马忠为门下督。建兴三年，诸葛亮入南中，任马忠为牂牁郡太守。牂牁郡丞朱褒反叛。平定叛乱之后，马忠抚理百姓，特别有恩威。建兴八年，诸葛亮任马忠为丞相参军，协助留府长史蒋琬处理丞相府事务。后又兼任益州治中从事。第二年，诸葛亮兵出祁山，马忠到诸葛亮兵营管理军务。退兵后，又指挥将军张嶷等讨伐汶山郡叛羌。建兴十一年，南中少数民族首领刘胄反叛，袭扰各郡。朝廷征召说庲降都督张翼回朝，以马忠代替张翼的都督之职，马忠最后斩杀了刘胄，平定了南中，朝廷加授马忠监军、奋威将军职务，封爵博阳亭侯。当初，建宁郡叛军杀害太守正昂，将继任太守张裔绑送到孙吴，所以，都督府常驻在平夷县。马忠上任后，把治所移到味县，处在汉族与少数民族之间。另外，越嶲郡也长期失去土地，马忠率领越嶲郡太守张嶷恢复旧有土地，因此，就地加授安南将军，进封彭

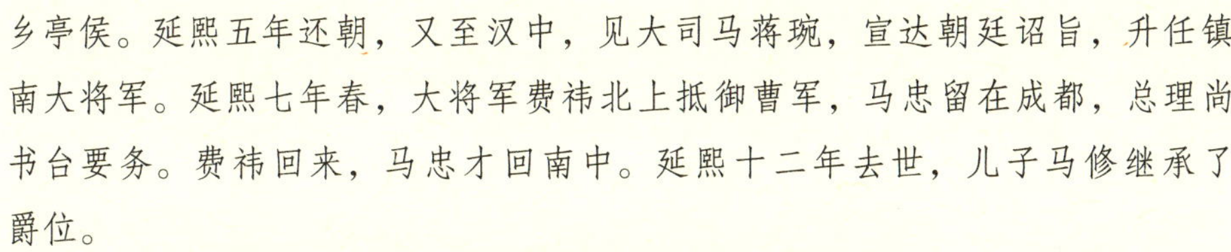

乡亭侯。延熙五年还朝，又至汉中，见大司马蒋琬，宣达朝廷诏旨，升任镇南大将军。延熙七年春，大将军费祎北上抵御曹军，马忠留在成都，总理尚书台要务。费祎回来，马忠才回南中。延熙十二年去世，儿子马修继承了爵位。

马忠为人宽厚有度量，常诙谐谈笑，愤怒从不表现在脸上。但他处事断然，对人恩威并用，所以蛮夷族既畏惧又爱戴他。去世时，当地人都自发到灵前吊唁，伤心地流泪致哀，还立庙祭祀，至今庙宇仍在。

【人物解读】

马忠（？～公元249年），出身士大夫，三国时蜀汉名将。东汉末期为巴西郡吏，察孝廉，为汉昌县长。刘备甚为器重他，对尚书令刘巴称赞说他是黄权一类的人才。丞相诸葛亮开府治事，辟马忠为门下督，拜马忠为牂牁太守，率偏军平定当地叛乱。马忠治理牂牁政绩显著，诸葛亮又辟为丞相参军，作为丞相长史蒋琬的副手，处理后方军政事务。大司马蒋琬北驻汉中，而马忠入朝述职，于是受命到前线宣传诏旨，加拜为镇南大将军。魏国进攻汉中，大将军费祎率军北上增援，马忠留在成都处理政事。费祎班师，马忠才回到南中。十二年死于任上。

【世人对其评价】

陈寿《三国志》："马忠扰而能毅……咸以所长，显名发迹，遇其时也。""忠为人宽济有度量，但诙啁大笑，忿怒不形於色。然处事能断，威恩并立。""忠抚育恤理，甚有威惠。"

刘备："虽亡黄权，复得狐笃，此为世不乏贤也。"

常璩："若乃先汉以来，范三侯、冯车骑、马镇南，皆植斯乡，故曰'巴有将，蜀有相'也。"

卷四十四　蒋琬费祎姜维传第十四·蒋琬·姜维

蒋琬

【原典】

蒋琬字公琰，零陵湘乡人也。弱冠与外弟泉陵刘敏俱知名。琬以州书佐随先主入蜀，除广都长。先主尝因游观奄至广都，见琬众事不理，时又沉醉，先主大怒，将加罪戮。军师将军诸葛亮请曰："蒋琬，社稷之器，非百里之才也。其为政以安民为本，不以修饰为先，愿主公重加察之。"先主雅敬亮，乃不加罪，仓卒但免官而已。琬见推之后，夜梦有一牛头在门前，流血滂沱，意甚恶之，呼问占梦赵直。直曰："夫见血者，事分明也。牛角及鼻，'公'字之象，君位必当至公，大吉之征也。"顷之，为什邡令。先主为汉中王，琬入为尚书郎。建兴元年，丞相亮开府，辟琬为东曹掾。举茂才，琬固让刘邕、阴化、庞延、廖淳，亮教答曰："思惟背亲舍德，以殄百姓，众人既不隐于心，实又使远近不解其义，是以君宜显其功举，以明此选之清重也。"迁为参军。五年，亮住汉中。琬与长史张裔统留府事。八年，代裔为长史，加抚军将军。亮数外出，琬常足食足兵以相供给。亮每言："公琰托志忠雅，当与吾共赞王业者也。"密表后主曰："臣若不幸，后事宜以付琬。"

【释译】

蒋琬，字公琰，零陵湘乡人。二十岁时与表弟泉陵人刘敏就都很有名气。蒋琬以州书佐身份随刘备入川，任广都县长。刘备外出突至广都，发现蒋琬各项政事都没有办理，又喝得烂醉，刘备大怒，准备加罪处罚。军师将军诸葛亮

求情说："蒋琬是治国的栋梁之才，不是管理区区百里之地的小才。他为政以安民为本，从不装点门面，望主公对他重新考察。"刘备向来尊敬诸葛亮，便不给蒋琬加罪，只是免官而已。蒋琬被撤职后，夜里梦见门前有一只牛头，鲜血淋漓，心里很是厌恶，便问占梦的赵直，赵直说："见到鲜血，表示事情已经清楚。由牛的两角到牛鼻子，是个'公'字，您的职位一定会到公卿，这是吉兆啊。"不久，任什邡县令。刘备为汉中王，蒋琬入朝任尚书郎。建兴元年，丞相诸葛亮开设府署，征聘蒋琬为东曹掾。后又举荐他为茂才，蒋琬坚决辞让给刘邕、阴化、庞延、廖淳。诸葛亮开导他说："想到要舍弃有道德的人不用，因而贻害百姓，既会使士民心中不安，又会使远近之人不明其理。所以，应该显示您因功被举荐，以表明此次遴选的贵重。"后升为参军。建兴五年，诸葛亮进驻汉中，蒋琬与长史张裔主持留守相府事宜。建兴八年，代替张裔任长史，加抚军将军。诸葛亮数次出兵征战，蒋琬总是供以充足的粮饷和足够的兵力。诸葛亮常说："公琰以忠正寄托报国的志向，他是辅助我完成统一大业的人啊！"给后主上密表说："臣如有不幸，后事可托付给蒋琬。"

【人物解读】

蒋琬（？～公元246年），三国时期著名的政治家、军事家。随刘备入川，因其政以安民为本，不加修饰，所以被免官。后被重新起用，得代张裔为长史。蒋琬很得诸葛亮的赏识，诸葛亮曾说："臣若不幸，后事宜以付琬。"诸葛亮去世后，蒋琬以出类拔萃、神色自若使得众望所归，任尚书令一职，正式成为诸葛亮的继承者。不久升任大司马。蒋琬谦恭厚道，品性高洁，为人所崇。蒋琬在战略上大胆改革，以"防守反攻"代替"以攻为守"来进行战略布局，闭关息民，蜀汉的国力有了很大的增强。后琬又以大将军的身份屯驻汉中，并对诸葛亮的北伐策略做了认真研究，他以为："昔日诸葛亮数窥秦川，道险运艰，竟不能克，不若乘水东下。乃多作舟船，欲由汉、沔袭魏兴、上庸。"并且上疏刘禅，提出了"东西并力"、"涪为本营"、"驻凉"三条良策。然而，天妒英才，正当蒋琬要一展宏图的时候，却不幸得急病辞世。

【世人对其评价】

陈寿《三国志》："蒋琬方整有威重，费祎宽济而博爱，咸承诸葛之成规，因循而不革，是以边境无虞，邦家和一，然犹未尽治小之宜，居静之理也。”

诸葛亮：“公琰托志忠雅，当与吾共赞王业者也。”

姜维

【原典】

姜维字伯约，天水冀人也。少孤，与母居。好郑氏学。仕郡上计掾，州辟为从事。以父冏昔为郡功曹，值羌、戎叛乱，身卫郡将，没于战场，赐维官中郎，参本郡军事。建兴六年，丞相诸葛亮军向祁山，时天水太守适出案行。维及功曹梁绪、主簿尹赏、主记梁虔等从行。太守闻蜀军垂至，而诸县响应，疑维等皆有异心，于是夜亡保上邽。维等觉太守去，追迟，至城门，城门已闭，不纳。维等相率还冀，冀亦不入维。维等乃俱诣诸葛亮。会马谡败于街亭，亮拔将西县千余家及维等还，故维遂与母相失。亮辟维为仓曹掾，加奉义将军，封当阳亭侯，时年二十七。亮与留府长史张裔、参军蒋琬书曰：“姜伯约忠勤时事，思虑精密，考其所有，永南、季常诸人不如也。其人，凉州上士也。”又曰：“须先教中虎步兵五六千人。姜伯约甚敏于军事，既有胆义，深解兵意。此人心存汉室，而才兼于人，毕教军事，当遣诣宫，觐见主上。”后迁中监军、征西将军。

十二年，亮卒，维还成都，为右监军、辅汉将军，统诸军，进封平襄侯。延熙元年，随大将军蒋琬住汉中。琬既迁大司马，以维为司马，数率偏军西入。六年，迁镇西大将军，领凉州刺史。十年，迁卫将军，与大将军费祎共录尚书事。是岁，汶山平康夷反，维率众讨定之。又出陇西、南安、金城界，与魏大将军郭淮、夏侯霸等战于洮西。胡王治无戴等举部落降，维将还安处之。十二年，假维节，复出西平，不克而还。维自以练西方风俗，兼负其才武，欲诱诸羌、胡以为羽翼，谓自陇以西可断而有也。每欲兴军大举，费祎常裁制不从，与其兵不过万人。

【释译】

姜维，字伯约，天水冀县人，幼年时父亲就去世了，和母亲一起生活。喜欢读郑玄的经学。在郡里为上计掾，州里又征召他任从事，因其父姜冏生前为郡中功曹，正赶上羌、戎等族叛乱，姜冏亲卫郡太守，战死在疆场，所以，朝廷赐予姜维中郎的官职，参与管理本郡的军务。后主建兴六年，丞相诸葛亮进军祁山，此时，天水太守恰好外出巡视，姜维和功曹梁绪、主簿尹赏、主记梁虔等人随行。太守听说蜀军就要到了，各县纷纷响应蜀军，就怀疑姜维等人也对他有二心，因此，连夜逃奔上邽守卫。待姜维等人发现太守走了，要追也迟了，到达上邽县城门前时，城门已经关闭，不接纳他们。姜维等人只好又返回冀县，然而，冀县也不让姜维进入。于是，姜维等人就一起投奔了诸葛亮。正遇马谡在街亭失败。诸葛亮攻克了西县，并带领西县一千多户人家和姜维等人回师，这时，姜维便同他的母亲失散了。诸葛亮任姜维为仓曹掾，加奉义将军，封当阳亭侯，此时，他二十七岁。诸葛亮给留府长史张裔、参军蒋琬写信说："姜伯约对当今大业忠诚勤勉，思虑精细，考察他所具备的才能，永南、季常那些人都比不上他，是凉州的上等人才啊。"又说："应首先训练中军虎步兵五六千人。伯约擅长军事，既有胆量，又深懂用兵之道。他心思汉朝，才能又顶别人两个，完成训练后，当派他入朝觐见君主。"后来，升任中监军，征西将军。

建兴十二年，诸葛亮去世，姜维回到成都，任右监军辅汉将军，统领各军，进封平襄侯。延熙元年，随大将军蒋琬屯驻汉中。蒋琬升迁为大司马后，任姜维为司马，多次率偏军西入敌境。延熙六年，升迁为镇西大将军，兼任凉州刺史。延熙十年，升迁为卫将军，与大将军费祎同管尚书台事务。这一年，汶山郡平康县的少数民族反叛，姜维率军讨伐平定了他们。又出兵陇西、南安、金城等地，与曹魏大将军郭淮、夏侯霸等人在洮西争战。少数民族首领治无戴等率领部落投降，姜维把他们带回去进行安置。延熙十二年，朝廷授姜维符节，再次出兵西平郡，无功而回。姜维自认为熟悉凉州民情，对自己的文武才能又很自负，想招抚那里的羌人为羽翼，认为可以割断陇西为蜀汉所有。常想大举出兵，费祎则限制不同意，给他的兵马不过万人。

【人物解读】

姜维（公元202～264年），三国时期著名军事统帅，是蜀汉第五代执政大臣。姜维忠勤时事、思虑精密、敏于军事，既有胆义，又心存汉室，深得诸葛亮器重。随诸葛亮出征，久经沙场，屡立战功。姜维继诸葛亮之略，以攻代守，伺图中原，恢复汉室。又欲以胡为翼，断所属，拓界厉兵。于是伺机十一次兵伐中原，挫魏国之威。又段谷胡济失约退败，侯和为艾破。奈先费祎裁制，后宦臣弄权，互有胜负，悉未成功。

【世人对其评价】

陈寿《三国志》："姜维粗有文武，志立功名，而玩众黩旅，明断不周，终致陨毙。"

郤正："姜伯约据上将之重，处群臣之右。宅舍弊薄，资财无余，侧室无妾媵之亵，后庭无声乐之娱，衣服取供，舆马取备，饮食节制，不奢不约，官给费用，随手消尽；察其所以然者，非以激贪厉浊，抑情自割也。直谓如是为足，不在多求。凡人之谈，常誉成毁败，扶高抑下，咸以姜维投厝无所，身死宗灭，以是贬削，不复料擿，异乎春秋褒贬之义矣。如姜维之乐学不倦，清素节约，自一时之仪表也。"

郭颁："时蜀官属皆天下英俊，无出维右。"

傅玄："维为人好立功名，阴养死士，不修布衣之业。"

钟会："公侯以文武之德，怀迈世之略，功济巴、汉，声畅华夏，远近莫不归名。""以伯约比中土名士，公休、太初不能胜也。"

邓艾："姜维自一时雄儿也，然与某相值，故穷耳。"

干宝："姜维为蜀相，国亡主辱弗之死，而死于钟会之乱，惜哉！非死之难，处死之难也。是以古之烈士，见危授命，投节如归，非不爱死也，固知命之不长而惧不得其所也。"

曹奂："蜀所恃赖，唯维而已。"

胡三省："姜维之心，始终为汉，千载之下，炳炳如丹。"

罗贯中："天水夸英俊，凉州产异才。系从尚父出，术奉武侯来。大胆应无惧，雄心誓不改。成都身死日，汉将有余哀。"

王鸣盛："赤心千载如生。"

《剑门平襄侯祠》："潇潇风雨剑门秋，伯约祠堂亘古留。生尚设谋诛邓艾，死当为吏杀谯周。中原有土都归魏，左袒无人复为刘。斗胆尽储亡国恨，九泉应诉武乡侯。"

卷四十五　邓张宗杨传第十五·邓芝

邓芝

【原典】

邓芝字伯苗，义阳新野人，汉司徒禹之后也。汉末入蜀，未见知待。时益州从事张裕善相，芝往从之，裕谓芝曰："君年过七十，位至大将军，封侯。"芝闻巴西太守庞羲好士，往依焉。先主定益州，芝为郫邸阁督。先主出至郫，与语，大奇之，擢为郫令，迁广汉太守。所在清严有治绩，入为尚书。

先主薨于永安。先是，吴王孙权请和，先主累遣宋玮、费祎等与相报答。丞相诸葛亮深虑权闻先主殂陨，恐有异计，未知所如。芝见亮曰："今主上幼弱，初在位，宜遣大使重申吴好。"亮答之曰："吾思之久矣，未得其人耳，今日始得之。"芝问："其人为谁？"亮曰："即使君也。"乃遣芝修好于权。权果狐疑，不时见芝，芝乃自表请见权曰："臣今来亦欲为吴，非但为蜀也。"权乃见之，语芝曰："孤诚愿与蜀和亲，然恐蜀主幼弱，国小势逼，为魏所乘，不自保全，以此犹豫耳。"芝对曰："吴、蜀二国四州之地，大王命世之英，诸葛亮亦一时之杰也。蜀有重险之固，吴有三江之阻，合此二长，共为唇齿，进可并兼天下，退可鼎足而立，此理之自然也。大王今若委质于魏，魏必上望大王之入朝，下求太子之内侍，若不从命，则奉辞伐叛，蜀必顺流见可而进，如此，江南之地非复大王之有也。"权默然良久曰："君言是也。"遂自绝魏，与蜀连和，遣张温报聘于蜀。蜀复令芝重往，权谓芝曰："若天下太平，二主分治，不亦乐乎！"芝对曰："夫天无二日，土无二王，如并魏之后，大王未深识天命者也，君各茂其德，臣各尽其忠，将提枹鼓，则战争方始耳。”权大笑曰：“君之诚款，乃当尔邪！”权与亮书曰：“丁厷掞张，阴化不尽；和合二国，唯有邓芝。”及亮北住汉中，以芝为中监军、扬武将军。亮卒，迁前军师、前将军，领兖州刺史，封阳武亭侯，顷之，为督江州。权数与芝相闻，馈遗优渥。延熙六年，就迁为车骑将军，后假节。十一年，涪陵国人杀都尉反叛，芝率军征讨，即枭其渠帅，百姓安堵。十四年卒。

【释译】

邓芝，字伯苗，义阳新野人，东汉司徒邓禹的后代。东汉末年进入益州，但刘璋并不赏识和厚待他。益州从事史张裕擅长相面，邓芝到张裕那里，张裕对他说：“您七十岁时，官位将升到大将军，加封侯爵。”邓芝听说巴西郡太守庞羲喜爱人才，便前去投奔。刘备平益州后，邓芝被任为郫县邸阁督。刘备出行至郫县，与邓芝谈话，认为他非常突出，便提拔为郫县令，又升迁为广汉郡太守。他所在任上清明有政绩，后入朝任尚书。

刘备在永安去世。此前，孙

权请求两家和好，刘备多次派遣宋玮、费祎等人回访。丞相诸葛亮担心孙权听说刘备去世会有别的打算，一时不知如何办好。邓芝拜见诸葛亮，说：“现在后主年幼，刚刚即位，应派使节出使吴国再次与其修好。”诸葛亮说：“我考虑很长时间了，没有合适的人选。今天，我才得到合适的人了。”邓芝问是谁，诸葛亮说：“就是使君您哪！”于是，邓芝便去东吴与之建立友好关系。果然，孙权心中狐疑不决，没有及时会见邓芝。邓芝上表求见孙权，说：“我此来也是为吴国而来，不仅仅是为我蜀国。”这样，孙权才同意相见，对邓芝说：“我的确想和蜀国和亲，但恐幼主年幼且国小而外有强敌，一旦被魏国欺凌，而不能保全自己，因此，心中犹豫。”邓芝说：“吴蜀二国据有四州，大王又是闻名于世的英雄，诸葛亮也是一代豪杰。蜀国有险固的地势，吴国有三江天堑，这两方面的长处合在一起，唇齿相依，进可兼并天下，退也能鼎足而立，这是很自然的道理。大王如果归顺魏国，魏国不仅会要求大王入朝称臣，也会要求太子入官为人质；如果不依从于他，魏国就会以此为借口来讨伐于你，蜀国也会顺长江而下伺机进逼吴国。若真是这样，江南就不再归您所有了。”孙权沉默了许久，说：“你说得对。”于是，和魏国断绝往来，与蜀联合，并派遣张温回访蜀国。蜀国又派邓芝再次前往东吴，孙权对邓芝说：“如果天下太平，你我两国分天下而治，不也很快乐吗？”邓芝回答说：“天无二日，国无二主，如果平定了魏国以后，大王仍未深识上天旨意，那么，君主各扬宏德，大臣各尽忠诚，战鼓就要擂动，双方的战争就开始了。”孙权大笑说：“你竟是这样的恳直！”孙权给诸葛亮写信说：“几位使臣中丁厷浮夸，阴化说话不尽不实；能和解联合两国的人，只有邓芝。”诸葛亮向北驻扎汉中时，任邓芝为中监军、扬武将军。诸葛亮去世后，邓芝任前军师、前将军，兼领益州刺史，封为阳武亭侯，不久，又成为统帅江州的将领。孙权多次与邓芝通信，并赠送丰厚的礼品。延熙六年，又升迁为车骑将军，假节。延熙十一年，涪陵国人杀死都尉反叛，邓芝率军征讨，当即杀死叛军首领，百姓安定。延熙十四年，邓芝逝世。

【人物解读】

邓芝（公元153~251年），年少时入蜀没有受到重用，他就去询问擅长相术的张裕，张裕说他晚年一定能封侯拜将。他先投靠巴西太守庞羲，不久就被刘备召为郫县邸阁督。后来历任郫县县令、广汉太守、尚书。刘备去世后，诸葛亮想要交好吴国，派邓芝前去游说，果然使两国重新结盟。邓芝还深受孙权的喜爱，收到许多赐给的礼物。之后又历任中监军、扬武将军、前军师、前将军、益州刺史、阳武亭侯。最后在延熙六年被任为车骑将军，授予符节。延熙11年率兵往涪陵平叛得胜。延熙十四年去世。

【世人对其评价】

陈寿《三国志》："邓芝坚贞简亮，临官忘家。"

吴　书

汉末时，孙坚到中原镇压黄巾，以后又转战于江南诸郡。时，孙坚参加讨伐董卓的关东联军，隶属于袁术，在淮南活动。孙坚死，子孙策统领部众，约于兴平元年（公元 194 年）开始向江东发展。他得到周瑜等人的助力，驱逐暂驻曲阿的扬州刺史，逼降会稽太守。建安元年（公元 196 年）献帝都许以后，孙策拒袁术而联曹操，封为吴侯。建安四年，孙策取得豫章郡地。建安五年孙策死，弟孙权统众。建安十三年孙权由吴徙治京城（今江苏镇江）。筹划赤壁之战，势力达至荆州；建安十五年取得岭南。建安十六年孙权徙治秣陵，次年，改秣陵为建业。建安二十四年孙权破关羽，占有荆州全境。黄武元年（公元 222 年），孙权接受魏国封号，在武昌称吴王。据有今福建、广东、广西、湖南的广大地区。东汉灭亡后鼎足而立的魏、蜀、吴三国之一。

卷四十六　孙破虏讨逆传第一·孙坚·孙策

孙坚

【原典】

孙坚字文台，吴郡富春人，盖孙武之后也。少为县吏。年十七，与父共载船至钱塘，会海贼胡玉等从匏里上掠取贾人财物，方于岸上分之，行旅皆住，船不敢进。坚谓父曰："此贼可击，请讨之。"父曰："非尔所图也。"坚行操刀上岸，以手东西指麾，若分部人兵以罗遮贼状。贼望见，以为官兵捕之，即委财物散走。坚追，斩得一级以还；父大惊。由是显闻，府召署假尉。会稽妖贼许昌起于句章，自称阳明皇帝，与其子韶扇动诸县，众以万数。坚以郡司马募召精勇，得千余人，与州郡合讨破之。是岁，熹平元年也。刺史臧旻列上功状，诏书除坚盐渎丞，数岁徙盱眙丞，又徙下邳丞。

中平元年，黄巾贼帅张角起于魏郡，托有神灵，遣八使以善道教化天下，而潜相连结，自称黄天泰平。三月甲子，三十六方一旦俱发，天下响应，燔烧郡县，杀害长吏。汉遣车骑将军皇甫嵩、中郎将朱儁（jùn）将兵讨击之。儁表请坚为佐军司马，乡里少年随在下邳者皆愿从。坚又募诸商旅及淮、泗精兵，合千许人，与儁并力奋击，所向无前。汝、颍贼困迫，走保宛城。坚身当一面，登城先入，众乃蚁附，遂大破之。儁具以状闻上，拜坚别部司马。

【释译】

孙坚，字文台，吴郡富春人，泛算是孙武的后代。年轻时曾做过县吏。

十七岁，与父亲同船到钱塘，正好碰上海盗胡玉等人上岸抢劫商人的财物，正在岸上分赃。此时，来往的行人因害怕都不敢走动，船只也不敢通行。孙坚便对父亲说："这些强盗完全可以捉拿，请让我去赶跑他们。"父亲说："这不是你能干得了的。"孙坚没有听父亲的劝告，提着刀就上了岸。他用手东指西指，像是指挥几部分人去包围强盗。海盗见到这种情形，以为是官兵前来捕捉，吓得他们扔掉抢来的财物，四处逃散。孙坚紧追上去，斩下一个强盗的脑袋才回来，他的父亲对此大为惊奇。自此以后，孙坚名声大振，郡府征召他为代理县尉。会稽郡的叛乱首领许昌在句章起兵，自称阳明皇帝，与他的儿子许韶到各县鼓动百姓造反，聚众数以万计。孙坚以郡司马之名招募勇士一千余人，和州郡兵马合力讨伐，击败了叛军。这一年，是汉熹平元年。刺史臧旻向朝廷呈报孙坚的功劳，朝廷下诏任命孙坚为盐渎县丞。几年后，转任盱眙县丞，又转任下邳县丞。

灵帝中平元年，黄巾军首领张角在魏郡起事，他称自己有神灵附身，派遣八位使者向全国传播太平道，暗中联系互相串联，自称黄天泰平。这年三月五日，三十六方同时发动，天下民众纷纷响应，焚烧郡县衙门，杀害地方官。汉朝派车骑将军皇甫嵩、中郎将朱儁率兵讨伐，朱儁上表朝廷请求孙坚任他的佐军司马。在下邳的追随孙坚的乡里年轻人都愿随孙坚同去。孙坚又招募各地行商及淮、泗精兵一千多人，与朱儁奋力合击，所向披靡。

汝南郡、颍川郡的黄巾军无路可走，逃进宛城自保。孙坚独当一面，首先登上城头，于是，部下蜂拥而上，大破黄巾军。朱儁将详情奏报朝廷，朝廷任命孙坚为别部司马。

【人物解读】

孙坚（公元155～191年），即吴武烈帝。东汉末期地方军阀，著名将领。汉末群雄之一，三国时期吴国的奠基人。史书说他“容貌不凡，性阔达，好奇节”，是大军事家孙武的后裔。县吏出身，因剿杀海盗显得勇敢又有谋略而被官府赏识，提拔为军官。孙坚参军后多次成功平定汉末叛乱，又随朱儁征讨黄巾，立下许多功劳，被东汉朝廷封为长沙太守、乌程侯。后董卓乱政，孙坚联合袁术，参加了诸侯联军，征讨董卓，表现最为积极，数次击败董卓的部队，并且斩了董卓的大将。董卓迁都长安，孙坚进兵洛阳，修复被董卓破坏的皇陵后返回鲁阳。不久，孙坚受袁术派遣与刘表交战，击败了刘表部下黄祖，却在一次追击中被黄祖的士兵射杀。因官至破虏将军，又称“孙破虏”。其子即为吴国的开国皇帝孙权。孙权建国后，追谥孙坚为武烈皇帝。

【世人对其评价】

陈寿《三国志》：“孙坚勇挚刚毅，孤微发迹，导温戮卓，山陵杜塞，有忠壮之烈。”

孙策

【原典】

策字伯符。坚初兴义兵，策将母徙居舒，与周瑜相友，收合士大夫，江、淮间人咸向之。坚薨，还葬曲阿。已乃渡江居江都。

徐州牧陶谦深忌策。策舅吴景，时为丹杨太守，策乃载母徙曲阿，与吕范、孙河俱就景，因缘招募得数百人。兴平元年，从袁术。术甚奇之，以坚部曲还策。太傅马日磾杖节安集关东，在寿春以礼辟策，表拜怀义校尉，术大将乔蕤、张勋皆倾心敬焉。术常叹曰：“使术有子如孙郎，死复何恨!”策骑士有罪，逃入术营，隐于内厩。策指使人就斩之，讫，诣术谢。术曰：“兵人好叛，当共疾之，何为谢也？”由是军中益畏惮之。术初许策为九江太守，已而更用丹杨陈纪：后术欲攻徐州，从庐江太守陆康求米三万斛。康不与，术大怒。策昔曾诣康，康不见，使主簿接之。策尝衔恨。术遣策攻康，谓曰：“前错用陈纪，每恨本意不遂。今若得康，庐江真卿有也。”策攻康，拔之，术复用其故吏刘勋为太守，策益失望。先是，刘繇为扬州刺史，州旧治寿春。寿春，术已据之，繇乃渡江治曲阿。时吴景尚在丹杨，策从兄贲又为丹杨都尉，繇至，皆迫逐之。景、贲退舍历阳。繇遣樊能、于麋东屯横江津，张英屯当利口，以拒术。术自用故吏琅邪惠衢为扬州刺史，更以景为督军中郎将，与贲共将兵击英等，连年不克。策乃说术，乞助景等平定江东。术表策为折冲校尉，行殄寇将军，兵财千余，骑数十匹，宾客愿从者数百人。比至历阳，众五六千。策母先自曲阿徙于历阳，策又徙母阜陵，渡江转斗，所向皆破，莫敢当其锋，而军令整肃，百姓怀之。

策为人，美姿颜，好笑语，性阔达听受，善于用人，是以士民见者，莫不尽心，乐为致死。刘繇弃军遁逃，诸郡守皆捐城郭奔走。吴人严白虎等众各万余人，处处屯聚。吴景等欲先击破虎等，乃至会稽。策曰：“虎等群盗，非有大志，此成禽耳。”遂引兵渡浙江，据会稽，屠东冶，乃攻破虎等。尽更置长吏，策自领会稽太守，复以吴景为丹杨太宁，以孙贲为豫章太守，分豫章为庐陵郡，以贲弟辅为庐陵太守，丹杨朱治为吴郡太守。彭城张昭、广陵张纮、秦松、陈端等为谋主。时袁术僭号，策以书责而绝之。曹公表策为讨逆将军，封为吴侯。后术死，长史杨弘、大将张勋等将其众欲就策，庐江太守刘勋要击，悉虏之，收其珍宝以归。策闻之，伪与勋好盟。勋新得术众，时豫章上缭宗民万余家在江东，策劝勋攻取之。勋既行，策轻军晨夜袭拔庐江，勋众尽降，勋独与麾下数百人自归曹公。是时袁绍方强，而策并江东，曹公力未能逞，且欲抚之。乃以弟女配策小弟匡，又为子章取贲女，皆礼辟策弟权、翊，又命扬州刺史严象举权茂才。

【释译】

孙策，字伯符。孙坚初兴义兵时，孙策奉母迁居到舒县，与周瑜结为好友，招纳会聚了许多豪杰，江、淮间的士大夫多投奔于他。孙坚死后，孙策将他葬在曲阿。随后，孙策便渡过长江，移居江都。

徐州牧陶谦非常忌恨孙策。孙策的舅舅吴景，此时正任丹杨太守，于是，孙策便带着母亲迁居曲阿，与吕范、孙河等一起投靠吴景，凭借种种机缘招募了几百人。兴平元年，追随袁术。袁术认为孙策非比寻常，便将孙坚的旧部交还孙策。太傅马日磾持节安抚关东，在寿春以礼征召孙策，上奏朝廷任命孙策为怀义校尉。袁术的大将乔蕤、张勋对孙策都很敬重，袁术经常感叹说："我要是有像孙郎那样的儿子，就死无遗憾了!"孙策部下一名士卒犯了罪，躲逃进袁术兵营的马棚里。孙策派人杀了他，然后，亲自向袁术道歉。袁术说："士兵常常叛逃，我们都痛恨这种行为，不需要道歉!"此后，军中上下更加畏惧孙策了。袁术最初同意孙策任九江太守，不久，又改用丹杨人陈纪。后来，袁术想攻打徐州，向庐江太守陆康索要三万斛大米，陆康不给，袁术大怒。从前，孙策曾去拜访过陆康，陆康不肯与他见面，派一名主簿接待，孙策为此怀恨在心。袁术派孙策去攻打陆康说："以前，我错用了陈纪，心里常常懊悔原先的想法没有实现。现在，如果抓到了陆康，庐江就真的归您所有了。"于是，孙策率军攻打陆康，占领了庐江。但是，袁术又任用了他的故吏刘勋为太守，孙策对袁术更加失望。此前，刘繇任扬州刺史，扬州过去的治所在寿春，而寿春已被袁术占据，刘繇就渡江把治所移至曲阿。此时，吴景尚在丹杨，孙策的堂兄孙贲又是丹杨都尉，刘繇一到，就以武力把他们都赶走了。吴景和孙贲只好退住在历阳。刘繇派樊能、于麋在东面屯兵横江津，张英驻守当利口，以抗拒袁术。袁术任用自己原来的属官琅邪人惠衢为扬州刺史，又以吴景为督军中郎将，让吴景和孙贲一起率兵攻打张英等人，连续打了几年，也没有打下来。孙策就劝说袁术，要求帮助吴景等人平定江东。袁术就任孙策为折冲校尉，代殄寇将军，但只给他一千多名士兵，战马才几十匹，门下宾客愿随孙策出征的倒有几百人。等到了历阳，孙策的兵马就扩充到五六千人。孙策的母亲事先已从曲阿迁到历阳，随后，孙策又把母亲迁到阜陵，再渡江出击，所向披靡，没人敢抵御他的锋芒。孙策的兵马军令严明，百姓都很拥戴他。

孙策相貌堂堂，颇有风姿，喜欢谈笑，豁达开朗，善于接受意见，又善于用人，士民凡见到他，没有不竭尽心力为他卖命的。刘繇弃军逃走，各州郡的太守也弃城而逃。吴郡人严白虎等各率一万多人，四处屯兵。吴景等人想先击败严白虎，就来到会稽。孙策说："严白虎只是强盗之流，没有什么雄心，这次出兵一定能捉住他们。"于是，率部渡过浙江，占领了会稽，屠戮东冶，打败了严白虎等人。孙策把这一带的地方官员全都更换了，自己兼任会稽太守，以吴景为丹杨太守，孙贲为豫章太守。又从豫章划分出部分地区设置庐陵郡，以孙贲的弟弟孙辅为庐陵太守，丹杨人朱治为吴郡太守。彭城人张昭、广陵人张纮、秦松、陈端等人是他的主要谋士。此时，袁术僭越称帝，孙策写信斥责并同他断绝了关系。曹操上表朝廷，奏请孙策为讨逆将军，封为吴侯。后来，袁术死了，其长史杨弘、大将张勋等人率部众想去投靠孙策，庐江太守刘勋于半路上截击了他们，俘虏并收缴了他们携带的珍宝返回。孙策听说这件事情，假意与刘勋交好结盟。当时，豫章上缭的宗民有一万多户在江东，孙策就劝刘勋进军掳为己有。刘勋出发后，孙策马上率轻骑日夜兼程，攻占了庐江，刘勋的部众全部投降，只有刘勋和手下几百人去投奔了曹操。此时，袁绍势力正盛，孙策又兼并了江东，曹操力量有限，还不能随己所愿，就想暂时安抚一下孙策，于是，把自己弟弟的女儿许配给孙策的小弟孙匡，又为儿子曹章迎娶了孙贲的女儿为妻，并按礼征聘孙策的弟弟孙权、孙翊，又命扬州刺史严象荐举孙权为茂才。

【人物解读】

孙策（公元175~200年），吴郡富春（今浙江富阳）人。孙坚之子，孙权长兄。东汉末年割据江东一带的军阀，汉末群雄之一，三国时期吴国的奠基者之一。为继承父亲孙坚的遗业而屈事袁术，并在讨伐割据江东的各军阀的过程中增强自军实力，终于统一江东。后因被刺客淬毒刺伤后身亡，年仅二十六岁。其弟孙权称帝后，追谥他为长沙桓王。

【世人对其评价】

陈寿《三国志》："策英气杰济，猛锐冠世，览奇取异，志陵中夏。"

罗贯中："独战东南地，人称小霸王。运筹如虎踞，决策似鹰扬。威镇三江靖，名闻四海香。临终遗大事，专意属周郎。"

卷四十七　吴主传第二·孙权

孙权

【原典】

孙权字仲谋。兄策既定诸郡，时权年十五，以为阳羡长。郡察孝廉，州举茂才，行奉义校尉。汉以策远修职贡，遣使者刘琬加锡命。琬语人曰：“吾观孙氏兄弟虽各才秀明达，然皆禄祚不终，惟中弟孝廉，形貌奇伟，骨体不恒，有大贵之表，年又最寿，尔试识之。”

建安四年，从策征庐江太守刘勋。勋破，进讨黄祖于沙羡。

五年，策薨，以事授权，权哭未及息。策长史张昭谓权曰：“孝廉，此宁哭时邪？且周公立法而伯禽不师，非欲违父，时不得行也。况今奸宄竞逐，豺狼满道，乃欲哀亲戚，顾礼制，是犹开门而揖盗，未可以为仁也。”乃改易权服，扶令上马，使出巡军。是时惟有

会稽、吴郡、丹杨、豫章、庐陵，然深险之地犹未尽从，而天下英豪布在州郡，宾旅寄寓之士以安危去就为意，未有君臣之固。张昭、周瑜等谓权可与共成大业，故委心而服事焉。曹公表权为讨虏将军，领会稽太守，屯吴，使丞之郡行文书事。待张昭以师傅之礼，而周瑜、程普、吕范等为将率。招延俊秀，聘求名士，鲁肃、诸葛瑾等始为宾客。分部诸将，镇抚山越，讨不从命。

七年，权母吴氏薨。

八年，权西伐黄祖，破其舟军，惟城未克，而山寇复动。还过豫章，使吕范平鄱阳，程普讨乐安，太史慈领海昏，韩当、周泰、吕蒙等为剧县令长。

九年，权弟丹杨太守翊为左右所害，以从兄瑜代翊。

十年，权使贺齐讨上饶，分为建平县。

十二年，西征黄祖，虏其人民而还。

十三年春，权复征黄祖，祖先遣舟兵拒军，都尉吕蒙破其前锋，而凌统、董袭等尽锐攻之，遂屠其城。祖挺身亡走，骑士冯则追枭其首，虏其男女数万口。是岁，使贺齐讨黟、歙，分歙为始新、新定、犁阳、休阳县，以六县为新都郡。荆州牧刘表死，鲁肃乞奉命吊表二子，且以观变。肃未到，而曹公已临其境，表子琮举众以降。刘备欲南济江，肃与相见，因传权旨，为陈成败。备进住夏口，使诸葛亮诣权，权遣周瑜、程普等行。是时曹公新得表众，形势甚盛，诸议者皆望风畏惧，多劝权迎之。惟瑜、肃执拒之议，意与权同。瑜、普为左右督，各领万人，与备俱进，遇于赤壁，大破曹公军。公烧其余船引退，士卒饥疫，死者大半。备、瑜等复追至南郡，曹公遂北还，留曹仁、徐晃于江陵，使乐进守襄阳。时甘宁在夷陵，为仁党所围，用吕蒙计，留凌统以拒仁，以其半救宁，军以胜反。权自率众围合肥，使张昭攻九江之当涂。昭兵不利，权攻城逾月不能下。曹公自荆州还，遣张喜将骑赴合肥。未至，权退。

【释译】

孙权，字仲谋，其兄长孙策平定江南各郡时，孙权年仅十五岁，被任命为阳羡县长。郡中推举他为孝廉，州里荐举他为茂才，试用为奉义校尉。朝廷因孙策虽远在江南却仍尽臣节交纳贡物，便派遣使者刘琬赐给他爵位官服。刘琬对人说："孙家兄弟虽优秀出众，聪明通达，但寿禄都不长。只有老二孙权，相貌奇特魁伟不凡，有大贵的仪表，寿命又最长，你们不妨记住我的话。"

建安四年，孙权随孙策征讨庐江太守刘勋，打败刘勋后，又进军沙羡征讨黄祖。

建安五年，孙策去世，把军国大事托付给孙权，孙权痛哭不止。孙策的长史张昭对孙权说："孝廉，这可不是哭的时候啊！古时周公立的丧礼他儿子伯禽就没遵守，并非他违逆父训，而是由于当时的形势无法正常办理。何况现在奸徒角逐，豺狼当道，你却只是哀痛死去的兄长，注重丧礼，这好比开门揖盗一样，这不能算是仁德啊。"于是便让孙权脱下丧服，扶他上马，外出巡视军营。这时，孙权只占据了会稽、吴郡、丹杨、豫章、庐陵等五郡，而这五郡的边远地方还未完全归服，且有许多英杰散布在各州郡，客居的士人常以个人的安危决定去留，君臣间还没有建立起牢固的关系。而张昭、周瑜等人认为可以与孙权一起成就大业，所以，尽心辅佐他。曹操上表奏封孙权为讨虏将军，兼任会稽太守，驻在吴郡。孙权派使丞到会稽郡处理日常事务，待张昭以太师太傅之礼，周瑜、程普、吕范等人都被任命为将军。广招贤人，以礼征聘有名望之士，鲁肃、诸葛瑾等人因

此才做了他的宾客。分派众将，镇抚山越族，讨伐那些不归服之人。

建安七年，孙权的母亲吴氏去世。

建安八年，孙权西进讨伐黄祖，击败他的水军，只有黄祖的守城没有攻下，而这时，山寇又起兵叛乱。孙权回军经过豫章，派吕范平定鄱阳县，程普讨伐乐安县，太史慈兼任海昏县令，韩当、周泰、吕蒙等人分别出任难以治理的各县县令长。

建安九年，孙权的弟弟丹杨太守孙翊被手下人杀害，孙权任命堂兄孙瑜代替孙翊为丹杨太守。

建安十年，孙权派遣贺齐讨伐上饶县，分出上饶的部分地区设置建平县。

建安十二年，孙权西进讨伐黄祖，掳掠当地的百姓而还。

建安十三年春天，孙权再次进兵征讨黄祖。黄祖派水军抵御，都尉吕蒙打败黄祖的前锋，凌统、董袭等人用全部精锐士卒进攻黄祖，破城后，屠杀城里人口。黄祖独身逃跑，骑士冯则追上，砍下他的头颅，孙权俘虏了他的部属男女几万人。这一年，孙权派遣贺齐讨伐黟县、歙县，并分出歙县部分地区新设始新、新定、黎阳、休阳四个县，并合六县设置新都郡。此时荆州牧刘表死去，鲁肃要求去慰问刘表的两个儿子，以观事态。鲁肃尚未到达，曹操已率军逼近荆州，刘表的儿子刘琮投降。刘备打算南渡长江，鲁肃与他相见，转达了孙权的意思，并以成败表明利害。刘备进驻夏口，派诸葛亮去见孙权，孙权即派周瑜、程普等人领统兵，以御曹操。这时，曹操又新得刘表的人马，气势很盛，东吴的谋士们因曹兵强大而担心，不断劝说孙权请降。只有周瑜、鲁肃坚持抗击的主张，意见与孙权相同。周瑜、程普任左右都督，各率兵马一万，与刘备一同进军，在赤壁与曹军相遇，把曹军打得大败。曹操烧毁了残余的船只，引军撤退，士兵因饥饿和瘟疫，死了一多半。刘备、周瑜等人又追击到南郡，曹操北还，留下曹仁、徐晃守江陵，乐进守襄阳。当时，吴将甘宁在夷陵，被曹仁部将包围，孙权用吕蒙计，以凌统抵御曹仁，分一半兵力援救甘宁，吴军取胜后返回，孙权亲率大军围攻合肥，派张昭进攻九江当涂。张昭出兵不利，孙权攻城费时一个多月未能攻下。曹操由荆州回北方后，派遣张喜率骑兵救援合肥，还未到达，孙权已撤退了。

【人物解读】

吴大帝孙权（公元 182～252 年），吴郡富春县（今浙江富阳）人。三国时期吴国的开国皇帝，公元 229～252 年在位。传说是中国兵法家孙武后裔。太守次子，幼年跟随兄长吴侯平定江东，200 年孙策早逝，孙权继位为江东之主。208 年，孙权与刘备联盟，并于赤壁击败曹操，天下三分局面初步形成。219 年孙权自刘备手中夺得荆州，使吴国的领土面积大大增加。222 年孙权称吴王，229 年称帝，正式建立吴国。

建安八年至建安十三年（公元 203～208 年），吴侯孙权三伐江夏太守，并于其间收得大将。同年，汉丞相南下，大败豫州牧，占领后，并给孙权写信，直意要取下东吴。东吴内部分为主战和主和两派，主战以周瑜、鲁肃为首，主和以张昭为首。张昭在当时是很有说服力的，但孙权却有意与曹操一战。此时，鲁肃从江夏带来刘备的军师诸葛亮，表明刘备联吴抗曹的决心。周瑜也及时地说明曹操的种种弊端，战有望获胜。孙权果断决定，以周瑜、程普为左右都督，与曹操决战。周瑜用谋，以三万人于赤壁大破曹操。这便是历史上有名的赤壁之战。

【世人对其评价】

陈寿《三国志》：“孙权屈身忍辱，任才尚计，有勾践之奇，英人之杰矣。故能自擅江表，成鼎峙之业。然性多嫌忌，果于杀戮，暨臻末年，弥以滋甚。至于谗说殄行，胤嗣废毙，岂所谓赐厥孙谋以燕翼子者哉？其后叶陵迟，遂致覆国，未必不由此也。”

郝经：“东汉之衰，孙权承父兄之烈，尊礼英贤，抚纳豪右，诛黄祖，走曹操，袭关侯，遂奄有荆扬，今年出濡须，明年战合肥，嶷然势常北向，而以守为攻，称臣于魏，结援于汉，始忍勾践之辱，终为熊通之僭，保据江淮，奄征南海，卒与汉魏鼎峙而立，先起而后亡，非惟智勇足抗衡，亦国势便利然也。”

苏轼：“亲射虎，看孙郎。”“孙权勇而有谋，此不可以声势恐喝取也。”

辛弃疾：“千古江山，英雄无觅，孙仲谋处。”“何处望神州，满眼风光北固楼，千古兴亡多少事，悠悠。不尽长江滚滚流。年少万兜鍪，坐断东南战未休，天下英雄谁敌手，曹刘。生子当如孙仲谋。”

胡三省：“当方面者，当如吕岱；委人以方面者，当如孙权。”

罗贯中：“紫髯碧眼号英雄，能使臣僚肯尽忠。二十四年兴大业，龙盘虎踞在江东。”

元好问：“孙郎矫矫人中龙，顾盼叱咤生云风。”

卢弼：“窃谓有勾践之志则可，无勾践之志则终为奴虏而已，南宋其已事也。仲谋操纵其间，以江东而抗衡大国承祚，方之勾践其信然矣。”

毛泽东：“孙权是个很能干的人。”“当今惜无孙仲谋”。

李宗吾：“他和刘备同盟，并且是郎舅之亲，忽然夺取荆州，把关羽杀了，心之黑，仿佛曹操，无奈黑不到底，跟着向蜀请和，其黑的程度，就要比曹操稍逊一点；他与曹操比肩称雄，抗不相下，忽然在曹丞相驾下称臣，脸皮之厚，仿佛刘备，无奈厚不到底，跟着与魏绝交，其厚的程度也比刘备稍逊一点。他虽是黑不如操，厚不如备，却是二者兼备，也不能不算是一个英雄。”

卷四十八　三嗣主传第三·孙亮

孙亮

【原典】

孙亮字子明，权少子也。权春秋高，而亮最少，故尤留意。姊全公主尝谮太子和子母，心不自安，因倚权意，欲豫自结，数称述全尚女，劝为亮纳。赤乌十三年，和废，权遂立亮为太子，以全氏为妃。

太元元年夏，亮母潘氏立为皇后。冬，权寝疾，征大将军诸葛恪为太子太傅，会稽太守滕胤为太常，并受诏辅太子。明年四月，权薨，太子即尊号，大赦，改元。是岁，于魏嘉平四年也。

建兴元年闰月，以恪为帝太傅，胤为卫将军领尚书事，上大将军吕岱为大司马，诸文武在位皆进爵班赏，冗官加等。冬十月，太傅恪率军遏巢湖，城东兴，使将军全端守西城，都尉留略守东城。十二月朔丙申，大风雷电，魏使将军诸葛诞、胡遵等步骑七万围东兴，将军王昶攻南郡，毌丘俭向武昌。甲寅，恪以大兵赴敌。戊午，兵及东兴，交战，大破魏军，杀将军韩综、桓嘉等。是月，雷雨，天灾武昌端门；改作端门，又灾内殿。

二年春正月丙寅，立皇后全氏，大赦。庚午，王昶等皆退。二月，军还自东兴，大行封赏。三月，恪率军伐魏。夏四月，围新城，大疫，兵卒死者大半。秋八月，恪引军还。冬十月，大飨。武卫将军孙峻伏兵杀恪于殿堂。大赦。以峻为丞相，封富春侯。十一月，有大鸟五见于春申，改明年元。

【释译】

孙亮，字子明，孙权的小儿子，年龄最小，孙权年纪大了，所以对他特别关心。他的姐姐全公主曾在孙权面前说过太子孙和母子的坏话，心里一直不安，想迎合孙权的意愿而讨好孙亮，所以，多次称赞丈夫全琮的侄子全尚的女儿，劝孙权为孙亮娶之为妻。赤乌十三年，太子孙和被废，孙权立孙亮为太子，以全尚之女全氏为太子妃。

吴太元元年夏，孙亮母亲潘氏被立为皇后。冬天，孙权卧病，任大将军诸葛恪为太子太傅，会稽太守滕胤为太常，二人受诏辅佐太子。第二年四月，孙权去世，太子孙亮即帝位，大赦，改换年号。这一年，是魏嘉平四年。

吴建兴元年闰月，任命诸葛恪为皇帝太傅，滕胤为卫将军兼尚书事，上大将军吕岱为大司马，在朝的文武官员都晋升了爵位，并发下奖赏。其他闲散的官员也升了等级。冬十月，太傅诸葛恪率兵截断巢湖水，修筑东兴城，将军全端守西城，都尉留略守东城。十二月初一日，大风雷电，魏国派将军诸葛诞、胡遵等人率步骑兵七万人围攻东兴，将军王昶攻打南郡，毌丘俭进兵武昌。十日，诸葛恪派重兵迎击魏军。十四日，大军到达东兴，与魏军交战，大破魏军，斩杀了魏将韩综、桓嘉等人。这月，雷雨大作，武昌端门因雷电起火，改建端门后，内殿又因雷电起火。

建兴二年春，正月初二，孙亮立全氏为皇后，大赦天下。初六，王昶等人都撤回去了。二月，兵马由东兴班师，朝廷对出征将士普遍给予了封赏。三月，诸葛恪率军讨伐魏国。夏四月，包围了新城，却发生了大瘟疫，士兵多半患病死亡。秋八月，诸葛恪率部返回。冬十月，朝廷祭祀宗庙，武卫将军孙峻用伏兵趁机在殿堂杀了诸葛恪。大赦。孙亮任命孙峻为丞相，封富春侯。十一月，有大鸟在春申出现了五次，于是，改换第二年的年号。

【人物解读】

孙亮（公元243～260年），孙权的第七子，吴国的第二代皇帝。他看到孙綝专权，图谋杀之，但最终失败。帝位被废，沦为会稽王。

【世人对其评价】

陈寿《三国志》：“孙亮童孺而无贤辅，其替位不终，必然之势也。”

卷四十九　刘繇太史慈士燮传第四·刘繇·太史慈

刘繇

【原典】

刘繇字正礼，东莱牟平人也。齐孝王少子封牟平侯，子孙家焉。繇伯父宠，为汉太尉。繇兄岱，字公山，历位侍中，兖州刺史。

繇年十九，从父韪（wěi）为贼所劫质，繇篡取以归，由是显名。举孝廉，为郎中，除下邑长。时郡守以贵戚托之，遂弃官去。州辟部济南，济南相中常侍子，贪秽不循，繇奏免之。平原陶丘洪荐繇，欲令举茂才。刺史曰："前年举公山，奈何复举正礼乎？"洪曰："若明使君用公山于前，擢正礼于后，所谓御二龙于长涂，骋骐骥于千里，不亦可乎！"会辟司空掾，除侍御史，不就。避乱淮浦，诏书以为扬州刺史。时袁术在淮南，繇畏惮，不敢之州。欲南渡江，吴景、孙贲迎置曲阿。术图为僭逆，攻没诸郡县。繇遣樊能、张英屯江边以拒之，以景、贲术所授用，乃迫逐使去。于是术乃自置扬州刺史，与景、贲并力攻英、能等，岁余不下。汉命加繇为牧，振武将军，众数万人。孙策东渡，破英、能等。繇奔丹徒，遂溯江南保豫章，驻彭泽。笮融先至，杀太守朱皓，入居郡中。繇进讨融，为融所破，更复招合属县，攻破融。融败走入山，为民所杀。繇寻病卒，时年四十二。

【释译】

刘繇，字正礼，东莱牟平人。汉齐孝王的小儿子封为牟平侯，从此，子孙后代便住在那里。刘繇的伯父刘宠是汉朝太尉。刘繇的哥哥刘岱，字公山，历任侍中、兖州刺史。

刘繇十九岁时，叔父刘韪被强盗劫去做人质，刘繇用计把他抢回来，由此显名，被荐举为孝廉，任为郎中，又升任下邑县长。当时，郡守让他对自己的亲戚特殊照顾，刘繇便弃官而去。州里征召他为济南部丞，济南相是中常侍的儿子，行为污秽，不遵法规，刘繇上表免去了他的官职。平原人陶丘洪推崇刘繇，让州里荐举他为茂才。刺史说："前年才推举他兄长公山，怎么又要推举正礼呢？"陶丘洪说："贤使君您先任用了公山，现在再提拔正礼，这好比于千里路上驾驭着两匹如龙的骏马驰骋，不是很好吗？"此时，朝廷征召他为司空掾，又任命他为侍御史，刘繇没有去。他在淮浦避乱时，皇帝下诏任命他为扬州刺史。当时，袁术在淮南，刘繇很畏惧袁术，不敢到扬州上任。就往南渡过长江，吴景、孙贲把他迎到曲阿安置。袁术图谋僭位叛逆，攻陷了许多郡县。刘繇派樊能、张英屯兵江边抵御袁术。因为吴景、孙贲是袁术任命的官员，刘繇便强行使他们离去。袁术又任命了扬州刺史，与吴景、孙贲合力攻打张英、樊能等人，打了一年多，未能取胜。汉朝廷下令升刘繇为扬州牧、振武将军，时有部众几万人。孙策东渡长江，打败张英、樊能等人。刘繇逃向丹徒，逆江而上控制豫章郡，驻守彭泽。笮融先于刘繇到达，杀了豫章太守朱晧，进驻豫章城。刘繇进军讨伐笮融，被笮融打败，他又重新召集辖属各县兵马，打败了笮融。笮融逃进山中，被山民所杀。刘繇不久病死，时年四十二岁。

【人物解读】

刘繇（公元156～197年），扬州牧。强盗把其叔父刘韪劫去做人质，刘繇用计把他抢回来，由此显名，被荐举为孝廉，任为郎中，后辟司空掾，除侍御史，以乱不就，避居淮浦，诏书命为扬州刺史。先后与袁术、孙策战，败归丹徒，不久病故，年四十二。

【世人对其评价】

陈寿《三国志》："刘繇藻厉名行，好尚臧否。至于扰攘之时，据万里之士，非其长也。"

陶丘洪："若明使君用公山于前，擢正礼于后，所谓御二龙于长涂，骋骐骥于千里，不亦可乎？”

王朗：“刘正礼昔初临州，未能自达，实赖尊门为之先后。用能济江成治，有所处定。践境之礼，感分结意，情在终始。后以袁氏之嫌，稍更乖剌。更以同盟，还为仇敌，原其本心，实非所乐。康宁之后，常愿渝平更成，复践宿好。一尔分离，款意不昭，奄然殂陨，可为伤恨。知敦以厉薄，德以报怨，收骨育孤，哀亡愍存，捐既往之猜。保六尺之托，诚深恩重分，美名厚实也。昔鲁人虽有齐怨，不废丧纪，《春秋》善之，谓之得礼，诚良史之所宜借，乡校之所叹闻。正礼元子，致有志操，想必有以殊异。威盛刑行，施之以恩，不亦优哉！”

太史慈

【原典】

太史慈字子义，东莱黄人也。少好学，仕郡奏曹史。会郡与州有隙，曲直未分，以先闻者为善。时州章已去，郡守恐后之，求可使者。慈年二十一，以选行，晨夜取道，到洛阳，诣公车门，见州吏始欲求通。慈问曰：“君欲通章邪？”吏曰：“然。”问：“章安在？”曰：“车上。”慈曰：“章题署得无误耶？取来视之。”吏殊不知其东莱人也，因为取章。慈已先怀刀，便截败之。吏踊跃大呼，言“人坏我章”！慈将至车间，与语曰：“向使君不以章相与，吾亦无因得败之，是为吉凶祸福等耳，吾不独受此罪。岂若默然俱出去，可以存易亡，无事俱就刑辟。”吏言：“君为郡败吾章，已得如意，欲复亡为？”慈答曰：“初受郡遣，但来视章通与未耳。吾用意太过，乃相败章。今还，亦恐以此见谴怒，故俱欲去尔。”吏然慈言，即日俱去。慈既与出城，因遁还通郡章。州家闻之，更遣吏通章，有司以格章之故不复见理，州受其短。由是知名，而为州家所疾。恐受其祸，乃避之辽东。

【释译】

太史慈，字子义，东莱黄县人。他从小喜欢学习，在郡府担任奏曹史。

期间，正赶上州牧和郡守闹矛盾，各执一词，这种情况朝廷一般视先报告的一方是正确的。当时，州牧弹劾郡守的章表已经送出，郡守担心自己弹劾州牧的章表晚到，就选用太史慈来执行这个使命。当时太史慈二十一岁。他日夜兼程，直奔洛阳，到公车门时，正看见州吏要把章表递进去。太史慈问道："您想呈报章表吗？"州吏说："是。"太史慈又问："章表在哪儿？"州吏说："在车上。"太史慈说："章表的题款该不会有错吧？拿来我看看。"州吏竟不知太史慈是东莱人，便给太史慈取来章表。太史慈接过章表就用事先备好的刀把章表割碎。州吏跳起来大叫，说"有人毁了我的奏章！"太史慈把他带到车厢，说："如果你不把奏章给我，我也不能砍坏它，现在这样，我们两人的吉凶就一样了，不是我一个人受惩罚。倒不如不说，我们一起逃跑，死中求生，不要做使我们都受刑罚的蠢事。"州吏说："你为郡里弄坏了我的奏章，目的已达到，还逃跑干什么？"太史慈说："当初受郡里派遣，只是看看奏章送上去没有，我过分卖力，才把奏章弄坏了。现在回去，也担心因此被怒责，所以，想和你一起逃走。"州吏认为太史慈的话很对，当天就与他一起逃走了。太史慈与州吏出城后，又悄悄跑回来送上了郡里的奏章。州里听到后，改派另一个小吏去送奏章，主办官因法令缘故，不再受理，州牧受斥。太史慈因此出名，却被州牧所痛恨。他担心受害，就躲避到了辽东。

【人物解读】

太史慈（公元166～206年），东汉末年江东军团武将，官至建昌都尉。弓马熟练，箭法精良。原为刘繇部下，后被孙策收降，于赤壁之战前病逝于吴，死时仅四十一岁。

【世人对其评价】

陈寿《三国志》："太史慈信义笃烈，有古人之风。"

洪迈："三国当汉、魏之际，英雄虎争，一时豪杰志义之士，礌礌落落，皆非后人所能冀，然太史慈者尤为可称。"

卷五十　妃嫔传第五·吴夫人

吴夫人

【原典】

孙破虏吴夫人，吴主权母也。本吴人，徙钱唐，早失父母，与弟景居。孙坚闻其才貌，欲娶之。吴氏亲戚嫌坚轻狡，将拒焉，坚甚以惭恨。夫人谓亲戚曰："何爱一女以取祸乎？如有不遇，命也。"于是遂许为婚，生四男一女。

景常随坚征伐有功，拜骑都尉。袁术上景领丹杨太守，讨故太守周昕，遂据其郡。孙策与孙河、吕范依景，合众共讨泾县山贼祖郎，郎败走。会为刘繇所迫，景复北依术，术以为督军中郎将，与孙贲共讨樊能、于麋于横江，又击笮融、薛礼于秣陵。时策被创牛渚，降贼复反，景攻讨，尽禽之。从讨刘繇，繇奔豫章，策遣景、贲到寿春报术。术方与刘备争徐州，以景为广陵太守。术后僭号，策以书喻术，术不纳，便绝江津，不与通，使人告景。景即委郡东归，策复以景为丹杨太守。汉遣议郎王诵衔命南行，表景为扬武将军，领郡如故。

及权少年统业，夫人助治军国，甚有补益。建安七年，临薨，引见张昭等，属以后事，合葬高陵。

八年，景卒官，子奋授兵为将，封新亭侯，卒。子安嗣，安坐党鲁王霸死。奋弟祺嗣，封都亭侯，卒。子纂嗣。纂妻即滕胤女也，胤被诛，并遇害。

【释译】

吴氏，破虏将军孙坚的夫人，孙权的母亲。她本是吴县人，后迁居钱塘，从小死了父母，与弟弟吴景生活在一起。孙坚听说她才貌双全，想娶她为妻。吴家人嫌孙坚轻率暴烈，想要拒绝，孙坚感到非常羞怒。吴氏对亲戚们说："何必为舍不得一个女子而招惹灾祸呢？如果两人不合，那是我命中注定。"于是，就答应与孙坚成婚，生有四男一女。

吴夫人之弟吴景随孙坚征战有功，被任为骑都尉。袁术上表朝廷后委派吴景兼任丹杨太守，进攻当时的太守周昕，并占据了丹杨郡。孙策与孙河、吕范去依附吴景，招集人马一同进攻泾县山区的叛军首领祖郎，祖郎大败逃走。后来，刘繇逼迫，吴景北渡长江去投靠袁术，袁术任他为督军中郎将，与孙贲一起去攻打驻扎横江的刘繇部将樊能、于麋，又到秣陵袭击笮融、薛礼。当时，孙策在牛渚之战中受伤，已投降的敌军又再度反叛，吴景率兵作战，擒获叛军。吴景又随孙策讨伐刘繇，刘繇逃往豫章，孙策派吴景、孙贲到寿春去向袁术报告战况。当时袁术正与刘备争夺徐州，便任吴景为广陵太守。袁术后来僭越称帝，孙策写信劝他，袁术不听，孙策便封锁了长江沿岸的渡口，断绝了与袁术的往来，并派人告诉吴景。吴景立即离开广陵回到江东，孙策又任吴景为丹杨太守。汉朝廷派议郎王诵南下，王诵上表任吴景为扬武将军，依然兼任丹杨郡太守。

孙权少年承继父兄大业，吴夫人辅助他治理军国，对孙权有很大的帮助，

建安七年，吴夫人临去世前，召见张昭等人，嘱咐后事，与孙坚合葬高陵。

建安八年，吴景死于任所，儿子吴奋为将，封新亭侯。去世后，他的儿子吴安继承爵位，吴安因鲁王孙霸党案被处死，吴奋弟吴祺承继爵位，封都亭侯。死后，儿子吴纂继承，吴纂的妻子是滕胤的女儿，滕胤被杀后，吴纂也一起被杀。

【人物解读】

孙权母亲吴氏（？~公元202年），东汉末年江东地区的女性，吴郡吴县（今江苏省苏州市）人，是江东孙氏政权的开创者孙坚的原配妻子，三国之一吴国的奠基者和建国者孙权的亲生母亲。由于孙坚生前担任过东汉的破虏将军，人称“孙破虏”，作为孙坚夫人的她也因此被称为孙破虏吴夫人，在小说《三国演义》中则被称为吴太夫人。其次子孙权自立为吴国皇帝后，她被追尊为皇太后。

在东汉末期的动乱年代里，作为地方将官的孙坚，往往是常年征战在沙场上，而抚养、教育儿女的重任也就落到了吴夫人的身上。吴夫人在教育儿女方面很有一套办法，总是宽容诱导，谆谆教诲，让儿女自己去领悟是非，这对于子女的成长是大有裨益的。孙策、孙权兄弟之所以礼贤下士，重视人才，广揽英雄，可以说与吴夫人的教育是有很大关系的。

现在梅城古镇还保留有一口“六合古井”，相传就是吴夫人倚井教子、保释魏腾的地方，所以大家都喜欢称它为“教子井”。直到今天，“教子井”的水还清冽可饮，“六合古井”几个字也清晰可辨，从而使得这口古井成为了传统美德教育的好素材，也是人们畅游三国景观的好去所。孙权的母亲吴太夫人忧劳国事，助治军国，参与重大问题的决策，对孙权统治地位的确立，对孙吴政权的巩固，是有很大的助益的。因此可以说，吴太夫人是孙吴政权草创时期的一位至关重要的人物，也是中国历史上一位杰出的女性。

【世人对其评价】

陈寿《三国志》：“及权少年统业，夫人助治军国，甚有补益。”

卷五十一　宗室传第六·孙皎

孙皎

【原典】

皎字叔朗，始拜护军校尉，领众二千余人。是时曹公数出濡须，皎每赴拒，号为精锐。迁都护、征虏将军，代程普督夏口。黄盖及兄瑜卒，又并其军。赐沙羡、云杜、南新市、竟陵为奉邑，自置长吏。轻财能施，善于交结，与诸葛瑾至厚，委庐江刘靖以得失，江夏李允以众事，广陵吴硕、河南张梁以军旅，而倾心亲待，莫不自尽。皎尝遣兵候获魏边将吏美女以进皎，皎更其衣服送还之，下令曰："今所诛者曹氏，其百姓何罪？自今以往，不得击其老弱。"由是江淮间多归附者。尝以小故与甘宁忿争，或以谏宁，宁曰："臣子一例，征虏虽公子，何可专行侮人邪！吾值明主，但当输效力命，以报所天，诚不能随俗屈曲矣。"权闻之，以书让皎曰："自吾与北方为敌，中间十年，初时相持年小，今者且三十矣。孔子言'三十而立'，非但谓五经也。授卿以精兵，委卿以大任，都护诸将于千里之外，欲使如楚任昭奚恤，扬威于北境，非徒相使逞私志而已。近闻卿与甘兴霸饮，因酒发作，侵陵其人，其人求属吕蒙督中。此人虽粗豪，有不如人意时，然其较略大丈夫也。吾亲之者，非私之也。吾亲爱之，卿疏憎之；卿所为每与吾违，其可久乎？夫居敬而行简，可以临民；爱人多容，可以得众。二者尚不能知，安可董督在远，御寇济难乎？卿行长大，特受重任，上有远方瞻望之视，下有部曲朝夕从事，何可恣意有盛怒邪？人谁无过，贵其能改，宜追前愆，深自咎责。今故烦诸葛子瑜重宣吾意。临书摧怆，心悲泪下。"皎得书，上疏陈谢，遂与宁结厚。后吕蒙当袭南郡，权欲令皎与蒙为左右部大督，蒙说权曰："若至尊以征虏能，宜用之；以蒙能，宜用蒙。昔周瑜、程普为左右部督，共攻江陵，虽事决于瑜，普自恃久将，且俱是督，遂共不睦，几败国事，此目前之戒也。”权寤，谢蒙曰：“以卿为大督，命皎为后继。”禽关羽，定荆州，皎有力焉。建安二十四年卒。权追录其功，封子胤为丹杨侯。胤卒，无子。弟晞嗣，领兵，有罪自杀，国除。弟咨、弥、仪皆将军，封侯。咨羽林督，仪无难督。咨为滕胤所杀，仪为孙峻所害。

【释译】

孙皎，字叔朗，最初任护军校尉，统领两千多人。当时，曹操多次进犯濡须，孙皎每次都率兵抗击曹魏，号称精锐。升都护、征虏将军，接替程普镇守夏口。黄盖和孙瑜去世后，他又将这两处兵马合并过来。朝廷把沙羡、云杜、南新市、竟陵赐他作食邑，可以自主安置地方官员。他轻财施惠，善于交往，与诸葛瑾的交情很深厚。他把决策权托给庐江人刘靖，把一般的事务托给江夏人李允，把士兵托给广陵人吴硕、河南人张梁，并倾心抚慰他们，使他们都能尽心竭力。孙皎曾派遣兵士探察魏国动静，士兵把抓获的魏国守将和官吏的美女送给孙皎，孙皎给他们更换衣服，并送她们回去。下令说：“现在，要讨伐的是曹氏，百姓有什么罪？从今以后，不许攻击魏国的老弱百姓。”因此，江淮一带归附他的人很多。孙皎曾因小事与甘宁斗气，有人劝说甘宁让步，甘宁说：“人臣与皇子同例，征虏将军虽是皇族，但也不能专断又侮辱人！我遇到的是贤君明主，自当尽力效劳，却不能随同时俗，委曲求全啊！”孙权听到这件事后，写信责备孙皎，说：“自我与曹操为敌以来，已有十年。当初你我都还年轻，现在也快三十岁。孔子说‘三十而立’，并非只熟读五经。我把精兵交付于你，委以重任，于千里之外统将带兵，是想让自己像从前楚宣王委任昭奚恤那样，让你向北敌扬威，绝非只是要使你能满足个人的愿望而已。近闻你与甘宁饮酒，因酒醉而乱性，欺侮于他，他现在要求归属吕蒙督领。甘宁人虽粗豪，有时不免使人不满意，但总的来看仍是杰出之士。我亲重于他，并非护短偏爱。现在，我亲爱他，你却疏远憎恨他，与我常常相反，这怎能长久维持下去呢？为人严谨、办事简明，才可治理百姓；能爱护宽容他人，才能得众人拥护。这两点你都不懂，怎能在远方统兵击敌、

解除危难呢？你就要成人了，我特别加以重用。上有君主在关注你，下有兵马追随你，你怎能意气用事、大动肝火呢？谁都免不了犯错误，贵在知错能改。你应认真追悔所犯错误，对自己严加批评。我特意烦请子瑜把我的意思郑重地转告你。写信时心中难过，不禁泪下。”孙皎看信后，上书认错，于是，与甘宁结为好友。后来，吕蒙要进攻南郡，孙权想让孙皎和吕蒙分任左右都督。吕蒙劝孙权说：“您若认为征虏将军可以胜任，就该任用他；若认为我能胜任，就应任用我。以前周瑜、程普为左右督帅，一起进攻江陵，虽然由周瑜决策，但程普依仗自己是老资格的将领，且又都是统帅，心中不服而失和，险些坏了大事。我们今天应当引以为诫。”孙权猛然省悟，向吕蒙表示了歉意，说：“任命您为大都督，孙皎为后续。”后来，擒拿关羽、平定荆州，孙皎都出了力。汉建安二十四年，孙皎去世。孙权追赏他的功劳，封他的儿子孙胤为丹杨侯。孙胤死后，没有儿子，弟弟孙晞承继爵位，统率兵马，后因有罪自杀，封国被废除。孙胤的弟弟孙咨、孙弥、孙仪都是将军，封为侯爵。孙咨是羽林督，孙仪是无难督。孙咨被滕胤杀害，孙仪被孙峻杀害。

【人物解读】

孙皎（？～公元220年），字叔朗，吴郡富春（今浙江富阳）人。东汉末年江东孙氏宗室，孙坚弟孙静之子，官至右大都督。与诸葛瑾至为友好。他不被物质利诱，也很关顾下属，并且具有容人之量。卒于建安二十四年。

【世人对其评价】

陈寿《三国志》：“皎轻财能施，善于交结。”

卷五十二 张顾诸葛步传第七·张昭·诸葛瑾

张昭

【原典】

张昭字子布，彭城人也。少好学，善隶书，从白侯子安受《左氏春秋》，博览众书，与琅邪赵昱、东海王朗俱发名友善。弱冠察孝廉，不就，与朗共论旧君讳事，州里才士陈琳等皆称善之。刺史陶谦举茂才，不应，谦以为轻己，遂见拘执。昱倾身营救，方以得免。汉末大乱，徐方士民多避难扬土，昭皆南渡江。孙策创业，命昭为长史、抚军中郎将，升堂拜母，如比肩之旧，文武之事，一以委昭。昭每得北方士大夫书疏，专归美于昭，昭欲嘿而不宣则惧有私，宣之则恐非宜，进退不安。策闻之，欢笑曰："昔管仲相齐，一则仲父，二则仲父，而桓公为霸者宗。今子布贤，我能用之，其功名独不在我乎!"

策临亡，以弟权托昭，昭率群僚立而辅之。上表汉室，下移属城，中外将校，各令奉职。权悲感未视事，昭谓权曰："夫为人后者，贵能负荷先轨，克昌堂构，以成勋业也。方今天下鼎沸，群盗满山，孝廉何得寝伏哀戚，肆匹夫之情哉?"乃身自扶权上马，陈兵而出，然后众心知有所归。昭复为权长史，授任如前。后刘备表权行车骑将军，昭为军师。权每田猎，常乘马射虎，虎常突前攀持马鞍。昭变色而前曰："将军何有当尔?夫为人君者，谓能驾驭英雄，驱使群贤，岂谓驰逐于原野，校勇于猛兽者乎?如有一旦之患，奈天下笑何?"权谢昭曰："年少虑事不远，以此惭君。"然犹不能已，乃作射虎车，为方目，间不置盖，一人为御，自于中射之。时有逸群之兽，辄复犯车，而权每手击以为乐。昭虽谏争，常笑而不答。魏黄初二年，遣使者邢贞拜权为吴王。贞入门，不下车。昭谓贞曰："夫礼无不敬，故法无不行。而君敢自尊大，岂以江南寡弱，无方寸之刃故乎！"贞即遽下车。拜昭为绥远将军，封由拳侯。权于武昌，临钓台，饮酒大醉。权使人以水洒群臣曰："今日酣饮，惟醉堕台中，乃当止耳。"昭正色不言，出外车中坐。权遣人呼昭还，谓曰："为共作乐耳，公何为怒乎？"昭对曰："昔纣为糟丘酒池长夜之饮，当时亦以为乐，不以为恶也。"权默然，有惭色，遂罢酒。初，权当置丞相，众议归昭。权曰："方今多事，职统者责重，非所以优之也。"后孙邵卒，百寮复举昭，权曰："孤岂为子布有爱乎？领丞相事烦，而此公性刚，所言不从，怨咎将兴，非所以益之也。"乃用顾雍。

【释译】

张昭，字子布，彭城人，从小喜读书，又擅长隶书，随白侯子安学习《左氏春秋》，并博览群书，与琅琊人赵昱、东海人王朗同时出名，关系也友好。虽被举荐为孝廉，却没有接受，经常与王朗讨论以前君主避讳的问题，州里的才士陈琳等人都很赞赏他的见解。刺史陶谦推举他为茂才，他不应召，陶谦认为他轻视自己，就把他抓了起来。赵昱尽力营救，才放他出来。汉末大乱，徐州一带的士民大多到扬州避难，张昭等也下江南。孙策创立基业，任张昭为长史、抚军中郎将，并进内堂拜见张昭的母亲，待张昭如多年老友，所有军政大事，都委托给他。张昭经常收到魏国士大夫的书信，把吴国所取得的成绩都归功于他，张昭想隐瞒又担心别人说他有见不得人的事，想公开又怕不妥，因此，进退两难，惶恐不安。孙策知道后，高兴地笑着说："从前管仲在齐国为相，齐桓公尊称他为'仲父'，凡有官员请示，齐桓公都让他们去问管仲，齐桓公果成霸主。现在，子布贤德，能为我所用，他的功绩与荣耀难道不是由于我对他使用的结果吗？"

孙策临死前，把弟弟孙权托付给张昭。张昭率群僚推立孙权为继承人并辅佐于他。上呈表汉朝廷，下传令各属城，内外将吏，各行职守。孙权因心情悲痛，没有主持政事。张昭对孙权说："继承父兄大业，重要的是能够施行前人制定的规范，使先辈的遗业兴旺发达，以完成伟业。当今世道大乱，群雄并起，您怎能卧床哀痛，像平常人一样放纵感情呢？”他亲自扶孙权上马，列兵而出，这样，才稳定了人心，使众人感到有了归宿。张昭又任孙权长史，职责和过去一样。后来，刘备请旨任命孙权兼任车骑将军，张昭为军师。有一次孙权打猎，老虎曾经冲到他前面扑抓在马鞍上。张昭大惊，上前说道：“将军怎能这样呢？做为人君，是控制天下英雄，使贤才之士为自己效力，难道说是让他在田野里驰马打猎，与猛兽比勇吗？若发生意外，岂不让天下人耻笑？”孙权向张昭致歉说：“我年轻考虑事情缺乏远见，向你表示歉意。”但孙权还是没有停止打猎，又造了一辆射虎车，开有方孔，但上面没有车盖，由一人驾车，孙权则从方孔中射猎野兽。常有离群的野兽来攻击车子，孙权便空手与野兽搏斗，以此取乐。张昭虽极力规劝，但孙权常笑而不答。魏黄初二年，派使者邢贞封孙权为吴王。邢贞入宫门时不下车。张昭对邢贞说：“没有不恭敬的礼节，也没有不施行的刑法。可你却妄自尊大，以为江南人少势弱，连一把行刑的小刀也没有吗？”邢贞急忙下车。又任命张昭为绥远将军，封由拳侯。孙权在武昌钓台饮酒，大醉后，让人用水泼洒群臣，说：“今天痛饮，只有醉倒台上，才能停止。”张昭表情严肃，一言不发，起身走到外面，坐到车里。孙权派人把他叫回来，说：“大家只是在一起作乐罢了，您为什么生气呢？”张昭回答说：“从前殷纣王把酒糟堆成山，美酒盛满池，通宵畅饮，当时也认为是作乐，并不认为是坏事啊！”孙权默然，面露愧色，马上就结束了酒宴。当初，孙权要设置丞相一职。众人都认为张昭当任此职，孙权说：“现在是多事之

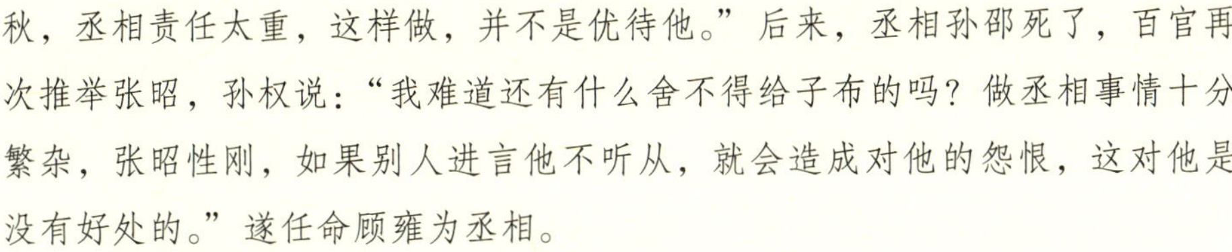

秋，丞相责任太重，这样做，并不是优待他。”后来，丞相孙邵死了，百官再次推举张昭，孙权说：“我难道还有什么舍不得给子布的吗？做丞相事情十分繁杂，张昭性刚，如果别人进言他不听从，就会造成对他的怨恨，这对他是没有好处的。”遂任命顾雍为丞相。

【人物解读】

张昭（公元156～236年），少年时好学，博览群书。二十岁时拒绝应试孝廉而与名士陈琳等人讨论时事，深受赏识。东汉末年张昭避乱扬州。孙策举事时，张昭出任长史、抚军中郎将。孙策器重张昭，有关文武之事均由张昭办理。孙策死时将孙权托付给张昭，张昭则尽力辅佐孙权，迅速稳定了民心士气。张昭敢于直言谏议，曾因违背孙权意愿而一度不让他朝见。孙权称帝之后，张昭因年老多病而辞官，著有《论语注》。嘉禾四年，张昭去世。孙权素服吊唁。

【世人对其评价】

陈寿《三国志》：“张昭受遗辅佐，功勋克举，忠謇方直，动不为己；而以严见惮，以高见外，既不处宰相，又不登师保，从容闾巷，养老而已，以此明权之不及策也。”“昭每朝见，辞气壮厉，义形于色。”

孙权：“孤岂为子布有爱乎？领丞相事烦，而此公性刚，所言不从，将兴，非所以益之也。”“如张公之计，今已乞食矣。”“孤与张公言，不敢妄也。”

虞溥：“昭忠謇亮直，有大臣节。”

王朗：“张子布，民之望也，北面而相之。”

诸葛瑾

【原典】

诸葛瑾字子瑜，琅邪阳都人也。汉末避乱江东。值孙策卒，孙权姊婿曲阿弘咨见而异之，荐之于权，与鲁肃等并见宾待，后为权长史，转中司马。

建安二十年，权遣瑾使蜀通好刘备，与其弟亮俱公会相见，退无私面。

与权谈说谏喻，未尝切愕，微见风彩，粗陈指归，如有未合，则舍而及他，徐复托事造端，以物类相求，于是权意往往而释。吴郡太守朱治，权举将也，权曾有以望之，而素加敬，难自诘让，忿忿不解。瑾揣知其故，而不敢显陈，乃乞以意私自问，遂于权前为书，泛论物理，因以己心遥往忖度之。毕，以呈权，权喜，笑曰："孤意解矣。颜氏之德，使人加亲，岂谓此耶?"权又怪校尉殷模，罪至不测。群下多为之言，权怒益甚，与相反复，惟瑾默然，权曰："子瑜何独不言?"瑾避席曰："瑾与殷模等遭本州倾覆，生类殄尽。弃坟墓，携老弱，披草莱，归圣化，在流隶之中，蒙生成之福，不能躬相督厉，陈答万一，至令模孤负恩惠，自陷罪戾。臣谢过不暇，诚不敢有言。"权闻之怆然，乃曰："特为君赦之。"

【释译】

诸葛瑾，字子瑜，琅邪阳都人。汉末到江东避乱。此时孙策去世，孙权的姐夫曲阿人弘咨见到诸葛瑾，认为他很奇特，就把他推荐给孙权，与鲁肃等人一起被当作贵宾接待。后来，任孙权的长史，又升任中司马。汉建安二十年，为与刘备修好，孙权派诸葛瑾出使蜀国，他和弟弟诸葛亮都是因公事才相会，私下里没有见过面。

诸葛瑾与孙权谈话或有所劝谏，言辞从不激烈，或直截了当，只是言辞间稍有表露，略陈意思而已，若意见与孙权不合，诸葛瑾就不再深谈而另转话题，再借别的事慢慢引出开头的话题，用类比的方法来达到原先的目的，这就经常使孙权放弃原来的想法。吴郡太守朱治，是曾举荐孙权为孝廉的将领，孙权也有埋怨他

的地方，但由于一直对他很敬重，不好意思亲自责备他，因而心中郁郁，无法排解。诸葛瑾揣摩了其中的缘故，又不敢公开劝说孙权，就请求用孙权的意思来询问自己。于是，他就在孙权面前写信，广述事物常理，趁机把自己的想法与孙权的心意变换角度地联系起来。孙权看后很高兴，笑着对诸葛瑾说："我的怒气已消。颜回的仁德是想让人们更加亲和，难道不是这样吗？"孙权又曾怪罪校尉殷模，要处死他。多数大臣为殷模求情，反而使孙权更加生气，与群臣反复争论，只有诸葛瑾不说一句话。孙权对他说："子瑜，为何你不说话呢？"诸葛瑾恭恭敬敬地起身说："我与殷模等人在本州遭遇战乱，所以，抛弃了祖坟，扶老携幼，历尽坎坷来投靠您。以贱民之身，蒙您的恩惠得以存活。我未能亲自督促殷模，对您的恩情给以哪怕微小的回报，才让殷模辜负了您的大恩，招致罪责。我乞求您宽恕我的过失尚恐不及，哪还敢说什么呢？"孙权听了他的话很是伤感，便说："为了你这番话我特别赦免他。"

【人物解读】

诸葛瑾（公元174～241年），三国时期吴国大臣，诸葛亮之兄，诸葛恪之父。经推荐，为东吴效力。胸怀宽广，温厚诚信，得到孙权的深深信赖，努力缓和蜀汉与东吴的关系。建安二十五年（公元220年）吕蒙病逝，诸葛瑾代吕蒙领南郡太守，驻守公安。孙权称帝后，诸葛瑾官至大将军，领豫州牧。

【世人对其评价】

陈寿《三国志》："事继母恭谨，甚得人子之道。""（张）承字仲嗣，少以才学知名，与诸葛瑾、步骘、严畯相友善。""瑾子恪，名盛当世，权深器异之；然瑾常嫌之，谓非保家之子，每以忧戚。"

孙权："孤与子瑜有死生不易之誓，子瑜之不负孤，犹孤之不负子瑜也。"

王夫之："其信公也，不如信羽，而且不如孙权之信子瑜也。疑公交吴之深，而并疑其与子瑜之合；使公果与子瑜合而有裨于汉之社稷，固可勿疑也，而况其用吴之深心，勿容妄揣也哉！"

卷五十三　张严程阚薛传第八·张纮

张纮

【原典】

张纮字子纲，广陵人。游学京都，还本郡，举茂才，公府辟，皆不就，避难江东。孙策创业，遂委质焉。表为正议校尉，从讨丹杨。策身临行陈，纮谏曰："夫主将乃筹谟之所自出，三军之所系命也，不宜轻脱，自敌小寇。愿麾下重天授之姿，副四海之望，无令国内上下危惧。"

建安四年，策遣纮奉章至许宫，留为侍御史。少府孔融等皆与亲善。曹公闻策薨，欲因丧伐吴。纮谏，以为乘人之丧，既非古义，若其不克，成仇弃好，不如因而厚之。曹公从其言，即表权为讨虏将军，领会稽太守。曹公欲令纮辅权内附，出纮为会稽东部都尉。

后权以纮为长史，从征合肥。权率轻骑将往突敌，纮谏曰："夫兵者凶器，战者危事也。今麾下恃盛壮之气，忽强暴之虏，三军之众，莫不寒心，虽斩将搴旗，威震敌场，此乃偏将之任，非主将之宜也。愿抑贲、育之勇，怀霸王之计。"权纳纮言而止。既还，明年将复出军，纮又谏曰："自古帝王受命之君，虽有皇灵佐于上，文德播于下，亦赖武功以昭其勋。然而贵于时动，乃后为威耳。今麾下值四百之厄，有扶危之功，宜且隐息师徒，广开播殖，任贤使能，务崇宽惠，顺天命以行诛，可不劳而定也。"于是遂止不行。纮建计宜出都秣陵，权从之。令还吴迎家，道病卒。临困，授子靖留笺曰："自古有国有家者，咸欲修德政以比隆盛世，至于其治，多不馨香。非无忠臣贤佐，暗于治体也，由主不胜其情，弗能用耳。夫人情惮难而趋易，好同而恶异，与治道相反。《传》曰'从善如登，从恶如崩'，言善之难也。人君承

奕世之基，据自然之势，操八柄之威，甘易同之欢，无假取于人；而忠臣挟难进之术，吐逆耳之言，其不合也，不亦宜乎！离则有衅，巧辩缘间，眩于小忠，恋于恩爱，贤愚杂错，长幼失叙，其所由来，情乱之也。故明君悟之，求贤如饥渴，受谏而不厌，抑情损欲，以义割恩，上无偏谬之授，下无希冀之望。宜加三思，含垢藏疾，以成仁覆之大。"时年六十卒。权省书流涕。

【释译】

张纮，字子纲，广陵人。曾在京都求学，后回到本郡，被推荐为茂才，官府征召，他都没有答应，后来到江东避难。孙策创建基业时，他就投靠了孙策。孙策任命他为正议校尉，参加了讨伐丹杨的战斗。孙策亲临作战，张纮劝谏说："主将乃谋略之重，三军命运的主掌，不应轻率地自己去抵御小寇。望您珍重上天授予的资质，达到四海的期望，不要使国内民众感到不安。"

建安四年，孙策派张纮到许昌给朝廷上奏章，因此被留在许昌任侍御史。少府孔融等人和他关系都很好。曹操听到孙策的死讯，便想利用孙策新死、东吴不安之机进攻江东。张纮加以劝阻，认为趁对方主帅死亡而进攻，不符合古代"礼不伐丧"之义。如果不能成功，反会使邻邦成为仇敌，不如趁机厚待于他。曹操采纳了张纮的建议，随即上表朝廷，任命孙权为讨虏将军，兼会稽太守。曹操想让张纮回东吴去辅佐孙权以便使他归附，于是，任命张纮为会稽郡东部都尉。

后来，孙权任张纮为长史，随军征讨合肥。孙权率轻兵准备袭击敌人，张纮劝他说："兵者凶器也，争战是危险的事。现在，您依仗雄壮的勇气，却忽视凶暴的敌人，三军将士，无不寒心。虽然，斩杀了敌将，拔敌旗帜，威震了疆场，但这是偏将的责任，不是主帅应该做的。希望您抑制孟贲、夏育一样的勇猛却鲁莽的行为，胸怀建立霸业的大计。"孙权接受了张纮的意见，停止了行动。回师后的第二年，孙权想再次出兵，张纮又规劝，说："自古以来，承受天命的帝王，虽然上有神灵护佑，下有文德教化的传扬，但也还要靠武功来显示功业。然而，武功贵在视时机而动，才能显出力量。现在，将军您正遭逢汉室四百年来的厄运，承担着匡扶危难的重任，应该暂且按兵不动，休养生息，大力发展农桑，任用贤能之士，实施宽厚仁惠的政策，顺应天命施行法规，这样，就可不必劳师而平定天下。”于是，孙权停止了出兵。张纮建议以秣陵为都城，孙权听从他的意见，并命他回吴郡去迎取家眷，于路上病死。病危时，张纮将上奏孙权的遗书交给儿子张靖，奏章中说：“古来拥有国家的人，都想施行德政媲美过去的太平盛世，但是，他们的政绩，却大多不很理想。这并非没有忠臣贤士辅佐，也并非不懂治国的道理，而是由于君主不能克制自己的好恶之情，不能很好地任用他们的缘故。怕难趋易乃人之常情，喜欢相同的意见，厌恶不同的意见，这与治国的法则相反。古人说‘从善如登山，从恶如山崩’，是说为善的艰难。君主继承世代相传的基业，凭借自然形成的势力，掌握着爵、禄、予、置、生、奇、废、诛八柄的威严，惯做容易的事，喜听奉承的话，从不帮助他人；忠臣虽心怀治国方略却难于进达，劝谏之语逆耳，君臣不能相合，不也是很自然的事吗？不合就有距离，献媚者就会乘虚而入，君主为小人所惑，贪其阿谀。这样，就使贤愚混杂，长幼失序，究其原因，是由人君的好恶私情所至。圣明的君主感悟到这一点，所以求贤若渴，不只满足于一般的劝谏，克制情感和私欲，用道义来衡量恩爱。朝廷没有错误的命令，群臣就没有非分的企图。您要三思，广纳建议，以完成仁义布施天下的大业。”张纮去世时六十岁。孙权看了他的遗书流泪不止。

【人物解读】

张纮（公元152～211年），东吴谋士，和张昭一起合称“二张”。孙策平定江东时亲自登门邀请，张纮遂出仕为官。后来，张纮至许都为孙策求官，至此就留在了许都。但孙权继位时张纮又返回了东吴，任长史之职。张纮后来建议孙权迁都，孙权正在准备时张纮病逝，其年六十岁。孙权为之流涕。张纮好文学，著诗赋铭诔十余篇。今存《瑰材枕赋》等文，载《艺文类聚》。书法亦为人所称道，工小篆、飞白，又善楷书。

【世人对其评价】

陈寿《三国志》：“张纮文理意正，为世令器，孙策待之亚于张昭，诚有以也。”

孙元晏：“东部张公与众殊，共施经略赞全吴。陈琳漫自称雄伯，神气应须怯大巫。”

卷五十四　周瑜鲁肃吕蒙传第九·周瑜·鲁肃·吕蒙

周瑜

【原典】

周瑜字公瑾，庐江舒人也。从祖父景，景子忠，皆为汉太尉。父异，洛阳令。

瑜长壮有姿貌。初，孙坚兴义兵讨董卓，徙家于舒。坚子策与瑜同年，独相友善，瑜推道南大宅以舍策，升堂拜母，有无通共。瑜从父尚为丹杨太守，瑜往省之。会策将东渡，到历阳，驰书报瑜，瑜将兵迎策。策大喜曰："吾得卿，谐也。"遂从攻横江、当利，皆拔之。乃渡江击秣陵，破笮融、薛礼，转下湖孰、江乘，进入曲阿，刘繇奔走，而策之众已数万矣。因谓瑜曰："吾以此众取吴会平山越已足。卿还镇丹杨。"瑜还。顷之，袁术遣从弟胤代尚为太守，而瑜与尚俱还寿春。术欲以瑜为将，瑜观术终无所成，故求为居巢长，欲假涂东归，术听之。遂自居巢还吴。是岁，建安三年也。策亲自迎瑜，授建威中郎将，即与兵二千人，骑五十匹。瑜时年二十四，吴中皆呼为周郎。以瑜恩信著于庐江，出备牛渚，后领春谷长。顷之，策欲取荆州，以瑜为中护军，领江夏太守，从攻皖，拔之。时得乔公两女，皆国色也。策自纳大桥，瑜纳小桥。复进寻阳，破刘勋，讨江夏，还定豫章、庐陵，留镇巴丘。

五年，策薨，权统事。瑜将兵赴丧，遂留吴，以中护军与长史张昭共掌众事。十一年，督孙瑜等讨麻、保二屯，枭其渠帅，囚俘万余口，还备宫亭。江夏太守黄祖遣将邓龙将兵数千人入柴桑，瑜追讨击，生虏龙送吴。十三年春，权讨江夏，瑜为前部大督。

其年九月，曹公入荆州，刘琮举众降，曹公得其水军，船步兵数十万，将士闻之皆恐。权延见群下，问以计策。议者咸曰："曹公豺虎也，然托名汉相，挟天子以征四方，动以朝廷为辞，今日拒之，事更不顺。且将军大势，可以拒操者，长江也。今操得荆州，奄有其地，刘表治水军，蒙冲斗舰，乃以千数，操悉浮以沿江，兼有步兵，水陆俱下，此为长江之险，已与我共之矣。而势力众寡，又不可论。愚谓大计不如迎之。"瑜曰："不然。操虽托名汉相，其实汉贼也。将军以神武雄才，兼仗父兄之烈，割据江东，地方数千里，兵精足用，英雄乐业，尚当横行天下，为汉家除残去秽。况操自送死，而可迎之耶？请为将军筹之：今使北土已安，操无内忧，能旷日持久，来争疆场，又能与我校胜负于船楫，可乎？今北土既未平安，加马超、韩遂尚在关西，为操后患。且舍鞍马，仗舟楫，与吴越争衡，本非中国所长。又今盛寒，马无藁草，驱中国士众远涉江湖之间，不习水土，必生疾病。此数四者，用兵之患也，而操皆冒行之。将军擒操，宜在今日。瑜请得精兵三万人，进住夏口，保为将军破之。"权曰："老贼欲废汉自立久矣，徒忌二袁、吕布、刘表与孤耳。

今数雄已灭，惟孤尚存，孤与老贼，势不两立。君言当击，甚与孤合，此天以君授孤也。"

时刘备为曹公所破，欲引南渡江，与鲁肃遇于当阳，遂共图计，因进住夏口，遣诸葛亮诣权。权遂遣瑜及程普等与备并力逆曹公，遇于赤壁。时曹公军众已有疾病，初一交战，公军败退，引次江北。瑜等在南岸。瑜部将黄盖曰："今寇众我寡，难与持久。然观操军船舰，首尾相接，可烧而走也。"乃取蒙冲斗舰数十艘，实以薪草，膏油灌其中，裹以帷幕，上建牙旗，先书报曹公，欺以欲降。又豫备走舸，各系大船后，因引次俱前。曹公军吏士皆延颈观望，指言盖降。盖放诸船，同时发火。时风盛猛，悉延烧岸上营落。顷之，烟炎张天，人马烧溺死者甚众，军遂败退，还保南郡。备与瑜等复共追。曹公留曹仁等守江陵城，径自北归。

【释译】

周瑜，字公瑾，庐江舒县人。堂祖父周景及周景的儿子周忠，都做过汉朝的太尉。父亲周异，曾任过洛阳县令。

周瑜身材修长，体格健美，容貌英俊。当初，孙坚组兵讨伐董卓，把家迁移到了舒县。孙坚的儿子孙策与周瑜同年，两人非常友好。周瑜将路南的一所大宅院让给孙策居住，还常去后堂拜见孙策的母亲，所有的生活品也都共同享用。当时周瑜的堂叔周尚在丹杨任太守，周瑜去探望他。恰好，孙策要东渡长江，到达历阳时，派人送信告知周瑜，周瑜率兵迎接孙策。孙策大喜，说："我有了您，一切都会顺利了。"周瑜就随孙策进攻横江、当利，都攻打下来。又渡江进攻秣陵，击败笮融、薛礼，继而攻下湖孰、江乘，进入曲阿，刘繇逃走，此时，孙策的兵马已达数万人。孙策便对周瑜说："我有这支兵马攻取吴郡、会稽郡，平定山越族，已经足够了。您还是回去镇守丹杨吧。"周瑜便领本部回去了。不久，袁术派堂弟袁胤取代周尚任丹杨太守，周瑜与周尚都回到寿春。袁术想任用周瑜为将领，周瑜自觉袁术最终不会有什么成就，就只请求做了居巢县长，并想借路回到江东，袁术答应了。于是，周瑜经居巢回到了吴郡。这年是建安三年。孙策亲自去迎接周瑜，任为建威中郎将，调给他两千步兵，五十名骑兵。那年，周瑜二十四岁，吴郡人都称他为“周郎”。因周瑜在庐江以德义显名，孙策便派他驻守牛渚，后来，任春谷县长。不久，孙策准备进攻荆州，周瑜为中护军，兼江夏太守，随孙策攻打并占领了皖县。这时，得到了乔公的两个女儿，她们都是容貌超群的美女。孙策娶了大乔，周瑜娶了小乔。随后，又进攻浔阳，打败了刘勋，征讨江夏郡，回师平定了豫章、庐陵二郡，周瑜留下来镇守巴丘县。

建安五年，孙策去世，由孙权统领政务。周瑜带兵前来吊唁，便留在了吴郡，以中护军之职与长史张昭一同掌管军政大事。建安十一年，他率孙瑜等人征讨麻、保二屯，将这二屯的首领斩首，俘虏了一万多人，然后，回防官亭。江夏太守黄祖派部将邓龙带兵马数千进占柴桑，周瑜追击讨伐，活捉了邓龙送到吴郡。建安十三年春，孙权讨伐江夏，周瑜被任为前部大督。

这年的九月，曹操攻打荆州，刘琮率众投降，曹操得到了他的水军，水、步兵一下子发展到了几十万人，东吴的将士听了都很惊慌。孙权召集部下，询问商议对策。大家都议论说：“曹操真是豺虎呀，他假借汉丞相之名，挟制天子以令诸侯，以天子名义征讨四方，现在，如果与他抗衡，形势很不利。以将军所处的形势分析，要想抗拒曹操只有长江天险。如今，曹操占领了荆州，刘表所训练的水军和几千艘战舰，都被曹操俘获了，沿江摆开，水陆并进。长江天险，曹操已和我们共有了。况且，双方实力悬

殊，无法并论。我们认为，最好还是投降曹操。”周瑜说：“不对。曹操虽为汉相，实是汉贼。以将军的神武和雄才大略，依父兄所创方圆几千里的基业，割据江东，兵精粮足，英雄豪杰全都愿意在此时建立功业。现在，正是横扫天下，为汉朝除暴扫秽之时。何况，曹操是自己来送死，怎能反倒向他投降？请听我为您分析：假如北方已完全稳定，曹操没有后顾之忧，便能够持久地和我们争夺疆界，那样是否就可以与我们的水军一争高下呢？何况，北方现在并没有平定，马超、韩遂还在潼关以西，这都是曹操的后患；而且，曹操弃骑依舟与我吴越较量，这本非中原人所擅长。现在，又是寒冬季节，马无草料，曹兵长途跋涉到江南水地，水土不服，定会生病。这几种情况，是用兵的大忌，且曹操又都犯了。将军要生擒曹操，此正合时宜。我请求拨精兵三万，进驻夏口，一定为将军击破曹操。”孙权说：“曹贼想废汉室自立为帝已很久了，只是顾忌袁绍、袁术、吕布、刘表和我罢了。如今，其他几人已被消灭，只有我还在，我与老贼势不两立。你说应当给予打击，与我的想法一致，这是上天把你送给我呀。”

此时，刘备为曹操所败，想率人马南渡长江，在当阳与鲁肃相遇，便共同商议，因此，进驻夏口，让诸葛亮去拜见孙权。孙权就派周瑜和程普等人率军与刘备合力在赤壁抗曹。此时，曹兵已有很多人患病，刚一交战，曹军就败退到江北。周瑜等人率军驻扎在南岸。周瑜的部将黄盖说：“现在敌众我寡，难以与之久战。我见曹军船舰首尾相连，可以用火攻战胜他们。”于是，周瑜调来几十艘蒙冲斗舰，装上柴草，中间浇满油脂，外裹帷布，上面插上青龙牙旗；黄盖又写信告诉曹操，说要投降。又以快艇分系在大船后面，便依次向前驶去。曹军官兵都伸长脖子看，指点地说黄盖来投降了。黄盖解开拴绑船只的绳索，同时点火。当时，风力很大，大火很快蔓延到岸上曹军的营帐。顷刻之间，曹营烟火四起，烧死和淹死了许多人马，于是，曹军败退南郡。刘备与周瑜又并力追击。曹操留下曹仁等固守江陵，自己径直返回北方了。

【人物解读】

周瑜（公元175～210年），东汉末年东吴名将，出身士族。孙坚当年兵讨董卓时，家小移居舒县。孙策和周瑜同岁，交往甚密。孙坚死后，孙策继承父志，统率部卒。周瑜24岁娶小乔为妻，有两子一女。周瑜多谋善断，精于军略，为人性度恢廓，雅量高致。他志向远大，自幼刻苦读书，尤喜兵法。他生逢乱世，时局不靖，烽火连延，战端四起，于是总想廓清天下。周瑜因其相貌英俊而有“美周郎”之称。周瑜精通军事，又精于音律，江东向来有“曲有误，周郎顾”之语。公元208年，孙、刘联军在周瑜的指挥下，于赤壁以火攻击败曹操的军队，此战也奠定了三分天下的基础。公元210年，周瑜因病去世，年仅36岁。

【世人对其评价】

陈寿《三国志》：“建独断之明，出众人之表，实奇才也。”

孙权：“孤非周公瑾，不帝矣。”“公瑾有王佐之资，今忽短命，孤何赖哉?”

孙策：“吾得卿，谐也。”“周公瑾英俊异才，与孤有总角之好，骨肉之分。如前在丹杨，发众及船粮以济大事，论德酬功，此未足以报者也。”

刘备：“公瑾文武筹略，万人之英，顾其器量广大，恐不久为人臣耳。”

蒋干：“雅量高致，非言辞所间。”

袁宏：“公瑾卓尔，逸志不群。总角料主，则素契于伯符；晚节曜奇，则三分于赤壁。惜其龄促，志未可量。”“公瑾英达，朗心独见。披草求君，定交一面。桓桓魏武，外托霸迹。志掩衡霍，恃战忘敌。卓卓若人，曜奇赤壁。三光参分，宇宙暂隔。”

胡三省：“此数语所谓相时而动也。然瑜之言不悖大义，鲁肃、吕蒙辈不及也。”

萧常：“孙策征刘繇，济于横江，大破之于牛渚。周瑜从攻横江当利及东渡击秣陵，则知在江北。或曰：此功为大，每以语简而忽之，遂令乌林之役独传。”

卢弼：“公瑾生长江、淮，谙识险要，出入彭、蠡，久涉波涛，熟筹彼我，用能以寡击众，遁走阿瞒，一战而霸，克建大勋，玄德谓为本文武筹略，万人之英者，岂虚语哉。或曰：‘公瑾不死，操之忧也，先主亦安能定蜀乎?’”

李安溪："周瑜在则可，如无瑜者，权必不能独挡曹，无玄德则无吴耳，子敬之谋未为非也。" "规图荆、益，及制曹、刘之策，着着机先，真英物也。"

毛泽东："周瑜是个'青年团员'，当东吴的统帅，程普等老将不服，后来说服了，还是由了他，结果打了胜仗。"

鲁肃

【原典】

鲁肃字子敬，临淮东城人也。生而失父，与祖母居。家富于财，性好施与。尔时天下已乱，肃不治家事，大散财货，摽卖田地，以赈穷弊结士为务，甚得乡邑欢心。

周瑜为居巢长，将数百人故过候肃，并求资粮。肃家有两囷米，各三千斛，肃乃指一囷与周瑜，瑜益知其奇也，遂相亲结，定侨、札之分。袁术闻其名，就署东城长。肃见术无纲纪，不足与立事，乃携老弱将轻侠少年百余人，南到居巢就瑜。瑜之东渡，因与同行，留家曲阿。会祖母亡，还葬东城。

刘子扬与肃友善，遗肃书曰："方今天下豪杰并起，吾子姿才，尤宜今日。急还迎老母，无事滞于东城。近郑宝者，今在巢湖，拥众万余，处地肥饶，庐江间人多依就之，况吾徒乎？观其形势，又可博集，时不可失，足下速之。"肃答然其计。葬毕还曲阿，欲北行。会瑜已徙肃母到吴，肃具以状语瑜。时孙策已薨，权尚住吴，瑜谓肃曰："昔马援答光武云'当今之世，非但君择臣，臣亦择君'。今主人亲贤贵士，纳奇录异，且吾闻先哲秘论，承运代刘氏者，必兴于东南，推步事势，当其历数，终构帝基，以协天符，是烈士攀龙附凤驰骛之秋。吾方达此，足下不须以子扬之言介意也。”肃从其言。瑜因荐肃才宜佐时，当广求其比，以成功业，不可令去也。

权即见肃，与语甚悦之。众宾罢退，肃亦辞出，乃独引肃还，合榻对饮。因密议曰：“今汉室倾危，四方云扰，孤承父兄余业，思有桓文之功。君既惠顾，何以佐之？”肃对曰：“昔高帝区区欲尊事义帝而不获者，以项羽为害也。今之曹操，犹昔项羽，将军何由得为桓文乎？肃窃料之，汉室不可复兴，曹操不可卒除。为将军计，惟有鼎足江东，以观天下之衅。规模如此，亦自无嫌。何者？北方诚多务也。因其多务，剿除黄祖，进伐刘表，竟长江所极，据而有之，然后建号帝王以图天下，此高帝之业也。”权曰：“今尽力一方，冀以辅汉耳，此言非所及也。”张昭非肃谦下不足，颇訾毁之，云肃年少粗疏，未可用。权不以介意，益贵重之，赐肃母衣服帏帐，居处杂物，富拟其旧。

刘表死，肃进说曰：“夫荆楚与国邻接，水流顺北，外带江汉，内阻山陵，有金城之固，沃野万里，士民殷富，若据而有之，此帝王之资也。今表新亡，二子素不辑睦，军中诸将，各有彼此。加刘备天下枭雄，与操有隙，寄寓于表，表恶其能而不能用也。若备与彼协心，上下齐同，则宜抚安，与结盟好；如有离违，宜别图之，以济大事。肃请得奉命吊表二子，并慰劳其军中用事者，及说备使抚表众，同心一意，共治曹操，备必喜而从命。如其克谐，天下可定也。今不速往，恐为操所先。”权即遣肃行。到夏口，闻曹公已向荆州，晨夜兼道。比至南郡，而表子琮已降曹公，备惶遽奔走，欲南渡江。肃径迎之，到当阳长阪，与备会，宣腾权旨，及陈江东强固，劝备与权并力。备甚欢悦。时诸葛亮与备相随，肃谓亮曰“我子瑜友也”，即共定交。备遂到夏口，遣亮使权，肃亦反命。

【释译】

鲁肃，字子敬，临淮东城人，他刚出生，父亲就去世了，因此，从小就与祖母一起生活。鲁肃家产很多，可他生性就喜欢救济他人。当时，天下已乱，鲁肃不但不置办家业，还拿出家中大量钱财，并出卖田地，全力救济穷人，结交士人，因此，受到家乡人的敬爱。

周瑜做居巢县长时，曾率数百人特意去拜见鲁肃，并请求资助一些粮食。鲁肃家有两仓米，各约三千斛，鲁肃就将其中的一仓送给他，周瑜更觉得他非同寻常。于是，两人结为好友，建立了如春秋时子产和季札那样的深厚友情。袁术听到鲁肃的名声，任命他为东城县长。鲁肃已知袁术办事不合法度，不值得和他一道建立功业，便携老少及精壮青年一百多人，南下到居巢投奔周瑜。周瑜东渡长江，鲁肃也随他同行，过江后在曲阿县安家。就在这时，鲁肃祖母亡故，他返回东城安葬祖母。

刘子扬与鲁肃是好友，写信给鲁肃说："现在，天下英豪并起，凭您的才华，正应趁此纷争之时大显身手。应马上回来迎接老母，不要滞留在东城县。最近，有个叫郑宝的人，在巢湖一带积聚了一万多部众，占据了富庶地区，庐江一带的寻常百姓纷纷去投奔他，更何况像我们这些有才能抱负的人呢？看郑宝现在的形势，有可能大量聚拢贤士，机不可失，您应当迅速前往。"鲁肃很赞成他的意见。在安葬祖母后，返回曲阿，鲁肃便想整装就此北行。恰逢周瑜已将鲁母接到了吴郡，鲁肃也就把其中情况告知了周瑜。当时，孙策已死，孙权仍在吴郡，周瑜对鲁肃说："过去，马援回答光武皇帝时说'当今时代，不仅君主可以选择臣子，同样，臣子也可以选择君主。'现在，吴主亲信贤德的有识之士和有奇才异能之人，另外我听说前哲曾秘论，承天命替代刘氏之人，定兴起东南；用历数推测，也得出缔造帝业终在东南的结果，这与天命是一致的。现在，正是有识之士随之奋斗立业建功的时候。我已明白了这个道理，你根本不必把刘子扬所说放在心上。"鲁肃听从了他的话。周瑜即向孙权推荐鲁肃，说他的才干足以辅佐王霸大业，应多多延请这样的人，不能让他离开。

孙权当即召见鲁肃，和他谈得非常高兴。众宾客告退后，鲁肃也起身告辞，孙权又单独把他拉回来，两人共席对饮。孙权顺便悄悄与他议论说："现在，汉朝正处败亡之境，天下纷乱，风起云涌。我承继父兄遗业，想建立齐桓公、晋文公那样的功业。你既然屈驾惠顾于我，想怎样帮助我呢？"鲁肃回答说："从前，汉高祖一心想拥戴义帝而未能如愿，是由于项羽从中作梗。现在的曹操一如项羽，将军怎能成为齐桓公、晋文公呢？依我的判断，汉朝已不能复兴，曹操也不能很快除掉。为将军设想，只有鼎立于江东，静观变化。

局面就是这样，您也不必怀疑自己的力量。为什么这样说呢？北方要完全安定一时还达不到，我们可以趁北方未定，消灭黄祖，再进攻刘表，将领地扩大到长江上游，然后称帝，进而统一全国，这是汉高祖所建立的功业呀！”孙权说：“我之所以努力控制江南，是希望能够有助于朝廷，您说的我很难达到啊。”张昭指责鲁肃不谦逊，在孙权面前说了他不少坏话，说他年纪轻没有大才能，不可重用。孙权并不理会，反而更加器重鲁肃，还给鲁肃的母亲送去衣服和陈设品，使他的家与先前家乡的家一样豪华富有。

刘表去世，鲁肃向孙权建议说：“荆州与我相邻，水流向北，外有江、汉环绕，内有山峰险阻，坚固如金城，沃野万里，百姓富足，如果把它据为己有，这正是成就帝业的基础。现在，刘表刚死，他的两个儿子一向不和，军中众将分别对立拥戴刘琦和刘琮。再说，刘备乃天下枭雄，与曹操有怨，寄居刘表处，刘表却防备和嫉妒刘备的才能而不重用他。倘若刘备与荆州之主协力一致，我们就应与他结好，订立盟约；如果他们之间离心离德，我们就设法攻占荆楚，以便完成开国大业。我请求去荆州吊祭，并慰劳荆州军中实力派将领，顺便劝说刘备让他笼络刘表部下，共同对抗曹操，刘备一定会很高兴的。如能成功，天下不难统一。现在若不立即前去，恐怕就让曹操抢占先机了。”孙权随即派鲁肃前往。鲁肃到达夏口，听说曹军已向荆州进兵，就昼夜兼程地赶到南郡，可此时，刘表的儿子刘琮已投降曹操，刘备慌急撤退，准备南渡长江。鲁肃就直接去迎接，在当阳长阪，与刘备相见。鲁肃向刘备详细地转述了孙权的意图，并陈说东吴的强大，劝刘备与孙权合作，共拒曹操。刘备非常高兴。这时，诸葛亮已跟随了刘备，鲁肃对诸葛亮说：“我与你兄诸葛瑾是朋友。”两人当即也成为朋友。刘备就到夏口驻扎，派诸葛亮出使东吴，鲁肃也与他一起回去了。

【人物解读】

鲁肃（公元 172～217 年），东汉末年东吴的著名军事统帅，战略家、政治家。早年袁术闻其名，请为东城长，鲁肃看袁术定不能成就霸业，便经周瑜的推荐，成为孙权的参谋，很早就为孙权谋划了成就帝业的战略计划，深受孙权器重。战前，鲁肃在联合刘备、劝说孙权抗曹等方面都起了极为重要的作用，并在之后协助周瑜取得赤壁之战的胜利。赤壁战后，鲁肃从大局考虑，又劝说孙权将荆州借给刘备，继续巩固。他曾为孙权提出鼎足江东的战略规划，因此得到孙权的赏识，于周瑜死后代替周瑜领兵，守陆口。此后鲁肃为索取荆州而邀荆州守将关羽相见，然而却无功而返。建安二十二年（公元217年），鲁肃去世，年仅46岁。孙权亲自为鲁肃发丧，诸葛亮也为其发哀。

【世人对其评价】

陈寿《三国志》：“少有壮节，好为奇计。家富于财，性好施与。”“曹公乘汉相之资，挟天子而扫群桀，新荡荆城，仗威东夏，于时议者莫不疑贰。鲁肃建独断之明，出众人之表，实奇才也。”

周瑜：“鲁肃智略足任，乞以代瑜。”“鲁肃忠烈，临事不苟，可以代瑜。”

王士祯：“将相江东美，英风压上流。鲁公最忠烈，慷慨借荆州。”

周昙：“轻财重义见英奇，圣主贤臣是所依。公瑾窘饥求子敬，一言才起数船归。”

黎东方：“孙权下面，懂得政治、深知非联络刘备便不能抵抗曹操，以保持江东的独立王国，进一步问鼎中原的，只有鲁肃一人。”

白寿彝：“鲁肃始终不渝地坚持孙刘联盟，是因为他看到了联盟的维持与巩固，关系到江东生死存亡的长远利益，这是他目光远大的过人之处。鲁肃一生的活动，证明了他是江东最杰出的政治家、军事家和外交活动家。”

周思源：“鲁肃大智大勇、临危不惧、多谋善断、坦荡豪爽、能言善辩，堪称一代豪杰。”

尹韵公：“诸葛亮和鲁肃一样，都是三国时代最有眼光的杰出外交家。”

张大可：“鲁肃是东吴名将，他有智有勇，堪与周瑜媲美，若论高瞻远瞩，深谋远虑，恐较周瑜还略胜一筹。”

易中天：“鲁肃是一个很侠义，很豪爽的人。”

《鲁肃墓》：“年少粗疏未可轻，榻边视画最分明。直将诸葛同心事，空被张昭识姓名。大业竟从身后定，丰碑自向墓前横。指囷风义人争说，细故何能概一身。”

吕蒙

【原典】

吕蒙字子明，汝南富陂人也。少南渡，依姊夫邓当。当为孙策将，数讨山越。蒙年十五六，窃随当击贼，当顾见大惊，呵叱不能禁止。归以告蒙母，母恚欲罚之，蒙曰：“贫贱难可居，脱误有功，富贵可致。且不探虎穴，安得虎子？”母哀而舍之。时当职吏以蒙年小轻之，曰：“彼竖子何能为？此欲以肉喂虎耳。”他日与蒙会，又蚩辱之。蒙大怒，引刀杀吏，出走，逃邑子郑长家。出因校尉袁雄自首，承间为言，策召见奇之，引置左右。

数岁，邓当死，张昭荐蒙代当，拜别部司马。权统事，料诸小将兵少而用薄者，欲并合之。蒙阴赊贳，为兵作绛衣行滕，及简日，陈列赫然，兵人练习，权见之大悦，增其兵。从讨丹杨，所向有功，拜平北都尉，领广德长。从征黄祖，祖令都督陈就逆以水军出战。蒙勒前锋，亲枭就首，将士乘胜，进攻其城。祖闻就死，委城走，兵追禽之。权曰：“事之克，由陈就先获也。”以蒙为横野中郎将，赐钱千万。

是岁，又与周瑜、程普等西破曹公于乌林，围曹仁于南郡。益州将袭肃举军来附，瑜表以肃兵益蒙，蒙盛称肃有胆用，且慕化远来，于义宜益不宜夺也。权善其言，还肃兵。瑜使甘宁前据夷陵，曹仁分众围宁，宁困急，使使请救。诸将以兵少不足分，蒙谓瑜、普曰：“留凌公绩，蒙与君行，解围释急，势亦不久，蒙保公绩能十日守也。”又说瑜分遣三百人柴断险道，贼走可得其马。瑜从之。军到夷陵，即日交战，所杀过半。敌夜遁去，行遇柴道，骑皆舍马步走。兵追蹙击，获马三百匹，方船载还。于是将士形势自倍，乃渡江立屯，与相攻击，曹仁退走，遂据南郡，抚定荆州。还，拜偏将军，领浔阳令。

鲁肃代周瑜，当之陆口，过蒙屯下。肃意尚轻蒙，或说肃曰："吕将军功名日显，不可以故意待也，君宜顾之。"遂往诣蒙。酒酣，蒙问肃曰："君受重任，与关羽为邻，将何计略以备不虞？"肃造次应曰："临时施宜。"蒙曰："今东西虽为一家，而关羽实熊虎也，计安可不豫定？"因为肃画五策。肃于是越席就之，拊其背曰："吕子明，吾不知卿才略所及乃至于此也。"遂拜蒙母，结友而别。

【释译】

吕蒙，字子明，汝南富陂人。小时就南渡长江，依附姐夫邓当。邓当是孙策的部将，多次讨伐山越。吕蒙十五六岁时，偷着跟随姐夫攻打强盗，邓当突然发现了他，非常吃惊，呵叱着让他回去，但没有阻止住。回来后，邓当把事情告诉了吕蒙的母亲，母亲很是生气，想惩罚吕蒙，吕蒙说："贫贱的生活让人不能忍受，现在虽说是蛮干，但有了功劳，富贵就可以到来。再说，不入虎穴，焉得虎子？"母亲怜惜他，就没有处罚。当时，邓当的吏员认为吕蒙年纪小，很轻视地说："那小子有什么能耐？这是想用肉喂老虎罢了。"有一天，他与吕蒙相遇，又耻笑侮辱。吕蒙怒杀了这个吏员，逃到同乡人郑长的家里。后来，通过校尉袁雄，出面去自首，袁雄也寻机为他说情。孙策召见吕蒙，认为他非同一般，就把他安置在自己身边。

几年后，邓当去世，张昭推荐吕蒙代替邓当领兵，任为别部司马。孙权统领军政后，考虑到一些少年将军兵员少费用又不足，要合并他们。吕蒙听说后，就暗中借钱，为士兵们做了大红色的衣服和绑腿。检阅的那天，吕蒙兵士的队列整齐威武，人人都能操练。孙权见了非常高兴，当即就给吕蒙增补了兵员。吕蒙跟随孙权讨伐丹杨，屡立战功，孙权升他为平北都尉，兼广德县长。吕蒙跟随孙权讨伐黄祖，黄祖命都督陈就率水军迎战孙权。吕蒙为前锋，亲手杀了陈就，又乘胜挥军进攻黄祖镇守的江夏城。黄祖听说陈就被杀，就弃城逃跑，士兵追击捉住了他。孙权说："此次战事取胜，完全在于先杀了陈就的缘故。"任命吕蒙为横野中郎将，赏钱一千万。

这一年，吕蒙又和周瑜、程普等在乌林击败曹操，把曹仁围困在南郡。益州将领袭肃率全军前来归降，周瑜上表请将袭肃的兵马增补给吕蒙，吕蒙上表盛赞袭肃有胆识才干，说他仰慕王化远道来归，从道义上讲，应该给他增兵而不该削夺他的兵力。孙权认为吕蒙的话很对，就将兵马归还给袭肃。周瑜派甘宁占据了夷陵，曹仁分兵进攻甘宁，甘宁被困，情况危急，派人请求援救。许多将领认为兵力少，不能分散，吕蒙对周瑜和程普说："让凌公绩留下，我和你们去，解除兴霸围困，用不了多长时间，我保证公绩可以坚守十天。"还建议周瑜分派三百人用木柴截断险路，就可以得到强盗逃跑时丢弃的战马。周瑜听从了他意见。大军赶到夷陵，当天就开战，杀伤敌人半数以上。敌人连夜逃走，半路柴木堵塞通道，就放弃马匹，徒步逃跑。大军赶上截杀，获得战马三百匹，用方船载回。大胜之下，将士斗志倍增，乘势渡过长江，设立营寨，又向敌攻击，曹仁败逃。东吴终于占领南郡，平定荆州。回来后，吕蒙被任为偏将军，兼浔阳县令。

鲁肃代替周瑜要去陆口驻扎，路过吕蒙的军营。鲁肃还有些轻视吕蒙，有人对鲁肃说："吕将军功名日益显赫，可不能用旧眼光看他啊！您应当去拜访他。"于是，鲁肃前去拜访吕蒙。酒喝到兴头上，吕蒙问鲁肃说："您接受重任，与关羽相邻，想用什么策略，预防急事的发生呢？"鲁肃很随便地回答说："依情况临时采取措施。"吕蒙说："现在，东西两方虽结为一家，但是，关羽确实是猛虎一样的人物，怎么能不预先订下计谋呢？"当下便为鲁肃谋划了五条策略。鲁肃马上越过坐席走到他身边，拍着他的背说："子明，我不知道您的才略竟已达到这种程度！"他便去拜见吕蒙的母亲，两人结为好友后分别。

【人物解读】

吕蒙（公元180～221年），三国时东吴名将。据说，吕蒙幼时家境贫寒，除了苦练武功之外，根本没机会识字，更接触不到诸如《孙子兵法》之类的兵法书籍，自然在作战谋略上要比其他的将领稍逊一筹，因此吴中的各个将领们都看不起他，嫌他文化低、是个草包。后孙权对吕蒙说："你现在当权掌握重要事务，不可以不学习！"吕蒙以军中事务繁多为理由推辞。孙权说：

“我难道是想要你成为专门研究传授经学的学官吗？（你）只是应当粗略地阅读，了解历史罢了。你说你军务繁忙，哪能比得上我的事务多呢？我常常读书，自认为有很大益处。”于是吕蒙开始学习。吴中第二代都督鲁肃就很是看不上他，在他巡视将领营地的时候，路过吕蒙的营地时都懒得去拜访，是属下极力相劝，才到得吕蒙帐中相见。在席间，谈到了如何与江对面的关羽对敌时，鲁肃指导吕蒙要随机应变。而吕蒙却提出了对付关羽的五套方案，且头头是道。令鲁肃不得不刮目相看，才有了后来的“士别三日，当刮目相看”这句话。

【世人对其评价】

陈寿《三国志》：“吕蒙勇而有谋断，识军计，谲郝普，擒关羽，最其妙者。初虽轻果妄杀，终于克己，有国士之量，岂徒武将而已乎！”

鲁肃：“吕子明，吾不知卿才略所及乃至于此也。”“吾谓大弟（吕蒙）但有武略耳，至于今者，学识英博，非复吴下阿蒙。”

孙权：“人长而进益，如吕蒙、蒋钦，盖不可及也。富贵荣显，更能折节好学，耽悦书传，轻财尚义，所行可迹，并作国士，不亦休乎！”“子明少时，孤谓不辞剧易，果敢有胆而已；及身长大，学问开益，筹略奇至，可以次于公瑾，但言议英发不及之耳。图取关羽，胜于子敬。”

王嘉：“吕蒙读书，开西馆以延杰髦，共相扢扬，识见日进。”

孙元晏：“幼小家贫实可哀，愿征行去志难回。不探虎穴求身达，争得人间富贵来。”

高启：“何处吹愁角一声，大江东岸吕蒙营。天随流水茫茫去，月共长庚耿耿明。敌意有图秋暂息，客魂无定夜还惊。欲陪酾酒楼船座，借问风潮早晚平。”

毛泽东：“吕蒙如不折节读书，善用兵，能攻心，怎能充当东吴统帅？我们解放军许多将士都是行伍出身的，不可不读《吕蒙传》。”

卷五十五　程黄韩蒋周陈董甘凌徐潘丁传第十·程普·黄盖

程普

【原典】

程普字德谋，右北平土垠人也。初为州郡吏，有容貌计略，善于应对。从孙坚征伐，讨黄巾于宛、邓，破董卓于阳人，攻城野战，身被创夷。

坚薨，复随孙策在淮南，从攻庐江，拔之，还俱东渡。策到横江、当利，破张英、于麋等，转下秣陵、湖孰、句容、曲阿，普皆有功，增兵二千，骑五十匹。进破乌程、石木、波门、陵传、余杭，普功为多。策入会稽，以普为吴郡都尉，治钱唐。后徙丹杨都尉，居石城。复讨宣城、泾、安吴、陵阳、春谷诸贼，皆破之。策尝攻祖郎，大为所围，普与一骑共蔽扞策，驱马疾呼，以矛突贼，贼披，策因随出。后拜荡寇中郎将，领零陵太守，从讨刘勋于寻阳，进攻黄祖于沙羡，还镇石城。

策薨，与张昭等共辅孙权，遂周旋三郡，平讨不服。又从征江夏，还过豫章，别讨乐安。乐安平定，代太史慈备海昏，与周瑜为左右督，破曹公于乌林，又进攻南郡，走曹仁。拜裨将军，领江夏太守，治沙羡，食四县。

先出诸将，普最年长，时人皆呼程公。性好施与，喜士大夫。周瑜卒，代领南郡太守。权分荆州与刘备，普复还领江夏，迁荡寇将军，卒。权称尊号，追论普功，封子咨为亭侯。

【释译】

程普，字德谋，右北平土垠人。原来做州郡小官，他容貌端正，善于辩论。跟随孙坚在宛县、邓县讨伐黄巾军，在阳人击败董卓，多次的攻城野战，使他身上伤痕累累。

孙坚去世，程普又随孙策到淮南，进攻庐江，又一同回军东渡长江。孙策到横江、当利，打败张英、于麋等，转而攻下秣陵、湖孰、句容、曲阿，程普都立有战功。孙策给他增加兵士两千人，战马五十匹。进军攻克乌程、石木、波门、陵传、余杭等县，众将中程普功劳最多。孙策进驻会稽，任程普为吴郡都尉，治所设在钱唐。后调任丹杨都尉，屯驻石城。又征讨宣城、泾县、安吴、陵阳、春谷各县的山贼，都将他们平定。孙策曾攻打祖郎，被祖郎的兵马包围，程普与一名骑兵保护孙策，他催马高喊，手持长矛冲向敌军，敌军慌退，孙策借此冲出包围。后，任命程普为荡寇中郎将，兼任零陵太守，率部随孙策到浔阳攻打刘勋，又随孙策在沙羡进攻黄祖，退军后，仍回石城镇守。

孙策去世后，他与张昭等人共辅孙权。率军奔走于三郡之间，讨伐平定那些不顺服的地方。还参与江夏之战，回来时路过豫章，平定了乐安。之后，他接替太史慈守卫海昏，和周瑜分任左右督都，在乌林打败曹操，又进攻南郡，曹仁逃走。此后，被任命为裨将军，兼江夏太守，治所在沙羡，食邑四个县。

在吴国老一辈将领中，程普年龄最大，当时，人们都称他程公。程普性喜施舍，结交士大夫。周瑜去世后，程普代任南郡太守。孙权把荆州分让给刘备，程普又回来兼任江夏太守，升为荡寇将军，直到去世。孙权称帝后，追念程普的功绩，封他的儿子程咨为亭侯。

【人物解读】

程普，生卒年不详，汉末时期江东名将，历仕孙坚、孙策、孙权三任君主。早年跟随孙坚讨黄巾，破；及孙策东渡，与之平定江东，战功卓著；孙策亡故，与张昭、周瑜等共辅孙权，镇压山越，从征江夏，平讨乐安。赤壁之战，与周瑜为左右督，并力破曹。乘胜进讨于南郡，有功。周瑜卒，代之为南郡太守，迁荡寇将军。程普在早年效力于孙家的诸将中，年龄最大，故时人称之为程公。生的容貌不俗，有计略，善于应变。生性乐于助人，喜好结交士大夫。黄龙元年，孙权称帝，追论程普功勋，封其子为亭侯。

【世人对其评价】

陈寿《三国志》："凡此诸将，皆江表之虎臣，孙氏之所厚待也。"

黄盖

【原典】

黄盖字公覆，零陵泉陵人也。初为郡吏，察孝廉，辟公府。孙坚举义兵，盖从之。坚南破山贼，北走董卓，拜盖别部司马。坚薨，盖随策及权，擐（huàn）甲周旋，蹈刃屠城。

诸山越不宾，有寇难之县，辄用盖为守长。石城县吏，特难检御，盖乃署两掾，分主诸曹。教曰："令长不德，徒以武功为官，不以文吏为称。今贼寇未平，有军旅之务，一以文书委付两掾，当检摄诸曹，纠擿谬误。两掾所署，事入诺出，若有奸欺，终不加以鞭杖，宜各尽心，无为众先。"初皆怖威，夙夜恭职；久之，吏以盖不视文书，渐容人事。盖亦嫌外懈怠，时有所省，各得两掾不奉法数事。乃悉请诸掾吏，赐酒食，因出事诘问。两掾辞屈，皆叩头谢罪。盖曰："前已相敕，终不以鞭杖相加，非相欺也。"遂杀之。县中震栗。后转春谷长，寻阳令。凡守九县，所在平定。迁丹杨都尉，抑强扶弱，山越怀附。

盖姿貌严毅，善于养众，每所征讨，士卒皆争为先。建安

中，随周瑜拒曹公于赤壁，建策火攻，语在《瑜传》。拜武锋中郎将。武陵蛮夷反乱，攻守城邑，乃以盖领太守。时郡兵才五百人，自以不敌，因开城门，贼半入，乃击之，斩首数百，余皆奔走，尽归邑落。诛讨魁帅，附从者赦之。自春讫夏，寇乱尽平，诸幽邃巴、醴、由、诞邑侯君长，皆改操易节，奉礼请见，郡境遂清。后长沙益阳县为山贼所攻，盖又平讨。加偏将军，病卒于官。

盖当官决断，事无留滞，国人思之。及权践阼，追论其功，赐子柄爵关内侯。

【释译】

黄盖，字公覆，零陵泉陵人。初在零陵郡任办事小吏，后被推举为孝廉，公府任命他为属官。孙坚起兵，黄盖投奔他。孙坚南下攻打山中的叛贼，北上攻打董卓，黄盖都有功绩，因此被任命为别部司马。孙坚去世后，黄盖先后跟随孙策与孙权，总是甲不离身，紧随孙策、孙权左右，披甲转战，冒箭雨攻城。

许多山越人不归顺，凡有贼寇作乱的县，多是由黄盖任县令。石城县的官吏，特别不服管束，黄盖便任命了两个掾吏，分管各部事务。黄盖教导这两个人说："我这个县令缺少德行，是凭军功当的官，并不是因为文治吏能被人看重。如今，贼寇未平，又有军务在身，现将公事托付给两位，你们要管理好各部，检举纠正错误。你们所处理的事，呈报上来，我就加以准许，你们如有欺诈的行为，就不仅仅施以鞭杖之刑，应当各自尽心，不要带头违法。"开始，属吏们都慑于威势，早晚恭守职责；久而久之，这些人认为黄盖不检阅公文，逐渐纵容了非法行为。黄盖也怀疑外面办事懈怠，而有所察觉，真就查出这两名属掾不守法的几件事。于是，将所有的属吏请来宴饮，趁机拿出不合法的一些事来质问。两位属掾回答不出，都磕头请求宽恕。黄盖说："我以前曾告诉过你们，绝不会仅仅是鞭打杖责了事，这不是骗你们。"于是，将二人处死。石城县的官吏受到了巨大的震动。后转任春谷县长、浔阳县令。黄盖总共临时任过九个县的长官，每个县都能安定。升任丹杨都尉，压制豪强，保护贫弱，因此，山越人感动归附。

黄盖相貌威严，善护士卒，每次征讨，士兵都争先恐后冲锋陷阵。建安年中，黄盖随周瑜在赤壁抵御曹操，建议采用火攻，这些事都记载在《周瑜传》里。后来，黄盖升武锋中郎将。武陵郡蛮夷反叛，抢占城邑，黄盖又任武陵郡太守。当时，郡中只有五百士兵，黄盖认为无法正面御敌，便打开城门，让贼寇半数进入城门，突然进行攻击，斩杀了几百人，其余的都逃走，回到各自的村落。黄盖杀了叛军的头领，其他人等都予以赦免。由春到夏，叛乱全部平定，就连偏僻的地方如巴、醴、由、诞的县官，也都改变了态度，奉礼请求接见，武陵郡境内终于平定了。后来，长沙郡益阳县遭山贼攻打，黄盖又去讨伐。孙权加授他偏将军，病死在任上。

黄盖处事果断，从不拖延，吴国人都想念他。孙权登帝位后，追认评定黄盖的功绩，赐他儿子黄柄为关内侯。

【人物解读】

黄盖，生卒年不详，汉末三国时期江东名将，历仕孙坚、孙策、孙权三任君主。黄盖早年为郡吏，后追随孙坚走南闯北。孙权即位，诸山越不宾，黄盖活跃在镇抚的一线，前后九县，所在悉平，迁丹杨都尉。黄盖为人严肃，善于训练士卒，每每征讨，他的部队皆勇猛善战。公元 208 年赤壁之战时，黄盖献火攻之策，并亲自前往曹营诈降，趁机以火攻破曹操的军队，是赤壁之战主要功臣之一，以功拜武锋中郎将，他也因此事迹而被后人广为赞颂。后武陵蛮夷反，攻打城邑，黄盖以五百人，放其半入，拦腰截击，大破诸贼。春去夏来，寇乱尽平。后又平讨长沙益阳县山贼，加偏将军。官至偏将军、武陵太守。

【世人对其评价】

陈寿《三国志》：“凡此诸将，皆江表之虎臣，孙氏之所厚待也。”

韦曜：“盖少孤，婴丁凶难，辛苦备尝，然有壮志，虽处贫贱，不自同于凡庸，常以负薪馀间，学书疏，讲兵事。”

卷五十六　朱治朱然吕范朱桓传第十一·吕范

吕范

【原典】

吕范字子衡，汝南细阳人也。少为县吏，有容观姿貌。邑人刘氏，家富女美，范求之。女母嫌，欲勿与，刘氏曰："观吕子衡，宁当久贫者邪?"遂与之婚。后避乱寿春，孙策见而异之，范遂自委昵，将私客百人归策。时太妃在江都，策遣范迎之。徐州牧陶谦谓范为袁氏觇候，讽县掠考范，范亲客健儿篡取以归。时唯范与孙河常从策，跋涉辛苦，危难不避，策亦亲戚待之，每与升堂，饮宴于太妃前。

后从策攻破庐江，还俱东渡，到横江、当利，破张英、于麋，下小丹杨、湖孰，领湖孰相。策定秣陵、曲阿，收笮融、刘繇余众，增范兵二千，骑五十四。后领宛陵令，讨破丹杨贼，还吴，迁都督。

是时下邳陈瑀自号吴郡太守，住海西，与强族严白虎交通。策自将讨虎，别遣范与徐逸攻瑀于海西，枭其大将陈牧。又从攻祖郎于陵阳，太史慈于勇里。七县平定，拜征虏中郎将，征江夏，还平鄱阳。策薨，奔丧于吴。后权复征江夏，范与张昭留守。曹公至赤壁，与周瑜等俱拒破之，拜裨将军，领彭泽太守，以彭泽、柴桑、历阳为奉邑。刘备诣京见权，范密请留备。后迁平南将军，屯柴桑。

权讨关羽，过范馆，谓曰："昔早从卿言，无此劳也。今当上取之，卿为我守建业。”权破羽还，都武昌，拜范建威将军，封宛陵侯，领丹杨太守，治建业，督扶州以下至海，转以溧阳、怀安、宁国为奉邑。曹休、张辽、臧霸等来伐，范督徐盛、全琮、孙韶等，以舟师拒休等于洞口，迁前将军，假节，改封南昌侯。时遭大风，船人覆溺，死者数千，还军，拜扬州牧。

性好威仪，州民如陆逊、全琮及贵公子，皆修敬虔肃，不敢轻脱。其居处服饰，于时奢靡，然勤事奉法，故权悦其忠，不怪其侈。初策使范典主财计，权时年少，私从有求，范必关白，不敢专许，当时以此见望。权守阳羡长，有所私用，策或料覆，功曹周谷辄为傅著簿书，使无谴问。权临时悦之，及后统事，以范忠诚，厚见信任，以谷能欺更簿书，不用也。

【释译】

吕范，字子衡，汝南细阳人。年轻时曾做过县吏，仪表举止很有风度。城内有户刘姓人家，家中富裕，女儿俊美，吕范前去求婚。刘母却嫌弃吕范，不想把女儿嫁给他，刘父说：“我看吕子衡，不会永远贫穷的。”就让女儿和他成亲。后来在寿春避乱，孙策见他不同凡响，吕范也主动亲近孙策，带着门客一百人归附于他。当时，孙坚的遗孀住在江都县，孙策派吕范去迎接。徐州牧陶谦说吕范是袁术的探子，就让江都县令拷打吕范。吕范的门客闯进县衙硬是把吕范抢了回来。那时，只有吕范和孙河经常随从孙策四处奔走，不畏艰险，孙策待他们也像亲人一样，常常一同进入内堂，在孙坚夫人面前宴饮。

后来，吕范随孙策攻克庐江，不久，又与孙策一同东渡长江至横江、当利，击败张英、于麋，攻占小丹杨、湖孰。孙策命吕范兼任湖孰相。孙策平

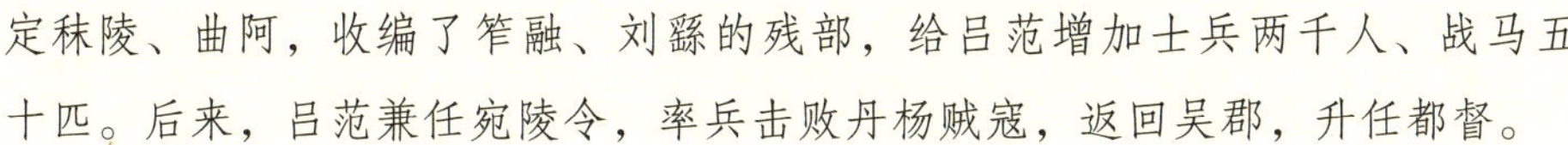

定秣陵、曲阿，收编了笮融、刘繇的残部，给吕范增加士兵两千人、战马五十匹。后来，吕范兼任宛陵令，率兵击败丹杨贼寇，返回吴郡，升任都督。

这时，下邳人陈瑀自称吴郡太守，占据海西，与豪强严白虎勾结。孙策亲自讨伐严白虎，另派吕范和徐逸在海西攻打陈瑀，杀了他的大将陈牧。吕范又跟随孙策在陵阳征讨祖郎，到勇里打击太史慈。平定了七个县，吕范被任为征虏中郎将，征伐江夏，回师又平定了鄱阳。孙策去世，吕范到吴郡奔丧。后来，孙权再次征讨江夏，吕范与张昭留守吴郡。曹操进军赤壁，吕范与周瑜等人共同打败了曹操，升任裨将军，兼彭泽太守，以彭泽、柴桑、历阳为封邑。刘备到吴会见孙权，吕范秘密奏请扣留刘备。后来，升为平南将军，驻守柴桑。

孙权讨伐关羽，顺道到馆舍探望吕范时说："当初要是听您的话扣留刘备，就没有今天的劳苦了。现在，我要去夺取荆州，您替我守好建业。"孙权打败关羽回师，将武昌定为吴国的都城。任命吕范为建威将军，封宛陵侯，兼丹杨太守，郡治所设在建业，统领扶州以下直到海边的兵马，转以溧阳、怀安、宁国三县为他的奉邑。曹休、张辽、臧霸等人攻吴，吕范率领徐盛、全琮、孙韶等人，以水军在洞口抵御曹休等，升任前将军，持符节，并改封为南昌侯。时遇大风，翻船死了几千人，回军后，被任命为扬州牧。

吕范生来就注意仪表的威严，州民中如陆逊、全琮和贵家子弟都对他恭敬有加，不敢轻慢。他的居室服饰在当时都很奢侈华丽，但他勤于公事、奉公守法，所以，孙权喜爱他的忠诚，而不责怪他的奢侈。当初，孙策让吕范主管钱粮，孙权当时还年轻，私下向他有所请求，吕范都要向孙策禀报，不敢擅自做主，因此，受到孙权的埋怨。孙权任阳羡县长时，有私用的财务，孙策有时要审查，功曹周谷总为他在账册上做假，使孙策找不到破绽责问。孙权当时很喜欢周谷。他为吴王时，却认为吕范忠诚，而特别信任他，认为周谷更改账簿，搞欺骗行为，而不重用他。

【人物解读】

吕范（？～公元228年），吴前将军、扬州牧。少年时为县吏，后避乱到寿春，孙策见而异之，范遂自委昵，将私客百人归策。时太妃在江都，策遣范迎之。后从策攻破庐江，还俱东渡，到横江、当利，破张英、于麋，下小丹杨、湖孰，领湖孰相。后领宛陵令，讨破丹杨贼，还吴，迁都督。又与徐逸攻贼于海西，枭其大将陈牧。又从攻祖郎于陵阳，次太史慈于勇里。七县平定，拜征虏中郎将，征江夏，还平鄱阳。策薨，奔丧于吴。后吴主孙权复征江夏，范与张昭留守。曹公至赤壁，与周瑜等俱拒破之，拜裨将军，领彭泽太守，以彭泽、柴桑、历阳为奉邑。刘备诣京见吴主权，范密请留备。后迁平南将军，屯柴桑。吴主权破关羽还，都武昌，拜范建威将军，封宛陵侯，领丹杨太守，治建业，督扶州以下至海，转以溧阳、怀安、宁国为奉邑。曹休、张辽、臧霸等来伐，范督徐盛、全琮、孙韶等，以舟师拒休等于洞口。迁前将军，假节，改封南昌侯。黄武七年，吕范迁大司马，印绶未下，病故。大帝素服举哀，遣使者追赠印绶。及还都建业，大帝过范墓呼曰："子衡!"言及流涕，祀以太牢。

【世人对其评价】

陈寿《三国志》："性好威仪，州民如陆逊、全琮及贵公子，皆修敬虔肃，不敢轻脱。其居处服饰，于时奢靡，然勤事奉法，故权悦其忠，不怪其侈。"

刘氏："观吕子衡宁当久贫者邪?"

孙权："昔管仲逾礼，桓公优而容之，无损于霸。今子衡身无夷吾之失，但其器械精好，舟车严整耳，此适足作军容，何损於治哉?""吕子衡方吴汉。""吕子衡忠笃亮直，性虽好奢，然以忧公为先，不足为损，避袁术自归于兄，兄作大将，别领部曲，故忧兄事，乞为都督，办护修整，加之恪勤，与吴汉相类，故方之。"

李渔："魏有管辂之卜，吴有吕范之卜，一定军于先时，一料擒于临事。"

卷五十七　虞陆张骆陆吾朱传第十二·虞翻·陆绩

虞翻

【原典】

虞翻字仲翔，会稽余姚人也，太守王朗命为功曹。孙策征会稽，翻时遭父丧，衰绖诣府门，朗欲就之，翻乃脱衰入见，劝朗避策。朗不能用，拒战败绩，亡走浮海。翻追随营护，到东部候官，候官长闭城不受，翻往说之，然后见纳。朗谓翻曰："卿有老母，可以还矣。"翻既归，策复命为功曹，待以交友之礼，身诣翻第。

策好驰骋游猎，翻谏曰："明府用乌集之众，驱散附之士，皆得其死力，虽汉高帝不及也。至于轻出微行，从官不暇严，吏卒常苦之。夫君人者不重则不威，故白龙鱼服，困于豫且，白蛇自放，刘季害之，愿少留意。"策曰："君言是也。然时有所思，端坐悒悒，有裨谌草创之计，是以行耳。"

翻出为富春长。策薨，诸长吏并欲出赴丧，翻曰："恐邻县山民或有奸变，远委城郭，必致不虞。"因留制服行丧。诸县皆效之，咸以安宁。后翻州举茂才，汉召为侍御史，曹公为司空辟，皆不就。

翻与少府孔融书，并示以所著《易注》。融答书曰："闻延陵之理乐，睹吾子之治《易》，乃知东南之美者，非徒会稽之竹箭也。又观象云物，察应寒温，原其祸福，与神合契，可谓探赜穷通者也。"会稽东部都尉张纮又与融书曰："虞仲翔前颇为论者所侵，美宝为质，雕摩益光，不足以损。"

【释译】

虞翻，字仲翔，会稽余姚人，年轻时会稽太守王朗任用他为功曹。孙策征伐会稽时，虞翻父亲病故，他戴着孝来到郡府门前，王朗想迎接他，他就脱下孝服进去拜见王朗，劝说王朗应避开孙策。王朗没有采用他的建议，终被孙策所败，逃亡到海上。虞翻追随王朗，并设法保护他。逃到东部的候官县，县长关闭城门不肯接纳他们，虞翻前往劝说，王朗才被接进城。王朗对虞翻说："您还有老母在家，现在，可以回去了。"虞翻回到会稽后，孙策又让他任功曹，用交友的礼节对待他，并亲自到虞翻家中去拜访。

孙策喜欢驰马打猎，虞翻劝他说："您能使乌合之众和零散投奔的人，拼命出力，即使是汉高祖也比不上你。可您却轻率地便服外出，随从卫士也来不及戒严，使亲兵常感为难。身为将军不庄重就没有威严，所以白龙化鱼游玩，遭捕鱼的豫且伤害；白蛇随意游逛，遇刘邦而亡。希望您能稍加注意。"孙策说："你说得对。但有时我考虑些问题，闷坐着感到无聊，便有了春秋时郑国大夫裨谌到野外才能思考国事的想法，所以我才外出走走。"

虞翻出任富春县长。孙策去世，各县令长都打算离任去参加丧礼。虞翻说："要防备邻县山民的叛乱，若远离城邑，定会有意外发生。”因此他留在任所制服行丧。各县令长也都效仿虞翻，从而保持了地方上的安定。后来，虞翻所在州举荐他为茂才，汉朝廷征召他为侍御史，曹操征召他为司空掾，他都没有去上任。

虞翻给少府孔融写信，并将自己所著《易注》一书送给他看。孔融回信说：“听说延陵弟子研习音乐，现在，又看了您对《周易》的研究，才知道东南地区的精美之处不仅仅是会稽的竹箭啊。您的《易注》还记有星云天象，观察并顺应寒暑变化，推究祸福根源，都与玄妙的易理相符，可说是探索道理、通晓奥秘的杰作。”会稽东部都尉张纮也给孔融写信说：“虞仲翔以前多被议论者非难，但他资质超群，越经磨砺，越是光彩夺目，所有非难都不足以损害他。”

【人物解读】

虞翻（公元164~233年），少而好学，有高气。最初为会稽太守王朗之功曹，孙策征会稽，王朗败绩，虞氏归孙策。孙策复命为功曹，待以交友之礼。自此，他追随孙策左右，驰骋疆场。后州举茂才，汉召为侍御史，因司空曹操举荐而不就。孙策死后，其弟孙权主事，以其为骑都尉。虞氏性情疏直，多次犯颜谏争，且性多不协俗，屡使孙权大怒，先后被谪到丹杨泾县和交州等地。他虽然常有失君臣之礼的行为，然十分注重封建礼教，尤其崇尚一臣不事二君的忠君思想。就连遭他奚落的降将于禁，内心也十分佩服他。魏文帝因此也常为他设坐。虞翻一生虽处乱世，亲自参与了三国争霸的战争，但于学问孜孜以求，从未间断。特别是晚年在交州期间，讲学不倦，门生常数百人。

【世人对其评价】

陈寿《三国志》：“虞翻古之狂直，固难免乎末世，然权不能容，非旷宇也。”

孙权：“卿不及伏羲，可与东方朔为比矣。”“虞翻亮直，善于尽言，国之周舍也。前使翻在此，此役不成”。

张纮：“虞仲翔前颇为论者所侵，美宝为质，雕摩益光，不足以损。”

陆绩

【原典】

陆绩字公纪，吴郡吴人也。父康，汉末为庐江太守。绩年六岁，于九江见袁术。术出橘，绩怀三枚，去，拜辞堕地，术谓曰：“陆郎作宾客而怀橘乎?”绩跪答曰：“欲归遗母。”术大奇之。孙策在吴，张昭、张纮、秦松为上宾，共论四海未泰，须当用武治而平之，绩年少末坐，遥大声言曰：“昔管夷吾相齐桓公，九合诸侯，一匡天下，不用兵车。孔子曰：‘远人不服，则修文德以来之。’今论者不务道德怀取之术，而惟尚武，绩虽童蒙，窃所未安也。”昭等异焉。

绩容貌雄壮，博学多识，星历算数无不该览。虞翻旧齿名盛，庞统荆州令士，年亦差长，皆与绩友善。孙权统事，辟为奏曹掾，以直道见惮，出为郁林太守，加偏将军，给兵二千人。绩既有躄疾，又意存儒雅，非其志也。虽有军事，著述不废，作《浑天图》，注《易》释《玄》，皆传于世。豫自知亡日，乃为辞曰：“有汉志士吴郡陆绩，幼敦《诗》、《书》，长玩《礼》、《易》，受命南征，遘疾逼厄，遭命不永，呜呼悲隔!”又曰：“从今已去，六十年之外，车同轨，书同文，恨不及见也。”年三十二卒。长子宏，会稽南部都尉，次子叡，长水校尉。

【释译】

陆绩，字公纪，吴郡吴县人。父亲陆康，汉末时为庐江太守。陆绩六岁时，在九江谒见袁术。袁术拿出橘子招待他，陆绩则在身上藏了三只，离去前拜辞时橘子掉在地上，袁术对他说：“陆郎做客人还偷藏橘子吗?”陆绩跪下说：“想带回去给母亲。”袁术深感惊奇。孙策在吴郡时，张昭、张纮、秦松都是上座宾客，都说当今天下应用武力去平定。陆绩因年轻而坐在末座，他远远地大声道：“从前管夷吾相辅佐齐桓公，九合诸侯，一匡天下，并不用武力。孔子说：‘远人不服，则修文德以来之。’现在，议论的人不看重通过

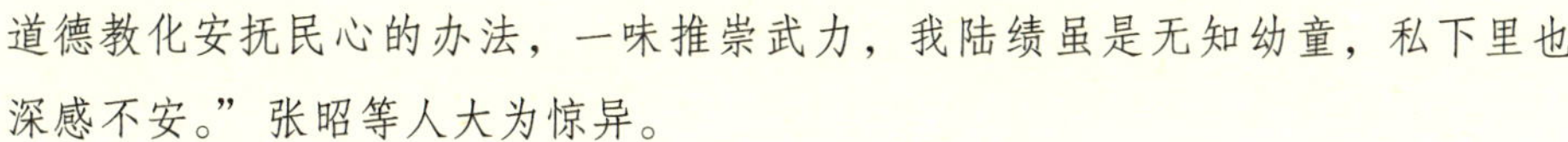

道德教化安抚民心的办法，一味推崇武力，我陆绩虽是无知幼童，私下里也深感不安。”张昭等人大为惊异。

陆绩外貌伟岸，博学多识，天文、历法、算术都很精通。虞翻年老且负有盛名，庞统是荆州名士，他们和陆绩的年龄相差很大，却都与陆绩交好。孙权执政后，任陆绩为奏曹掾，他因直率而被人忌惮。离开京城任郁林太守，加偏将军，授兵员二千。陆绩因腿瘸，且又志在治学，统兵打仗不是他的志向。即使在战时，也仍著述不断。他著《浑天图》，注《易经》，解《太玄》，都流传于世。他预知自己要死了，就给自己做了挽辞，说：“汉志士吴郡人陆绩，幼时熟读《诗经》、《尚书》，长大后研习三《礼》、《周易》，奉命南征，遭遇疾病，寿不长永，呜呼！悲叹我将要永绝人世！”又说：“自现在算起，六十年后，天下将重新归于一统，遗憾的是我看不到了。”陆绩三十二岁去世。长子陆宏，任会稽南部都尉；次子陆叡，任长水校尉。

【人物解读】

陆绩（公元 187 ~218 年），吴偏将军、郁林太守。陆绩外貌伟岸，且博学多识，无论天文、历法，还是算术都很精通。他著有《浑天图》，注《易经》，解《太玄》，都流传于世。

【世人对其评价】

陈寿《三国志》：“绩，博学多识，星历算数无不该览。”“陆绩之于扬玄，是仲尼之左丘明，老聃之严周矣；以瑚琏之器，而作守南越，不亦贼夫人欤！”

卷五十八 陆逊传第十三·陆逊

陆逊

【原典】

陆逊字伯言，吴郡吴人也。本名议，世江东大族。逊少孤，随从祖庐江太守康在官。袁术与康有隙，将攻康，康遣逊及亲戚还吴。逊年长于康子绩数岁，为之纲纪门户。

孙权为将军，逊年二十一，始仕幕府，历东西曹令史，出为海昌屯田都尉，并领县事。县连年亢旱，逊开仓谷以赈贫民，劝督农桑，百姓蒙赖。时吴、会稽、丹杨多有伏匿，逊陈便宜，乞与募焉。会稽山贼大帅潘临，旧为所在毒害，历年不禽。逊以手下召兵，讨治深险，所向皆服，部曲已有二千余人。鄱阳贼帅尤突作乱，复往讨之，拜定威校尉，军屯利浦。

权以兄策女配逊，数访世务，逊建议曰："方今英雄棋跱，豺狼窥望，克敌宁乱，非众不济。而山寇旧恶，依阻深地。夫腹心未平，难以图远，可大部伍，取其精锐。"权纳其策，以为帐下右部督。会丹杨贼帅费栈受曹公印绶，扇动山越，为作内应，权遣逊讨栈。栈支党多而往兵少，逊乃益施牙幢，分布鼓角，夜潜山谷间，鼓噪而前，应时破散。遂部伍东三郡，强者为兵，羸者补户，得精卒数万人，宿恶荡除，所过肃清，还屯芜湖。

会稽太守淳于式表逊枉取民人，愁扰所在。逊后诣都，言次，称式佳吏，权曰："式白君而君荐之，何也？"逊对曰："式意欲养民，是以白逊。若逊复毁式以乱圣听，不可长也。"权曰："此诚长者之事，顾人不能为耳。"

吕蒙称疾诣建业，逊往见之，谓曰："关羽接境，如何远下，后不当可忧也?”蒙曰:“诚如来言,然我病笃。”逊曰:“羽矜其骁气,陵轹于人。始有大功,意骄志逸,但务北进,未嫌于我,有相闻病,必益无备。今出其不意,自可禽制。下见至尊,宜好为计。”蒙曰:“羽素勇猛,既难为敌,且已据荆州,恩信大行,兼始有功,胆势益盛,未易图也。”蒙至都,权问:“谁可代卿者?”蒙对曰:“陆逊意思深长,才堪负重,观其规虑,终可大任。而未有远名,非羽所忌,无复是过。若用之,当令外自韬隐,内察形便,然后可克。”权乃召逊,拜偏将军右部督代蒙。

【释译】

陆逊,字伯言,吴郡吴县人,原名叫议,世代都是江东望族。陆逊小时丧父,随堂祖父庐江太守陆康在任所生活。袁术与陆康有仇,要攻打陆康。陆康就让陆逊和亲属回到吴县。陆逊比陆康的儿子陆绩大几岁,就替陆康管理家务。

孙权任讨虏将军时,陆逊才二十一岁,开始在将军府中历任东、西曹令史,又出任海昌屯田都尉,兼任县令。海昌县连年大旱,陆逊开仓赈济贫民,鼓励耕织,使百姓得到很大实惠。当日,吴郡、会稽郡、丹杨郡有很多因躲避赋税劳役而脱离户籍外逃躲藏的百姓,陆逊向孙权提出建议,请求招募这些人。会稽郡山越匪头目潘临,一直祸害百姓,多年来,官府都未能捕获他。陆逊率新招的部下,讨伐藏身于远地的贼寇,所到之处,贼寇无不降服,他的兵众已扩展到两千多人。鄱阳郡贼寇头目尤突作乱,陆逊又率兵征讨,被授予定威校尉,兵马驻扎在利浦。

孙权将兄长孙策的女儿许配给陆逊,多次向他征询有关时政的意见,陆逊建议说:“现今英雄四起,各霸一方,都伺机而动,要平定祸乱,兵马不足是不会成功的。长期以来山贼为害,藏身于山险之处。眼前的祸害没有平定,难以图谋远方,我们应扩充人马,挑选精壮士兵。”孙权采纳了他的建议,任命他为帐下右部督。时逢丹杨郡贼首费栈投靠曹操,煽动山越作曹操内应,孙权派陆逊率兵讨伐费栈。因费栈党羽众多,讨伐的兵少,陆逊便多张牙旗,四处安排战鼓号角,于夜里暗暗潜入山谷,突然擂鼓呐喊发动进攻,山贼立即溃败。于是,改编丹杨、新都、会稽三郡,强壮的充任士兵,瘦弱的编入户籍，得到精兵数万人，长期的祸害一战而除，回师驻在芜湖。

会稽太守淳于式上奏陆逊违法征用人力，使所辖地百姓愁苦不堪。后来，陆逊到京晋见孙权，还在孙权面前称赞淳于式是个好官。孙权问道：“淳于式告你的状而你却赞赏他，这是为什么？”陆逊回答说：“淳于式意在养民，所以告发我。如果我再诋毁他蒙混陛下视听，这种风气不可助长啊！”孙权说：“这真是厚道人的做法啊，只是一般人做不到罢了。”

吕蒙有病回到建业，陆逊去拜访他时说：“关羽与您隔江而望，您远离驻地而回就没有后顾之忧吗？”吕蒙说：“确如你所讲，但我的确病得很重。”陆逊说：“关羽自恃勇猛，欺压别人，因立有大功，便目中无人，意定神闲，一味向北进攻魏国，对我不存戒心。如果把您有病的消息传过去，他一定更加没有防备。然后，我们出其不意，一定能捉住他。您见到皇上，应当很好地谋划一下。”吕蒙说：“关羽勇猛，确实难以与他抗衡，何况他已占据荆州，当地百姓又归心于他，再加上他刚刚立了大功，胆气更加旺盛，不易谋取啊。”吕蒙见到孙权，孙权问他：“谁能接替您？”吕蒙回答说：“陆逊思虑深远，我听他的谋划，以后定能担当大任。再说他没有什么名气，不是关羽所忌惮的人，只有他是最合适的人选。如果用他，应让他深藏不露，暗中寻机，方可消灭

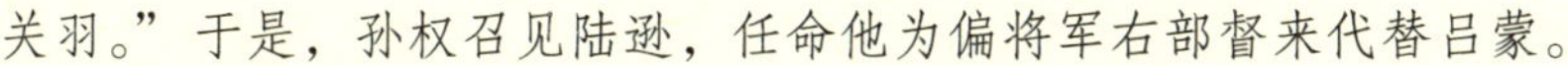

【人物解读】

陆逊（公元183～245年），三国时期东吴名将。孙权兄孙策之婿，世代为江东大族。吴国自开创江东以来，先有周瑜、鲁肃、吕蒙，后有陆氏父子，皆为世之名将。而周瑜之赤壁、吕蒙之江陵、陆逊之夷陵、陆抗之西陵及鲁肃之畴谋，也为世之奇策。而众人皆文武兼备，风流儒雅，而非赳赳武夫，则更为难得。陆逊是东吴继周瑜、鲁肃、吕蒙之后的又一位声望颇高、功绩卓著的将领。他智勇兼备，武能安邦，文能治国，并且品质高尚。孙权把他比做成汤之伊尹和周初之姜尚。陆逊的军事才能主要表现在他足智多谋善于用兵。他的著名功绩是公元222年率军与入侵东吴的刘备军作战，火烧七百里连营，大破之。在讨伐山越暴乱时，他巧设疑兵，多建部队番号，乘夜进入山谷，到处鸣起军号鼓角之声，造成有千军万马的声势，从心理上瓦解了叛军。然后一鼓作气勇猛进击，终于用很少的兵力平息了几万人的山越暴乱。巧夺荆州一战，他利用关羽骄傲自大的弱点，以卑下的言辞写信吹捧关羽，使关羽完全丧失警惕，全力对付曹操。这样，陆逊才得以兵不血刃轻取荆州。夷陵之战时，陆逊则又根据敌强我弱的实际情况，采取了诱敌深入、疲敌师志的战略方针。刘备十万之众来势凶猛，陆逊则主动放弃大片土地和战略要地，把五六百里的山区让给蜀军。待蜀军锐气顿减之时，陆逊巧用火攻大获胜利。从指挥艺术上说，作为一军之帅，陆逊的确是善于审时度势，做到了知己知彼，能准确捕捉战机，出奇制胜。陆逊虽置身行伍，却还有一套治国安民的谋略。他任海昌屯田都尉时，政绩明显，深受百姓拥戴。他从当地土地贫瘠且连年干旱的实际出发，一方面开仓赈济贫民，一方面“劝课农桑，鼓励生产”，“百姓蒙赖”，称他为“神君”。他还曾上书孙权，对国家的严法苛刑提出批评，指出：“峻法严刑，非常王之隆业，有罚无恕，非怀远之弘规。”他建议孙权要像西汉刘邦那样轻刑便民，用黄老之法治理国家，要尽量少动干戈，务以养本保民为要，只有与民休息轻徭薄赋才能富国强兵，统一天下。这些主张说明陆逊并非“一介武夫”，而是一位文武兼备的政治家、军事家。

后来其因卷入立嗣之争，力保太子孙和而累受孙权责罚，忧愤而死，葬于苏州，至今苏州有地名陆墓。

【世人对其评价】

陈寿《三国志》："刘备天下称雄，一世所惮，陆逊春秋方壮，威名未著，摧而克之，罔不如志。予既奇逊之谋略，又叹权之识才，所以济大事也。及逊忠诚恳至，忧国亡身，庶几社稷之臣矣。""逊虽身在外，乃心于国"。"邵字孝则，博览书传，好乐人伦。少与舅陆绩齐名，而陆逊、张敦、卜静等皆亚焉。"

吕蒙："陆逊意思深长，才堪负重，观其规虑，终可大任。"

孙权："孤与君分义特异，荣戚实同，来表云不敢随众容身苟免，此实甘心所望于君也。""此诚长者之事，顾人不能为耳。""伯言常长于计校，恐此一事小短也。""公瑾雄烈，胆略兼人，遂破孟德，开拓荆州，邈焉难继，君今继之。"

刘备："吾乃为逊所折辱，岂非天邪！"

步骘："丞相顾雍、上大将军陆逊、太常潘濬，忧深责重，志在谒诚，夙夜兢兢，寝食不宁，念欲安国利民，建久长之计，可谓心膂股肱，社稷之臣矣。"

诸葛瑾："伯言多智略，其当有以。"

曹丕："彼有人焉，未可图也。"

孙桓："前实怨不见救，定至今日，乃知调度自有方耳。"

裴松之："逊虑孙权以退，魏得专力于己，既能张拓形势，使敌不敢犯，方舟顺流，无复怵惕矣，何为复潜遣诸将，奄袭小县，致令市人骇奔，自相伤害？俘馘千人，未足损魏，徒使无辜之民横罹荼酷，与诸葛渭滨之师，何其殊哉！用兵之道既违，失律之凶宜应，其祚无三世，及孙而灭，岂此之馀殃哉！"

傅玄："孙策为人明果独断，勇盖天下，以父坚战死，少而合其兵将以报雠，转斗千里，尽有江南之地，诛其名豪，威行邻国。及权继其业，有张子布以为腹心，有陆议、诸葛瑾、步骘以为股肱，有吕范、朱然以为爪牙，分任授职，乘间伺隙，兵不妄动，故战少败而江南安。"

卷五十九　吴主五子传第十四·孙和

孙和

【原典】

孙和字子孝，虑弟也。少以母王有宠见爱，年十四，为置宫卫，使中书令阚泽教以书艺。好学下士，甚见称述。赤乌五年，立为太子，时年十九。阚泽为太傅，薛综为少傅，而蔡颖、张纯、封俌、严维等皆从容侍从。

是时有司颇以条书问事，和以为奸妄之人，将因事错意，以生祸心，不可长也，表宜绝之。又都督刘宝白庶子丁晏，晏亦白宝，和谓晏曰："文武在事，当能几人，因隙构薄，图相危害，岂有福哉？"遂两释之，使之从厚。常言："当世士人宜讲修术学，校习射御，以周世务，而但交游博弈以妨事业，非进取之谓。"后群寮侍宴，言及博弈，以为"妨事费日而无益于用，劳精损思而终无所成，非所以进德修业，积累功绪者也。且志士爱日惜力，君子慕其大者，高山景行，耻非其次。夫以天地长久，而人居其间，有白驹过隙之喻，年齿一暮，荣华不再。凡所患者，在于人情所不能绝，诚能绝无益之欲以奉德义之涂，弃不急之务以修功业之基，其于名行，岂不善哉？夫人情犹不能无嬉娱，嬉娱之好，亦在于饮宴琴书射御之间，何必博弈然后为欢！"乃命侍坐者八人，各著论以矫之。于是中庶子韦曜退而论奏，和以示宾客。时蔡颖好弈，直事在署者颇敩焉，故以此讽之。

【释译】

孙和，字子孝，孙虑之弟，小时因母亲王氏被孙权宠爱而受孙权喜欢。

十四岁时，为他安排了宫廷侍卫，让中书令阚泽传授经典。他喜好学习，礼贤下士，很为人们所称道。赤乌五年，他十九岁时被立为太子。任阚泽为太傅，薛综任少傅，蔡颖、张纯、封俌、严维等都以愉快的心情侍奉他。

当时官吏常用分条书写的形式询问政事，孙和认为，这种方式会给奸佞之人机会，从而产生作乱害人的念头，不能这样下去，便上表要求禁止这种做法。都督刘宝状告中庶子丁晏，丁晏也状告刘宝。孙和对丁晏说："文武官员在任上的能有多少人？因为一点矛盾就互相攻击，相互危害，怎么会有福运呢？"于是，他两面进行劝解，使他们交往增多。他常说："当代的才学之士应当探讨研究学问，操演武功，以济当世，如果只是往来下棋，妨碍了事业，不能算是进取。"后来，群臣出席他的酒宴，谈到下棋时，他认为"这只能妨碍事务，浪费时光，既没有实际益处，也消耗精力损害思虑，最终会一无所成，不是用来提高道德、增长学识、积累功绩的东西。有志之士当爱惜光阴与精力，追求理想，以不能与品德高尚的人为伍而耻辱。虽然天长地久，但人于天地间，却有如白驹过隙，年纪一老，时光转眼间就过去了。大凡人之所怕，是心中的七情六欲不能斩断，如果断绝无益的欲望、奉行德义高尚的事业，抛弃闲事修筑建功立业的根基，对于人的名声品行，难道不是好事吗？人的七情六欲中是不能没有娱乐的，但娱乐的爱好，应在于饮宴、弹琴、读书、骑射之间，不必非得去下棋才感到欢乐！"于是，命陪坐的几个人，各自写文评论下棋。中庶子韦曜回去就写文上奏，孙和出示给宾客们看。当时，蔡颖喜欢下棋，在其官署中任职的很多人都跟他学棋，因以，孙和用这个办法来规劝他。

【人物解读】

孙和（公元224~253年），是三国时期孙权的第三子，也是吴国最后一位皇帝的父亲。他"好学下士"，反对朝臣互相攻讦构祸，曾被孙权立为皇太子，但后来被废黜，最后被赐死，遂自杀。

【世人对其评价】

陈寿《三国志》："和有好善之姿，规自砥砺，或短命早终，或不得其死，哀哉！"

卷六十　贺全吕周钟离传第十五·钟离牧

钟离牧

【原典】

钟离牧字子干，会稽山阴人，汉鲁相意七世孙也。少爰居永兴，躬自垦田，种稻二十余亩。临熟，县民有识认之，牧曰："本以田荒，故垦之耳。"遂以稻与县人。县长闻之，召民系狱，欲绳以法，牧为之请。长曰："君慕承宫，自行义事，仆为民主，当以法率下，何得寝公宪而从君邪?"牧曰："此是郡界，缘君意顾，故来暂住。今以少稻而杀此民，何心复留?"遂出装，还山阴，长自往止之，为释系民。民惭惧，率妻子舂所取稻得六十斛米，送还牧，牧闭门不受。民输置道旁，莫有取者。牧由此发名。

赤乌五年，从郎中补太子辅义都尉，迁南海太守。还为丞相长史，转司直，迁中书令。会建安、鄱阳、新都三郡山民作乱，出牧为监军使者，讨平之。贼帅黄乱、常俱等出其部伍，以充兵役。封秦亭侯，拜越骑校尉。

永安六年，蜀并于魏，武陵五溪夷与蜀接界，时论惧其叛乱，乃以牧为平魏将军，领武陵太守，往之郡。魏遣汉葭县长郭纯试守武陵太守，率涪陵民入蜀迁陵界，屯于赤沙，诱致诸夷邑君，或起应纯，又进攻酉阳县，郡中震惧。牧问朝吏曰："西蜀倾覆，边境见侵，何以御之?"皆对曰："今二县山险，诸夷阻兵，不可以军惊扰，惊扰则诸夷盘结。宜以渐安，可遣恩信吏宣教慰劳。"牧曰："不然。外境内侵，诳诱人民，当及其根柢未深而扑取之，此救火贵速之势也。"敕外趣严，掾史沮议者便行军法。抚夷将军高尚说牧曰："昔潘太常督兵五万，然后以讨五溪夷耳。是时刘氏连和，诸夷率化，今既无往日之援，而郭纯已据迁陵，而明府以三千兵深入，尚未见其利也。”牧曰：“非常之事，何得循旧？”即率所领，晨夜进道，缘山险行，垂二千里，从塞上，斩恶民怀异心者魁帅百余人及其支党凡千余级，纯等散，五溪平。迁公安督、扬武将军，封都乡侯，徙濡须督。复以前将军假节，领武陵太守。卒官。家无余财，士民思之。子祎嗣，代领兵。

【释译】

钟离牧，字子干，会稽山阴人，是汉朝鲁相钟离意的第七代孙。年轻时迁居永兴，亲自垦田，有二十多亩水稻，快要成熟时，县中有人说这田是他的，钟离牧说：“本就因土地荒芜，所以才开垦。”于是，就把水田给了那人。县里听说后，把那人关进监狱，要依法制裁。钟离牧为他求情。县长说：“您仰慕承宫的为人，可以去做仁义的事，我是一县主事的人，当以法令约束百姓，怎能违犯国法来顺从您呢？”钟离牧说：“这里是郡界，因您的照顾，我才暂时住下来。现在，因这一点点稻谷要杀人，我还有什么心情再留在这里呢？”就打好行装，要回山阴。县长亲去挽留，并释放了被囚押的那个人。那人又愧又怕，带着妻子儿女把割去的稻谷舂出的六十斛大米，送还给钟离牧，钟离牧关门不接受。那人把米放在路边，没有别人去拿。钟离牧从此出了名。

赤乌五年，钟离牧由郎中补任太子辅义都尉，升任南海太守。又回京任丞相长史，转任司直，升为中书令。正赶上建安、鄱阳、新都三郡山民作乱，被派出任监军，讨伐平定叛乱。钟离牧将山民首领黄乱、常俱等人的部众补充到兵营。封秦亭侯，任命为越骑校尉。

吴永安六年，蜀国被魏国吞并。因武陵五溪的少数民族与蜀国交界，所以，当时人都担心会发生叛乱。于是朝廷就任命钟离牧为平魏将军，兼任武陵太守，前往郡治赴任。魏国派汉葭县长郭纯试任武陵太守，率涪陵百姓进入蜀国迁陵的边界，驻守赤沙，招诱各少数民族首领，这些人中有人响应；郭纯还进攻酉阳县，震动郡府。钟离牧问府中官员："西蜀被吞并，边境受到侵犯，用什么方法来抵御?"郡吏都回答说："迁陵、酉阳二县山林险要，各蛮夷据守顽抗，不能用兵马去惊动他们，一受惊动，各蛮夷就会互相勾结。应当慢慢地给予抚慰，派恩信吏去宣明教令，以示慰劳。"钟离牧说："不对。外敌入侵，诱骗我们的百姓，应当趁他们根基未深之时进行攻取，这同救火贵在迅速的道理是一样的。"于是，命在外的人马立即整装，违反和非议者以军法处置。抚夷将军高尚劝钟离牧说："从前，太常卿潘濬统兵五万，才去讨伐五溪夷。那时，西蜀与我们连和，蛮夷各族都服从教化。如今，既没有当初的外援，郭纯又已占据了迁陵，而太守您却只用三千士兵去深入险境，我看不出这样做有什么好处。"钟离牧说："应付突然发生的事，怎能用老办法呢?"就率兵日夜兼程，沿山间险路行程近两千里，直追赶到边境发起进攻，斩杀怀有异心的恶首百余人及其党羽共一千余人，郭纯等人逃散，遂平定五溪。升任公安督、扬武将军，封都乡侯，调任濡须督。后又任前将军，假节，兼任武陵太守，在任上去世。家中没有多余的财物，士民都很怀念他。儿子钟离祎承继爵位，接替父亲统领兵马。

【人物解读】

钟离牧，生卒年不详，吴前将军、武陵太守。是汉朝鲁相钟离意的第七代孙。赤乌五年，从郎中补太子辅义都尉，迁南海太守，数破贼寇。在郡四年，以疾去职。还为丞相长史，转司直，迁中书令。会建安、鄱阳、新都三

郡山民作乱，出牧为监军使者，讨平之。封秦亭侯，拜越骑校尉。后迁公安督、扬武将军，封都乡侯，徙濡须督。复以前将军假节，领武陵太守。卒官。家无余财，士民思之。

【世人对其评价】

陈寿《三国志》："山越好为叛乱，难安易动，是以孙权不遑外御，卑词魏氏。凡此诸臣，皆克宁内难，绥静邦域者也。""钟离牧蹈长者之规。"

羊衜："钟离子干吾昔知之不熟，定见其在南海，威恩部伍，智勇分明，加操行清纯，有古人之风。"

徐众："牧蹈长者之规。"

钟离骃："牧必胜我，不可轻也。"

卷六十一　潘濬陆凯传第十六·潘濬

潘濬

【原典】

潘濬字承明，武陵汉寿人也。弱冠从宋仲子受学。年未三十，荆州牧刘表辟为部江夏从事。时沙羡长赃秽不修，濬按杀之，一郡震竦。后为湘乡令，治甚有名。刘备领荆州，以濬为治中从事。备入蜀，典留州事。

孙权杀关羽，并荆土，拜濬辅军中郎将，授以兵。迁奋威将军，封常迁亭侯。权称尊号，拜为少府，进封刘阳侯，迁太常。五溪蛮夷叛乱盘结，权假濬节，督诸军讨之。信赏必行，法不可干，斩首获生，盖以万数，自是群蛮衰弱，一方宁静。

先是，濬与陆逊俱驻武昌，共掌留事，还复故。时校事吕壹操弄威柄，奏按丞相顾雍、左将军朱据等，皆见禁止。黄门侍郎谢厷语次问壹："顾公事何如?"壹答："不能佳。"厷又问："若此公免退，谁当代之?"壹未答厷，厷曰："得无潘太常得之乎?"壹良久曰："君语近之也。"厷谓曰："潘太常常切齿于君，但道远无因耳。今日代顾公，恐明日便击君矣。"壹大惧，遂解散雍事。濬求朝，诣建业，欲尽辞极谏。至，闻太子登已数言之而不见从，濬乃大请百寮，欲因会手刃杀壹，以身当之，为国除患。壹密闻知，称疾不行。濬每进见，无不陈壹之奸险也。由此壹宠渐衰，后遂诛戮。权引咎责躬，因诮让大臣，语在《权传》。

赤乌二年，濬卒，子翥嗣。濬女配建昌侯孙虑。

【释译】

潘濬，字承明，武陵汉寿人，二十岁时随宋仲子学习。不到三十岁时，荆州牧刘表征召他为江夏郡从事。当时，沙羡县长贪赃枉法，品行不端，潘濬查清后杀了他，全郡为之震恐。后来，任湘乡县令，治理有法，很有名声。刘备兼管荆州时，任命潘濬为治中从事。刘备入蜀后，留下潘濬掌管州中事务。

孙权杀关羽，吞并了荆州，任命潘濬为辅车中郎将，授予兵权。又升为奋威将军，封常迁亭侯。孙权称帝后，任命他为少府，晋封为刘阳侯，又升为太常。五溪的少数民族发动叛乱，相互勾结，孙权授潘濬符节，命他督率各部进行讨伐。他对有功者必定奖赏，不允许有人冒犯法令。在征讨中，斩获敌人，数以万计。自此，各部族都衰弱了，五溪之地平静安定。

此前，潘濬与陆逊同驻武昌，共同掌管留守事务，平叛后仍回到武昌。这时，校事吕壹弄权，上奏审查丞相顾雍、左将军朱据等人，并将他们软禁起来。黄门侍郎谢厷谈论间问吕壹说："顾公的事怎样了？"吕壹说："不会好的。"谢厷又问："如果顾公被罢免，谁能替代他？"吕壹没有回答，谢厷又问："该不是潘太常吧？"吕壹沉吟很久，说："您说得很接近了。"谢厷对他说："潘太常非常痛恨您，只是路远没有机会办到罢了。今天他若代替顾公，明日恐怕就会来打击您了。"吕壹十分恐惧，于是，解除了对顾雍的审查和软禁。潘濬请求到建业朝见，想劝说孙权。到达建业后，听说太子孙登已多次劝说却没被接受。潘濬便大请百官，想趁聚会时亲手杀掉吕壹，自己来承担这一罪责，以达到为国除患的目的。吕壹暗中得到这个信息，就称病不去赴宴。潘濬每次进见孙权，总是陈述吕壹的奸诈阴险。因此，吕壹受到的恩宠便渐渐地减弱了，后来，终于被杀。孙权把过失归到自己身上，同时，也责备了朝廷大臣。这件事记载在《孙权传》中。

赤乌二年，潘濬去世，儿子潘翥承继爵位。潘濬的女儿许配给建昌侯孙虑为妻。

【人物解读】

潘濬（？~公元239年），蜀汉重臣蒋琬的表弟。三国时代东吴的重臣，长期主管荆州事务，官至太常。潘濬二十一岁时师事于宋忠，并受到建安七子之一的王粲赏识，因而知名，不到三十岁就被刘表任命为江夏郡从事。建安二十四年（公元219年），孙权派军袭杀关羽，占领荆州，将领官员全都归附，而潘濬却称疾不见。孙权亲自登门拜访，潘濬仍涕泪交横，伏床不起，孙权以观丁父、彭仲爽等俘虏出身的楚地先贤为例安慰潘濬，又派人以手巾帮他擦脸，潘濬才下地拜谢，并将荆州军事部署详细告诉孙权，被拜为辅军中郎将，之后又升迁至奋威将军，封常迁亭侯。

【世人对其评价】

陈寿《三国志》："潘濬公清割断，陆凯忠壮质直，皆节概梗梗，有大丈夫格业。"

杨戏："古之奔臣，礼有来逼，怨兴司官，不顾大德。靡自匡救，倍成奔北，自绝于人，作笑二国。"

步骘："丞相顾雍、上大将军陆逊、太常潘濬，忧深责重，志在谒诚，夙夜兢兢，寝食不宁，念欲安国利民，建久长之计，可谓心膂股肱，社稷之臣矣。宜各委任，不使他官监其所司，责其成效，课其负殿。此三臣者，思虑不到则已，岂敢专擅威福欺负所天乎？"

卷六十二　是仪胡综传第十七·是仪

是仪

【原典】

是仪字子羽，北海营陵人也。本姓氏，初为县吏，后仕郡，郡相孔融嘲仪，言“氏”字“民”无上，可改为“是”，乃遂改焉。后依刘繇，避乱江东。繇军败，仪徙会稽。

孙权承摄大业，优文征仪。到见亲任，专典机密，拜骑都尉。吕蒙图袭关羽，权以问仪，仪善其计，劝权听之。从讨羽，拜忠义校尉。仪陈谢，权令曰：“孤虽非赵简子，卿安得不自屈为周舍邪？”既定荆州，都武昌，拜裨将军，后封都亭侯，守侍中。欲复授兵，仪自以非材，固辞不受。黄武中，遣仪之皖就将军刘邵，欲诱致曹休。休到，大破之，迁偏将军，入阙省尚书事，外总平诸官，兼领辞讼，又令教诸公子书学。

大驾东迁，太子登留镇武昌，使仪辅太子。太子敬之，事先咨询，然后施行。进封都乡侯。后从太子还建业，复拜侍中、中执法，平诸官事、领辞讼如旧。典校郎吕壹诬白故江夏太守刁嘉谤讪国政，权怒，收嘉系狱，悉验问。时同坐人皆怖畏壹，并言闻之，仪独云无闻。于是见穷诘累日，诏旨转厉，群臣为之屏息。仪对曰：“今刀锯已在臣颈，臣何敢为嘉隐讳，自取夷灭，为不忠之鬼！顾以闻知当有本末。”据实答问，辞不倾移。权遂舍之，嘉亦得免。

蜀相诸葛亮卒，权垂心西州，遣仪使蜀申固盟好。奉使称意，后拜尚书仆射。

【释译】

是仪，字子羽，北海营陵人。他本来姓“氏”，最初任县吏，后来在郡府任职。北海相孔融笑他，说“氏”字是“民”字没有上面的部分，应该改为“是”，于是，他就将“氏”姓改为“是”姓。后来，他投靠刘繇，到江东避乱。刘繇被打败后，是仪就迁移到了会稽。

孙权执政后，用优厚待遇征召是仪。他受到孙权的喜爱和信任，孙权让他专职机要，任命为骑都尉。吕蒙策划偷袭关羽，孙权征询是仪的意见，是仪很是赞同，劝孙权允许这个计划。是仪跟随讨伐，被任为忠义校尉。是仪上表推辞，孙权下令说：“我虽然不是赵简子，难道你就不能委屈一下做个随时直谏的周舍吗?”荆州平定后，孙权迁都武昌，任是仪为裨将军，后又封为都亭侯，兼理侍中。孙权还想授兵权给是仪，他认为自己不是将才，坚决推辞不受。黄武年间，孙权派是仪去皖口协同将军刘邵在军中任职，计诱曹休来战。曹休率军前来，吴军打败了他，升为偏将军，入朝总管尚书事，总领众官，兼管诉讼事务，孙权又让他教众公子读书。

孙权都城迁回建业，太子孙登留守武昌，孙权让是仪辅佐太子。太子很敬重他，凡事先征询他的意见，然后才实施。进封都乡侯。后来，他随太子返回建业，又被任命为侍中、中执法，仍旧管理百官、兼理狱讼事务。典校郎吕壹诬告原江夏太守刁嘉诽谤国政，孙权大怒，将刁嘉关进监狱，彻查审问。当时，在场的人都害怕吕壹，同声说听到过刁嘉的诽谤，唯独是仪说没有听到。于是，接连几天是仪被追查，孙权的诏令也变得严厉起来，群臣都为是仪担心。是仪回答说："如今，刀锯已架在臣的颈上，臣怎敢替刁嘉隐瞒，而自取其祸，成为不忠之鬼呢！只是认为，既然听到了刁嘉诽谤国政的话，就应当知道事情的起因。"他仍是据实回答，没有改变。孙权终于不再追究，刁嘉得以免罪。

蜀国丞相诸葛亮去世，孙权非常关注益州，就派遣是仪出使蜀国，重申两国的友好关系。对他完成使命孙权感到很满意。后任命他为尚书仆射。

【人物解读】

是仪，最初是县吏，后避乱于东吴。孙权任其为骑都尉，跟随吕蒙袭击关羽。平定荆州后，任裨将军，封都亭侯。黄武年间，大破魏将曹休，迁偏将军，入朝省尚书事，外总领诸官，兼管诉讼事务，又奉命教诸公子书学，后辅导太子。蜀相诸葛亮卒，是仪出使蜀国，修固吴蜀联盟，后拜尚书仆射。是仪清廉忠直，为官数十年，未曾有过失。终年 81 岁。

【世人对其评价】

陈寿《三国志》："是仪为傅尽忠，动辄规谏；事上勤，与人恭。""是仪，权之时干兴事业者也。仪清恪贞素，见信任，譬之广夏，其榱椽之佐乎！"

孙权："使人尽如是仪，当安用科法为？"

徐众："是仪以羁旅异方，客仕吴朝，值谗邪殄行，当严毅之威，命县漏刻，祸急危机，不雷同以害人，不苟免以伤义，可谓忠勇公正之士，虽祁奚之免叔向，庆忌之济朱云，何以尚之？忠不谄君，勇不慑耸，公不存私，正不党邪，资此四德，加之以文敏，崇之以谦约，履之以和顺，保傅二宫，存身爱名，不亦宜乎！"

卷六十三　吴范刘惇赵达传第十八·吴范

吴范

【原典】

吴范字文则，会稽上虞人也。以治历数知风气闻于郡中。举有道，诣京都，世乱不行。会孙权起于东南，范委身服事，每有灾祥，辄推数言状，其术多效，遂以显名。

初，权在吴，欲讨黄祖，范曰："今兹少利，不如明年。明年戊子，荆州刘表亦身死国亡。"权遂征祖，卒不能克。明年，军出，行及寻阳，范见风气，因诣船贺，催兵急行，至即破祖，祖得夜亡。权恐失之，范曰："未远，必生禽祖。"至五更中，果得之。刘表竟死，荆州分割。及壬辰岁，范又白言："岁在甲午，刘备当得益州。"后吕岱从蜀还，遇之白帝，说备部众离落，死亡且半，事必不克。权以难范，范曰："臣所言者天道也，而岱所见者人事耳。"备卒得蜀。

权与吕蒙谋袭关羽，议之近臣，多曰不可。权以问范，范曰："得之。"后羽在麦城，使使请降。权问范曰："竟当降否？"范曰："彼有走气，言降诈耳。"权使潘璋邀其径路，觇候者还，白羽已去。范曰："虽去不免。"问其期，曰："明日日中。"权立表下漏以待之。及中不至，权问其故，范曰："时尚未正中也。"顷之，有风动帷，范拊手曰："羽至矣。"须臾，外称万岁，传言得羽。

后权与魏为好，范曰："以风气言之，彼以貌来，其实有谋，宜为之备。"刘备盛兵西陵，范曰："后当和亲。"终皆如言。其占验明审如此。权以范为骑都尉，领太史令，数从访问，欲知其决。范秘惜其术，不以至要语权。权由是恨之。

初，权为将军时，范尝白言“江南有王气，亥子之间有大福庆。”权曰：“若终如言，以君为侯。”及立为吴王，范时侍宴，曰：“昔在吴中，尝言此事，大王识之邪？”权曰：“有之。”因呼左右，以侯绶带范。范知权欲以厌当前言，辄手推不受。及后论功行封，以范为都亭侯。诏临当出，权恚其爱道于己也，削除其名。

范为人刚直，颇好自称，然与亲故交接有终始。素与魏滕同邑相善。滕尝有罪，权责怒甚严，敢有谏者死，范谓滕曰：“与汝偕死。”滕曰：“死而无益，何用死为？”范曰：“安能虑此坐观汝邪！”乃髡头自缚诣门下，使铃下以闻。铃下不敢，曰：“必死，不敢白。”范曰：“汝有子邪？”曰：“有。”曰：“使汝为吴范死，子以属我。”铃下曰：“诺。”乃排閤入。言未卒，权大怒，欲便投以戟。逡巡走出，范因突入，叩头流血，言与涕并。良久，权意释，乃免滕。滕见范谢曰：“父母能生长我，不能免我于死。丈夫相知，如汝足矣，何用多为！”

黄武五年，范病卒。长子先死，少子尚幼，于是业绝。权追思之，募三州有能举知术数如吴范、赵达者，封千户侯，卒无所得。

【释译】

吴范，字文则，会稽上虞人，以研究天文历数和占卜气候闻名于郡中。被荐举为有道术之人，想送去京都，因为世道混乱没有去成。后来，孙权起兵于东南，吴范就去投奔，每有灾异发生，他就推衍术数，说出灾变情况。他的方术大多应验，因此显名。

当初，孙权在吴郡时，想讨伐黄祖，吴范说："现在讨伐不利，不如明年进行。明年戊子日，荆州刘表将身死国亡。"孙权不听，发兵征讨黄祖，终于没能取胜。第二年，又出兵攻打，士兵行至浔阳，吴范观看天象，就上船祝贺说这次征讨必能获胜，催促兵马加速前行。一仗，就打败了黄祖，黄祖趁夜潜逃。孙权担心黄祖逃脱，吴范说："他逃不远，一定能活捉他。"五更拂晓时分，果然擒获黄祖。刘表也死了，荆州被瓜分。壬辰年，吴范又禀告孙权说："甲午这年，刘备必能得到益州。"后来，吕岱由蜀郡返回，在白帝城遇到吴范，对他说刘备的部众已然离散，死亡将近半数，肯定无法占领益州。孙权用吕岱的话责问吴范，吴范说："臣的预言是通过占卜推出的天意，而吕岱所见，只是人事方面的事情而已。"后来，刘备果然得到了蜀地。

孙权、吕蒙策划袭击关羽，与亲近大臣商议，多数人说不行。孙权就此事询问吴范，吴范说："可以捕获关羽。"后来，关羽在麦城，派使者请求投降。孙权问吴范说："他是否真的投降？"吴范说："他有逃跑的征兆，投降是假。"孙权就派潘璋截断关羽的退路。探马报告说关羽已经离去。吴范说："虽然离去，但不能脱身。"孙权问关羽被擒获的时间，吴范回答说："明天中午。"孙权便设立漏表等待，中午时没有消息传来，孙权问是什么原因，吴范说："时间还没到正午。"不久，有风吹动帷帐，吴范拍手道："关羽要到了。"不一会儿，外面欢呼万岁，说关羽被捉到了。

后来，孙权与曹魏结交，吴范说："依天象来看，魏国是表面上与我和好，实际是另有图谋，应该加以防备。"刘备大军驻扎西陵，吴范又说："以后定会和睦相亲。"事情都如他所说。他占卜的效验就是如此明白。孙权任命吴范为骑都尉，兼任太史令，又多次向他屈身请教，想知道他的秘诀。吴范珍惜自己的占卜术，对孙权保密，不把最关键的东西说给他。孙权由此恨吴范。

当初，孙权任讨虏将军时，吴范曾告诉孙权说“江南有帝王之气，己亥年至庚子年间将有重大吉庆之事。”孙权说：“若果真如你所说，就封你为侯。”后孙权被封为吴王，吴范在旁侍宴，他说：“以前在吴郡时，曾预言过这件事，大王还记得吗？”孙权说：“有这回事。”就叫左右侍从把侯爵的印绶佩在吴范身上。吴范知道孙权不过是用这来搪塞从前的诺言，就推辞不接受。

后来，论功行赏时，本要封吴范为都亭侯，诏令快要下达时，孙权恨吴范不肯教自己道术，便在诏令中除去了他的名字。

吴范为人刚直，却喜自夸，但是，与亲戚和朋友交往始终如一。他与同乡魏滕一向友好。魏滕犯罪，使孙权大为恼怒，对他施以很严厉的处置，并说，谁敢劝说便处死。吴范对魏滕说：“我与你一起死。”魏滕说：“你死了有什么好处，干吗去死？”吴范说：“还能想这些，难道坐着看你去死吗？”吴范便剃光了头，自己绑缚着来到宫前，让侍从禀报。侍从不敢，说：“说了必死，我不敢报告。”吴范说：“你有孩子吗？”侍从说：“有。”吴范说：“假如你为我死了，你的孩子就交给我。”侍从说：“好吧。”就进去了，没等他的话说完，孙权大怒，想用戟投刺他，吓得他倒退着逃了出来。吴范乘机冲进去，跪下叩头，流出血来，他一边说话，一边流着泪。过了许久，孙权才消了气，赦免了魏滕。魏滕见到吴范感激地说："父母生我养我，却不能使我逃脱死亡。大丈夫的知己，有一人足够了，还用得着很多吗！"

黄武五年，吴范因病去世。他的长子已先死，而幼子年龄尚小，因此，他的占卜术就失传了。孙权追思他，招募荆、扬、交三州中有像吴范、赵达那样精通占卜术的人，并许封为千户侯，但最终还是没有找到。

【人物解读】

吴范，生卒年不详，孙权起兵于东南，吴范委身服事，每有灾祥，辄推数言状，其术多效，遂以显名。与亲故交接有终始。素与魏滕同邑相善。黄武五年，吴范病故。

【世人对其评价】

陈寿《三国志》："范为人刚直，颇好自称。""范于其术精矣，其用思妙矣，然君子等役心神，宜于大者远者，是以有识之士，舍彼而取此也。"

卷六十四　诸葛滕二孙濮阳传第十九·诸葛恪

诸葛恪

【原典】

诸葛恪字元逊，瑾长子也。少知名。弱冠拜骑都尉，与顾谭、张休等侍太子登讲论道艺，并为宾友。从中庶子转为左辅都尉。

恪父瑾面长似驴，孙权大会群臣，使人牵一驴入，长检其面，题曰诸葛子瑜。恪跪曰："乞请笔益两字。"因听与笔。恪续其下曰"之驴"。举座欢笑，乃以驴赐恪。他日复见，权问恪曰："卿父与叔父孰贤？"对曰："臣父为优。"权问其故，对曰："臣父知所事，叔父不知，以是为优。"权又大噱。命恪行酒，至张昭前，昭先有酒色，不肯饮，曰："此非养老之礼也。"权曰："卿其能令张公辞屈，乃当饮之耳。"恪难昭曰："昔师尚父九十，秉旄仗钺，犹未告老也。今军旅之事，将军在后，酒食之事，将军在先，何谓不养老也？"昭卒无辞，遂为尽爵。后蜀使至，群臣并会，权谓使曰："此诸葛恪雅好骑乘，还告丞相，为致好马。"恪因下谢，权曰："马未至而谢何也？"恪对曰："夫蜀者陛下之外厩，今有恩诏，马必至也，安敢不谢？"恪之才捷，皆此类也。权甚异之，欲试以事，令守节度。节度掌军粮谷，文书繁猥，非其好也。

恪以丹杨山险，民多果劲，虽前发兵，徒得外县平民而已，其余深远，莫能禽尽，屡自求乞为官出之，三年可得甲士四万。众议咸以"丹杨地势险阻，与吴郡、会稽、新都、鄱阳四郡邻接，周旋数千里，山谷万重，其幽邃民人，未尝入城邑，对长吏，皆仗兵野逸，白首于林莽。逋亡宿恶，咸共逃窜。山出铜铁，自铸甲兵。俗好武习战，高尚气力，其升山赴险，抵突丛棘，若鱼之走渊，猨狖之腾木也。时观间隙，出为寇盗，每致兵征伐，寻其窟藏。其战则蜂至，败则鸟窜，自前世以来，不能羁也”。皆以为难。恪父瑾闻之，亦以事终不逮，叹曰：“恪不大兴吾家，将大赤吾族也。”恪盛陈其必捷。权拜恪抚越将军，领丹杨太守，授棨戟武骑三百。拜毕，命恪备威仪，作鼓吹，导引归家，时年三十二。

恪到府，乃移书四郡属城长吏，令各保其疆界，明立部伍，其从化平民，悉令屯居。乃分内诸将，罗兵幽阻，但缮藩篱，不与交锋，候其谷稼将熟，辄纵兵芟刈，使无遗种。旧谷既尽，新田不收，平民屯居，略无所入，于是山民饥穷，渐出降首。恪乃复敕下曰：“山民去恶从化，皆当抚慰，徙出外县，不得嫌疑，有所执拘。”臼阳长胡伉得降民周遗，遗旧恶民，困迫暂出，内图叛逆，伉缚送言府。恪以伉违教，遂斩以徇，以状表上。民闻伉坐执人被戮，知官惟欲出之而已，于是老幼相携而出，岁期，人数皆如本规。恪自领万人，余分给诸将。

【释译】

诸葛恪，字元逊，诸葛瑾的大儿子，从小就有名。二十岁时官拜骑都尉，与顾谭、张休等随侍太子孙登讲习六艺，为太子的宾友。从中庶子转升为左辅都尉。

诸葛恪父亲诸葛瑾面长，有一次，孙权在大会群臣时，让人牵来一头驴，在驴脸上贴了一条标签，上写“诸葛子瑜”四字。诸葛恪跪下说：“请赐笔增写两字。”孙权给他一支笔。诸葛恪在下面续写了“之驴”两字。众人都哈哈大笑，孙权就把驴赏给诸葛恪。又一天，去谒见孙权，孙权问诸葛恪说：“你父亲与叔父哪个更高明些？”诸葛恪回答说：“父亲高明。”孙权问为什么。诸葛恪回答说：“父亲知道该为谁做事，叔父却不知道，因此算起来是父亲贤明些。”孙权又大笑起来。让诸葛恪负责斟酒劝饮，斟到张昭面前，此时，张昭已有些醉意，不肯再饮，并对诸葛恪说：“这不是敬老

的礼节。”孙权对诸葛恪说：“你若能让张公理屈词穷，他才能喝下这杯酒。”于是，诸葛恪就反驳张昭说：“从前，姜尚九十岁时，仍执旗持钺，没有告老。如今，行兵征战，将军在后，饮酒吃饭，将军在前，怎能说不敬老呢？”张昭无言以对，于是，喝干了杯里的酒。后来，蜀国使者来到，群臣都参与会见，孙权对来使说：“诸葛恪乃你家丞相之侄，特别爱马，请回去告诉你家丞相，为他弄些好马来。”诸葛恪为此向孙权拜谢，孙权说：“马还未到手怎么就道谢呢？”诸葛恪回答说：“蜀国就是陛下在外养马的马圈，今诏命下达，好马一定会送来，怎敢不拜谢？”诸葛恪的才思敏捷，都像这类。孙权觉得他很不平常，便以政事来检验，命他代理节度一职。节度掌管军营粮草，文书烦琐，诸葛恪不喜欢。

诸葛恪认为丹杨山势险峻，山民大都强劲。虽然以前发兵征讨，只是得到边缘县分的平民，许多身在深山的人，不能全部捉住。就多次请求出任丹杨的长官，并保证说三年就可以得到士卒四万人。而众人则认为，丹杨郡地险民悍，与吴郡、会稽、新都、鄱阳四郡相接，方圆数千里，山谷重重，住在偏僻深山里的人，没有进过城镇，也不知官吏，拿着武器在野外，最后老死林中。因作恶而逃亡的人，也都聚在一起东奔西窜。山里出产铜铁，他们自己铸造铠甲兵器。那里的习俗尚武，演习对阵，推崇勇力，他们登山越岭，穿越丛林，就像鱼游江河、猿猴攀树那样自如。他们经常窥伺时机，出山抢掠，官府往往出动兵马征伐，寻找他们的藏身之处。打仗时，这些人蜂拥而来，打败了如鸟兽样四散逃窜。自前代以来，一直未能制服。诸葛恪之父诸葛瑾听说后，也认为事情不会成功，叹息说："诸葛恪不能兴旺我家，却可能遭灭族之祸。"诸葛恪则极力陈述他一定能成功的理由，孙权任命诸葛恪为抚越将军，兼丹杨太守，又授给他手执棨戟的仪仗骑兵三百人。授命仪式完毕后，让诸葛恪备好仪仗，擂鼓吹号，前呼后拥地回到家里。那年他三十二岁。

诸葛恪到达郡府后，就给相邻四郡及所属各县长发布公文，命其各自守卫所辖疆界，明确设立兵营制，对服从教化的百姓，要将他们聚集到一起居住。同时，又分置将领，部署士兵于山险要害处驻扎，只管修筑防御设施，不许交战，庄稼成熟时，就出兵收割，连种子都不留下来。山民储备的粮谷吃完，新种的田地又没有收成，山外的百姓又都被管理起来，从他们那里得不到一点收入，山民们必然饥饿穷困，渐渐地就会出山投降。诸葛恪还告诫下属说："山民改变恶习，服从教化，应当抚慰，把他们迁居到平原，不许嫌弃猜疑，甚至拘禁。"臼阳县长胡伉得到降民周遗，周遗本是个作恶多端的人，因无法生活才被迫出山的，内心仍打算反叛，胡伉就把他绑送到郡府。诸葛恪认为胡伉违反政令，就将其斩首示众，并上奏朝廷。山民听说胡伉因捉人而获罪被杀，知道官方不过是要他们出山而已，于是，就扶老携幼地纷纷出山。过了一年，得到的山民数量和诸葛恪原来估计的一样。诸葛恪自己只统领一万人，其余的都分配给众将。

【人物解读】

诸葛恪（公元203~253年），诸葛恪是诸葛瑾的长子，从小就以才思敏捷、善于应对著称，曾任丹阳太守，为吴国征得大量兵源。孙亮继位后，诸葛恪掌握了吴国大权，率军抵挡了魏国三路进攻，在东兴大胜魏军。此后，诸葛恪开始轻敌，率大军伐魏，围攻新城不下，士卒因疾病死伤惨重，回军后为掩饰过失，更加独断专权。不久，诸葛恪被孙峻联合吴主孙亮设计杀害，被夷灭三族。

【世人对其评价】

陈寿《三国志》："诸葛恪才气干略，邦人所称，然骄且吝，周公无观，况在于恪？矜己陵人，能无败乎！若躬行所与及弟融之书，则悔吝不至，何尤祸之有哉？"

诸葛亮："恪性疏，今使典主粮谷，粮谷军之要最，仆虽在远，窃用不安。"

孙休："恪盛夏出军，士卒伤损，无尺寸之功，不可谓能；受托孤之任，死于竖子之手，不可谓智。"

孙权："蓝田生玉，真不虚也。"

诸葛谨："恪不大兴吾家，将大赤吾族也。"

孙盛："恪与胤亲厚，约等疏，非常大事，势应示胤，共谋安危。然恪性强梁，加素侮峻，自不信，故入，岂胤微劝，便为之冒祸乎？"

胡综："英才卓越，超逾伦匹，则诸葛恪。"

臧均："恪素性刚愎，矜己陵人，不能敬守神器，穆静邦内，兴功暴师，未期三出，虚耗士民，空竭府藏，专擅国宪，废易由意，假刑劫众，大小屏息。"

虞溥："恪少有才名，发藻岐嶷，辩论应机，莫与为对。"

童谣："诸葛恪，芦苇单衣篾钩落，于何相求成子阁。"

卷六十五　王楼贺韦华传第二十·华覈

华覈

【原典】

华覈（hé）字永先，吴郡武进人也。始为上虞尉、典农都尉，以文学入为秘府郎，迁中书丞。

蜀为魏所并，覈诣宫门发表曰："间闻贼众蚁聚向西境，西境艰险，谓当无虞。定闻抗表至，成都不守，臣主播越，社稷倾覆。昔卫为翟所灭而桓公存之，今道里长远，不可救振，失委附之土，弃贡献之国，臣以草芥，窃怀不宁。陛下圣仁，恩泽远抚，卒闻如此，必垂哀悼。臣不胜忡怅之情，谨拜表以闻。"

孙皓即位，封徐陵亭侯。宝鼎二年，皓更营新宫，制度弘广，饰以珠玉，所费甚多。是时盛夏兴工，农守并废，覈上疏谏曰："臣闻汉文之世，九州晏然，秦民喜去惨毒之苛政，归刘氏之宽仁，省役约法，与之更始，分王子弟以藩汉室，当此之时，皆以为泰山之安，无穷之基也。至于贾谊，独以为可痛哭及流涕者三，可为长叹息者六，乃曰当今之势何异抱火于积薪之下而寝其上，火未及然而谓之安。其后变乱，皆如其言。臣虽下愚，不识大伦，窃以曩时之事，揆今之势。"

【释译】

华覈，字永先，吴郡武进人。早时任上虞县尉、典农都尉，因有才学，被调进京任秘府郎，升任中书丞。

蜀国被曹魏吞并后，华覈至宫门呈上表章，说："近来，听说魏军蚂蚁般地聚向西蜀边境，蜀国边境地势险要，防守应没有忧虑。直到陆抗的表章送到，才知成都沦陷，君臣被迁徙，蜀国灭亡了。从前，卫国被翟人所灭，而齐桓公又使其复国。如今蜀国山高路远，不可能去挽救兴复，我们失去了依附于我国的土地，丢失了贡献物产的国家。臣虽如草芥，却也内心不安。陛下圣贤仁德，恩泽抚慰远方，突然听到这个消息，也一定有哀悼之情。臣不胜惆怅，谨此叩拜，呈表禀报。"

孙皓即位后，华覈被封为徐陵亭侯。宝鼎二年，孙皓又营建规模宏大的宫殿，用珠玉装饰，花费很多。此时，正值盛夏时节施工，农业生产和边防守备同时荒废，华覈上书劝谏说："臣听说汉文帝时，天下安定，经历过秦朝统治的百姓，为苛政被去除而欣喜，承受汉王朝宽厚仁慈的施予，汉朝减省劳役，精简法律，与百姓同处一个新的时代，同时，又分封子弟为王以屏卫皇室。当时，大家都认为汉朝已安稳如山，基业将永久相传。独有贾谊认为当时有三项政治问题严重得足以令人顿足流涕，有六项令人叹息不已，并且又总结说，当前之势如把火种放在一堆干柴下，而自己置身其上睡觉，大火未燃就以为是平安。再以后发生的一切，都如他先前所说。臣虽愚昧，不懂大道理，只是私下用历史事实来推考今天的局势罢了。”

【人物解读】

华覈，生卒年不详，始为上虞尉、典农都尉，以擅长文学入为秘府郎，迁中书丞。孙皓即位，封徐陵亭侯。他曾上书过百，内容包括陈说利害、荐举良能等。

【世人对其评价】

陈寿《三国志》：“覈前后陈便宜，及贡荐良能，解释罪过，书百余上，皆有补益。”“华覈文赋之才，有过于韦曜，而典诰不及也。予观覈数献良规，期于自尽，庶几忠臣矣。然处无妄之世而有名位，强死其理，得免为幸耳。”

参考文献

[1] 陈寿. 三国志 [M]. 北京：北京出版社，2007.

[2] 陈寿. 三国志 [M]. 栗平夫，武彰，译. 北京：中华书局，2007.

[3] 陈寿. 三国志 [M]. 陈君慧，译注. 北京：线装书局，2008.

[4] 刘敏. 三国志精华 [M]. 长春：长春出版社，2009.

[5] 乔力，周晴. 三国演义的人生智慧 [M]. 北京：海潮出版社，2006.

[6] 方北辰. 三国志注译 [M]. 西安：陕西人民出版社，1995.

[7] 吴金华. 三国志校诂 [M]. 南京：江苏古籍出版社，1990.

[8] 路志霄. 三国志选译 [M]. 王立中，注译. 兰州：兰州大学出版社，1989.